Gofal ein Gwinllan:

Ysgrifau ar gyfraniad
Yr Eglwys yng Nghymru
i'n llên a'n hanes a'n diwylliant

Cyfrol 2

Golygyddion
A. Cynfael Lake
D. Densil Morgan

© Corff Cynrychiolwyr yr Eglwys yng Nghymru
Cyhoeddwyd yn 2024
gan Gorff Cynrychiolwyr yr Eglwys yng Nghymru
Elusen gofrestredig, rhif 1142813
2 Sgwâr Callaghan,
Caerdydd.
CF10 5BT

Perthyn hawlfraint yr ysgrifau yn y llyfr *Gofal ein Gwinllan: Ysgrifau ar gyfraniad Yr Eglwys yng Nghymru i'n llên a'n hanes a'n diwylliant Cyfrol 2* i Gorff Cynrychiolwyr Yr Eglwys yng Nghymru ac i'r awduron unigol ar y cyd. Ni chaniateir atgynhyrchu'r deunydd o dan amodau unrhyw drwydded. Cedwir pob hawl. Ni chaniateir cadw unrhyw ran o'r llyfr hwn mewn cyfundrefn adferadwy na'i drosglwyddo mewn unrhyw ddull neu gyfrwng, boed electronig, mecanyddol, ffotogopïo, recordio, neu fel arall, at ddiben atgynhyrchiad argraffedig neu ddigidol, heb ganiatâd ysgrifenedig ymlaen llaw gan Yr Eglwys Yng Nghymru neu awduron yr ysgrifau unigol.

ISBN 978-1-80099-587-1

Cyhoeddwr:
Y Lolfa
Talybont, Ceredigion, Cymru SY24 5HE

Cysodwyd gan Ritchie Craven, Corff Cynrychiolwyr yr Eglwys yng Nghymru.

Gofal ein Gwinllan:

Ysgrifau ar gyfraniad Yr Eglwys yng Nghymru i'n llên a'n hanes a'n diwylliant

Yn seiliedig ar gyfres o weminarau a drefnwyd gan Yr Eglwys yng Nghymru ar y cyd ag Athrofa Padarn Sant.

Cyhoeddwyd gyda chefnogaeth hael Ymddiriedolaeth Isla Johnston.

Rhagair

Er 2021 mae'r gyfres 'Gofal ein Gwinllan' wedi cynnig gwledd o seminarau ar-lein er mwyn cyflwyno hanes a gweithgarwch aelodau o'r Eglwys Wladol a wnaeth gyfraniad allweddol i iaith a diwylliant Cymru. Mae'r seminarau wedi eu seilio ar ymchwil o'r radd flaenaf ac maent wedi ein cynorthwyo i werthfawrogi o'r newydd cymaint yw ein dyled i'r unigolion ymroddgar hyn.

Yn ystod Eisteddfod Genedlaethol 2023 braf iawn oedd cael croesawu'r gyfrol gyntaf o ysgrifau a ddeilliodd o'r gyfres gyntaf o seminarau. Fel yr Esgob â chyfrifoldeb portffolio dros y Gymraeg, braint o'r fwyaf, felly, yw cael cymeradwyo'r ail gyfrol hon yn gynnes i chi. Mawr obeithiaf y byddwch yn mwynhau darllen y penodau sy'n disgrifio cyfnod diddorol iawn yn natblygiad yr Eglwys ac yn dysgu gwersi dadlennol i ni hyd yn oed heddiw wrth i ni geisio cyhoeddi Efengyl Crist ar adeg dra gwahanol.

Hoffwn ddiolch yn ddiffuant i bawb sydd wedi bod ynghlwm wrth y fenter bwysig hon, gan gynnwys y rhai sydd wedi trefnu'r seminarau, y darlithwyr, a phawb sydd wedi gofalu am yr ochr dechnegol. O ran y gyfrol ei hun, mae'n ddyled arnom i ddiolch i bob un sydd wedi cyfrannu i'r casgliad hwn o draethodau ysgolheigaidd a difyr, yn ogystal â'r ddau olygydd am eu gwaith manwl a graenus. Braf iawn yw gweld ffrwyth y cydweithio creadigol rhwng yr awduron wrth iddynt drafod ystod eang o draddodiadau Cristnogol ac adrodd hanes ein cenedl gan roi ysbrydoliaeth i'r dyfodol. Yn olaf, dylwn ddiolch i Ymddiriedolaeth Isla Johnston yr Eglwys yng Nghymru am nawdd ariannol hael i gyhoeddi'r gyfrol. Wrth ymrwymo i gynnal ein tystiolaeth Gristnogol yn y Gymraeg, glynwn wrth yr egwyddor bwysig a wireddwyd wrth i'r Ysbryd Glân ddisgyn mewn nerth ar yr Eglwys fore, 'pob un yn ei iaith ei hun' (Actau 2:8).

Y Gwir Barchedig Dorrien Davies,
Esgob Tyddewi
Pentecost 2024

Y Cynnwys

tudalen

Rhagymadrodd .... *i*

1	David Jones, Llan-gan, a'r 'offeiriaid ddarfu gefnu' *Eryn M. White*	*1*
2	Thomas Charles o'r Bala a Thomas Jones, Creaton *John Aaron*	*13*
3	Edward Morgan, Syston, a John Owen, Thrussington *D. Densil Morgan*	*25*
4	'Rhoddai fenthyg Yr Haul i mi bob amser': Thomas Richards, Darowen, a'i feibion *Meg Elis*	*41*
5	Dwy lodes lengar: Angharad Llwyd a Mair Richards *Sioned Davies*	*53*
6	Gwenynen Gwent *Prys Morgan*	*67*
7	Thomas Price 'Carnhuanawc': Cymreigydd, Celt, Cristion *E. Wyn James*	*87*
8	Gwallter Mechain ac Ifor Ceri *Ffion Mair Jones*	*103*
9	Teulu anghofiedig? W.J. Rees, Casgob, a theulu'r Ton, Llanymddyfri *Meg Elis*	*117*
10	Yr Esgob Thomas Burgess, yr Archddiacon Thomas Beynon a'r ymgyrch i sefydlu Coleg Dewi Sant Llanbedr Pont Steffan *J. Wyn Evans*	*131*
11	'Fe spwyliwyd y spelian': John Roberts, Tremeirchion, W. Bruce Knight a helynt yr orgraff *Gwendraeth Morgan*	*147*
12	Tri offeiriad llengar: Tegid, Daniel Ddu ac Alun *Rhidian Griffiths*	*165*
13	Evan Evans 'Ieuan Glan Geirionydd' *Siôn Aled*	*179*

Y Cynnwys *parhad*

tudalen

14 Rowland Williams a'r *Gwyliedydd*
D. Densil Morgan 191

15 David Owen 'Brutus'
Robert Rhys 207

16 Yr Iaith mewn llys a llan: Cyfraniad Arthur James Johnes
R. Gwynedd Parry 221

Rhestr o Ddelweddau a Hawlfraint 237
Y Cyfranwyr 240

Rhagymadrodd

Dyma'r ail gyfrol mewn cyfres sy'n dadlennu ac yn dadansoddi cyfraniad yr Eglwys yng Nghymru i'r Gymraeg, ei llên a'i diwylliant. Yr oedd y gyfrol gyntaf, a gyhoeddwyd yn haf 2023, yn canoli ar y cyfnod rhwng cyfieithiadau William Salesbury, William Morgan a Dr John Davies o Fallwyd o'r Ysgrythurau a thua chanol y ddeunawfed ganrif, ac mae'r gyfrol bresennol yn olrhain yr hanes ymlaen hyd at ganol y bedwaredd ganrif ar bymtheg.

Mae'r holl benodau yn seiliedig ar gyfres o seminarau ar-lein a drefnwyd gan yr Eglwys yng Nghymru mewn partneriaeth ag Athrofa Padarn Sant, adain hyfforddi'r Eglwys, fel rhan o'i darpariaeth ar gyfer hyfforddi clerigion a lleygwyr at eu cenhadaeth yn y Gymru gyfoes.

Cynhaliwyd y seminarau sy'n sail i'r penodau hyn yn y gwanwyn a'r hydref 2022 ac yng ngwanwyn 2023, ac mae recordiad ohonynt ar gael ar y sianel YouTube o dan 'Gofal ein Gwinllan' ac ar wefan yr Eglwys yng Nghymru, eto o dan y teitl 'Gofal ein Gwinllan: Cyfres 3, 4 a 5'.

Fel yn achos y gyfrol gyntaf buom yn ffodus eto i ddenu awduron sy'n arbenigwyr cydnabyddedig yn eu gwahanol feysydd. Fel y nodwyd yn y rhagymadrodd i'r gyfrol gyntaf, nid aelodau o'r Eglwys yng Nghymru yw'r holl gyfranwyr o bell ffordd, ond mae pob un ohonom yn ymwybodol o ddyled y genedl i'r etifeddiaeth Anglicanaidd ac wedi elwa arni yn fawr.

Parhaodd y rhaglen seminarau i ddenu cynulleidfa eang a brwdfrydig ar lein, a chafodd *Gofal ein Gwinllan: Cyfrol 1* groeso gan y darllenwyr. Hyderwn y bydd y gyfrol hon yn cael derbyniad yr un mor wresog.

Bu rhyw gymaint o newid ar hyd y daith. Dr Siân Rhiannon Williams a roddodd y sgwrs ar Wenynen Gwent yn y rhaglen seminarau ond yr Athro Prys Morgan yw awdur y bennod sydd i'w gweld rhwng cloriau'r gyfrol hon. Ac oherwydd galwadau eraill ni bu'n bosibl cynnwys pennod yn seiliedig ar y sgwrs a roddodd Dr Eryn White ar Eliezer Williams nac ychwaith ymdriniaeth Dr Mary-Ann Constantine â Peter Bayley Williams, ei frawd. Fodd bynnag, mae'r sgyrsiau gwreiddiol i'w gweld a'u clywed ar wefan yr Eglwys yng Nghymru, y naill yng Nghyfres 4 a'r llall yng Nghyfres 5.

Yr ydym yn ddyledus eto i lu o bobl am gyfrannu at lwyddiant y fenter. Symbylydd gwreiddiol y prosiect oedd yr Athro E. Wyn James ac ef, mewn ymgynghoriad â'r Athro D. Densil Morgan yn bennaf, a fu'n gyfrifol am bennu testunau'r seminarau a gwahodd y siaradwyr i gymryd rhan. Hoffem ddiolch i'r awduron am eu parodrwydd i droi eu sgyrsiau yn benodau, ac i ymddiriedolwyr Cronfa Isla Johnston am noddi'r gyfrol hon fel yr un o'i blaen. Oni bai am yr haelioni hwnnw ni fyddai'r cyhoeddi wedi bod yn bosibl. Diolchwn i'r Lolfa am ymgymryd â'r cyhoeddi ac yn arbennig i Ritchie Craven, Rheolwr Cyhoeddiadau yr Eglwys yng Nghymru, nid yn unig am y gwaith dylunio manwl a'r cysodi ond am fynd ynglŷn â'r dasg o lywio'r gyfrol drwy'r wasg. Gwerthfawrogwn hefyd gefnogaeth a chymeradwyaeth y Gwir Barchedig Dorrien Davies, esgob Tyddewi a chydlynydd y Gymraeg oddi mewn i'r Eglwys, a chaniatâd parod Llyfrgell Genedlaethol Cymru i atgynhyrchu delweddau sydd yng nghasgliadau'r Llyfrgell.

O ran Athrofa Padarn Sant, bu Dave Taylor, Rachel Settatree, Angharad Eleri Gaylard a'r Parchg Ganon Manon Ceridwen James yn allweddol wrth drefnu'r seminarau, tra gwnaeth y Parchg Ganon Siôn Aled Owen ei wrhydri arferol gyda'i gyfieithu-ar-y-pryd i'r Saesneg. Bu'r Parchg Ganon Ainsley Griffiths, Cyfarwyddwr Ffydd, Trefn ac Undod yr Eglwys yng Nghymru, ynghyd ag Angharad Gaylard, yn gefn ac yn gynhaliaeth i ni ar hyd yr amser.

Mae cyfres seminarau 'Gofal ein Gwinllan' oll ar gael ar YouTube ac ar wefan yr Eglwys yng Nghymru o dan y pennawd 'Gofal ein Gwinllan': www.churchinwales.org.uk/cy/about-us/welsh-language.

Cymraeg yw iaith y seminarau ond darparwyd cyfieithu-ar-y-pryd, ac mae recordiadau o'r seminarau gyda'r cyfieithu-ar-y-pryd hefyd ar gael ar wefan yr Eglwys yng Nghymru: www.churchinwales.org.uk/en/about-us/welsh-language/.

Y Golygyddion

1

Eryn M. White

DAVID JONES, LLAN-GAN, A'R 'OFFEIRIAID DDARFU GEFNU'

Yn 1811, ar ôl degawdau o barhau fel mudiad a oedd, mewn enw o leiaf, yn parhau i berthyn i'r Eglwys Anglicanaidd, sefydlwyd enwad y Methodistiaid Calfinaidd yng Nghymru drwy'r weithred o gynnal dau wasanaeth i ordeinio gweinidogion yn y gogledd a'r de. Symudodd Sasiwn y Gogledd i ordeinio yn Y Bala ar 19–20 Mehefin 1811, a Sasiwn y De yn Llandeilo ar 10–11 Gorffennaf 1811. Wrth gyfeirio at y trobwynt hwn, dengys yr ymadrodd '[yr] offeiriaid ddarfu gefnu' yr anhawster oesol gyda sefydlu hanes diduedd unrhyw ddatblygiad neu ddigwyddiad. Dim ond drwy fabwysiadu safbwynt Methodistaidd y gellir cyfeirio at yr offeiriaid na wnaeth ymadael â'r Eglwys na chefnogi ordeinio 1811 fel y sawl a gefnodd. Ond, wrth gwrs, dyna darddiad yr ymadrodd. Un o'r haneswyr cyntaf i grybwyll ffurfio'r enwad newydd oedd Robert Jones yn *Drych yr Amseroedd* (1820), ac yntau wedi bod yn bresennol yn yr ordeinio yn Sasiwn y Gogledd. Mynnai fod Thomas Charles wedi llywio'r mudiad i'r trywydd hwn gan lwyddo i osgoi briwio neb. Eto, ychwanegodd:

> Methodd gan ryw ychydig yn y Deheudir â chydsynio â'r drefn, ac y maent hyd yma wedi sefyll allan ar eu pennau eu hunain: ond nid ydynt ond ychydig nifer, ac nid oes ganddynt un rheswm digonol i gyfiawnhau eu hymddygiad.[1]

Erbyn canol y bedwaredd ganrif ar bymtheg, disgrifir hwy yn 'ymadael' gan John Hughes yn ei hanes swmpus *Methodistiaeth Cymru*.[2] Gyda'r pwyslais yng nghyfrolau *Y Tadau Methodistaidd* erbyn diwedd y ganrif ar hanes yr unigolion ynghlwm â'r Hen Gorff, gwelir penodau'n trafod yr 'offeiriaid ddarfu lynu' a'r 'offeiriaid ddarfu gefnu'.[3] Dyna sefydlu'r ymadrodd fel rhan o ieithwedd y mudiad, a'r genedl i raddau, o hynny ymlaen, gyda beirniadaeth fwy llym o lawer nag a welwyd gan haneswyr blaenorol:

> Y wobr a ddaeth i'w rhan am droi eu cefnau ar eu brodyr oedd cael eu hebargofi yn llwyr. Prin y gellid dysgwyl yn wahanol. Yn sicr, ni pherthynai i'r Methodistiaid gadw coffadwriaeth yr offeiriaid hyn yn wyrdd; oblegyd torasent o'u gwirfodd, oddiar ragfarn Eglwysig, ac awyddfryd am gadw gafael ar eu

bywioliaethau, y cysylltiad a fuasai unwaith yn bodoli rhyngddynt a'r Cyfundeb, a gwnaethant hynny gyda llawer o chwerwedd yspryd. O'r tu arall, ni ofalai yr Eglwyswyr am godi cofgolofnau iddynt, oblegyd yr oedd eu cysylltiad blaenorol â'r Methodistiaid, a'r yspryd diwygiadol a'u meddianai, wedi eu gwneud yn gwbl anmhoblogaidd ym mysg y mwyafrif o'r offeiriaid.[4]

Er gwaethaf y rhagfarn, ceir elfen o wirionedd wrth sôn am y diffyg sylw i'r garfan hon o glerigwyr a'u penderfyniadau unigol i lynu wrth yr Eglwys. Cyfrifid yr ordeinio yn 1811 yn ddigwyddiad hanesyddol o'r pwys mwyaf ymhlith y Methodistiaid Calfinaidd, ond ni chafodd gymaint o sylw o du'r Eglwys. Eto, nid carreg filltir yn dynodi'r pellter a deithiodd y Methodistiaid o'r Fam Eglwys oedd ordeinio 1811 yn unig oherwydd golygai newid sylfaenol i sefyllfa'r Eglwys Anglicanaidd yng Nghymru hefyd. O ganlyniad i lunio enwad y Methodistiaid Calfinaidd, nid yr Eglwys fyddai'r corff crefyddol mwyaf dylanwadol yn y wlad bellach. Chwyddwyd niferoedd yr Anghydffurfwyr i'r fath raddau erbyn Cyfrifiad Crefyddol 1851 fel y gellid honni mai Anghydffurfiaeth oedd crefydd mwyafrif addolwyr Cristnogol Cymru. Dyna sbardun i ddadlau'r achos dros ddatgysylltu'r Eglwys yng Nghymru, gyda'r canlyniad nad oes eglwys wladol na chrefydd swyddogol yn y wlad bellach. Cafwyd effaith sylweddol hefyd drwy gyfrwng y waddol efengylaidd a oedd yn parhau i ddylanwadu y tu mewn i'r Eglwys am flynyddoedd ar ôl y rhwyg swyddogol. Bu 1811, felly, yn drobwynt arwyddocaol o ran hanes crefydd yng Nghymru, ond hefyd ym mywydau'r clerigwyr Anglicanaidd hynny a oedd wedi eu cyfrif eu hunain yn Fethodistiaid. Bu'n bosibl, i ryw raddau o leiaf, i gyfuno teyrngarwch i'r ddau fudiad cyn hynny, ond yn 1811 gorfodwyd dewis anodd ar y cnewyllyn o glerigwyr o duedd Fethodistaidd. Crisialwyd y sefyllfa gan Thomas Jones, Dinbych:

> ... yr oedd rhai Eglwyswyr oedd yn Dadau enwog yn y corph, yn petruso ac yn methu cydsynio yn rhwydd i ddwyn y'mlaen y cyfnewidiad a farnai ereill yn rheidiol; sef neillduo rhyw nifer o'r pregethwyr ereill i gynnorthwyo'r Eglwyswyr, a chyflawni anghen yr eglwysi, o ran gweinyddiad y ddwy ordinhad.[5]

Un a wnaeth osgoi gorfod ymgodymu â'r dewis anodd oedd David Jones, Llan-gan, oherwydd iddo farw ar 12 Awst 1810. Bu farw'n weinidog Eglwys Loegr, fel y bu ers ei urddo'n ddiacon gan esgob Tyddewi yn 1758. Hanai'n wreiddiol o Lanllwni, Sir Gaerfyrddin, ond cychwynnodd ei yrfa fel curad yn Nhudweiliog yn Llŷn. Dychwelodd i'r de yn gurad Llanafan Fawr, Sir Frycheiniog, yn 1759 ac yn 1760 derbyniodd urddau llawn, eto gan esgob Tyddewi. Ar ôl cyfnod yn gwasanaethu yn Sir Fynwy, erbyn 1764 penodwyd ef i blwyf Crudwell yn Wiltshire. Er iddo gael ei fagu mewn ardal lle yr oedd tueddiadau Methodistaidd yn bur amlwg, yn ystod ei gyfnod yn Lloegr y dylanwadwyd arno gan y diwygiad efengylaidd. Nawdd un o ffigurau uchel-ael y mudiad yn Lloegr, yr Arglwyddes Charlotte Edwin, a sicrhaodd iddo ei fywoliaeth fel ficer Llan-gan yn esgobaeth Llandaf.[6] Mynnai'r Methodistiaid nad oedd ganddynt unrhyw wrthwynebiad i erthyglau'r Eglwys Sefydledig. Yr hyn a'u gosododd ar wahân oedd y brwdfrydedd, y gyfeillach ychwanegol a gynigid drwy'r seiat, a'r pwyslais ar brofiad. Nid oedd yn amhosibl, felly, i glerigwr fel David Jones deimlo'n dawel ei gydwybod am bregethu'n efengylaidd ymhlith y Methodistiaid gan barhau i gymryd cyfrifoldeb am blwyf eglwysig. Llwyddodd hefyd i osgoi unrhyw ddisgyblu amlwg gan yr Eglwys a oedd heb unrhyw arweiniad clir, canolog ar sut i weithredu. Yr unig bolisi eithaf cyson yn erbyn y Methodistiaid oedd gwrthod urddau i'r rheini a oedd eisoes yn weithgar yn y mudiad, fel y digwyddodd i Howell Harris. Ychydig iawn o fesurau a gymerwyd yn erbyn clerigwyr a oedd eisoes mewn swydd, gyda hyd yn oed Daniel Rowland, fel un o'r prif arweinwyr, yn osgoi unrhyw erledigaeth am flynyddoedd lawer.

Gwraig gyntaf David Jones oedd Sinah Bowen, Gwaunifor, Sir Benfro, merch un o'r teuluoedd lled fonheddig a oedd yn gefnogol i'r mudiad. Gyda'r cysylltiadau hyn, ynghyd â'r parch arferol a roddwyd i glerigwyr ordeiniedig yn y mudiad, nid yw'n syndod iddo ddatblygu'n ffigwr blaenllaw ymhlith y Methodistiaid. Eto, er iddo gadeirio cyfarfodydd o Sasiwn y De, ni fu erioed yn un o'r prif arweinwyr, efallai oherwydd ei fod yn hoff o gadw'r heddwch a chymodi ar adegau o dyndra a dadlau. Ei gyfraniad pennaf oedd fel pregethwr hynod effeithiol, yn ôl disgrifiad William Williams, Pantycelyn:

> Dafydd onest o Langan;
> Dôdd y cerrig â'i ireidd-dra,
> A thrwy rym ei 'fengyl fwyn,
> Wna i'r derw mwyaf caled
> Blygu yn ystwyth fel y brwyn.[7]

Erbyn diwedd ei oes, treuliai David Jones lawer iawn o'i amser yn Sir Benfro oherwydd ei ail briodas â gwraig o Fanorowen, gan ddatblygu'n ffigwr dylanwadol iawn mewn sir lle yr oedd nifer o glerigwyr Anglicanaidd yn gefnogol i'r mudiad. Yn ogystal â phresenoldeb eithaf cyson David Jones, yr oedd pedwar clerigwr arall yn aelodau o'r mudiad: David Davies, Llanfyrnach; David Griffiths, Nanhyfer; William Jones, Llandudoch a David Pugh, Trefdraeth. Nid pob sir a freintiwyd yn yr un modd â Sir Benfro. Roedd Thomas Jones yn gywir i gyfeirio at weinyddu'r 'ddwy ordinhad' fel angen yr eglwysi—sef y seiadau neu gapeli Methodistaidd—yn y cyfnod cyn yr ordeinio. Medrai'r pregethwyr lleyg Methodistaidd gyflawni llawer iawn o anghenion yr aelodau o ran pregethu, bugeilio a chadw seiat, ond gwaharddwyd hwy rhag darparu bedydd a chymun. Roedd nifer o'r aelodau yn gyndyn iawn i dderbyn y sacramentau hyn drwy law clerigwyr plwyf nad oeddent yn cydymdeimlo â'r mudiad. Mewn ardal fel Sir Benfro, nid oedd fawr o broblem dod o hyd i glerigwr â thueddiadau Methodistaidd i weinyddu bedydd a chymun, ond nid oedd pethau mor rhwydd mewn ardaloedd eraill. Yng ngogledd Cymru'n enwedig, dim ond tri chlerigwr a oedd ar gael i ateb galwadau'r aelodau am y gwasanaethau hyn: Thomas Charles a Simon Lloyd yn Y Bala a William Lloyd yng Nghaernarfon. Yr anawsterau hyn, mae'n debyg, a yrrodd Thomas Jones, Dinbych, i fedyddio plentyn, er ei fod heb ei ordeinio yn yr Eglwys nac mewn enwad Anghydffurfiol.[8] Awgrymir bod John Evans, Llwynffortun, Sir Gaerfyrddin, eisoes wedi gwneud rhywbeth tebyg yn y de, ond gan ei fod wedi ei ordeinio'n ddiacon, er heb fod mewn urddau llawn, nid oedd hynny'n gam mor herfeiddiol a dadleuol â gweithred lleygwr fel Thomas Jones. Pan ddilynwyd esiampl y ddau gan David Charles, brawd Thomas Charles, a oedd hefyd heb ei ordeinio ond a fedyddiodd blentyn yng Nghapel Heol y Dŵr, roedd yn ymddangos fod cynghorwyr lleyg y mudiad yn fwyfwy awchus a phenderfynol i weithredu fel gweinidogion llawn.[9]

David Jones, Llan-gan
Casgliad Portreadau Llyfrgell
Genedlaethol Cymru

Amharod iawn oedd Thomas Charles, y prif arweinydd yn y gogledd, am rai blynyddoedd i ystyried y posibilrwydd a gohiriwyd y drafodaeth yn Sasiwn y De fwy nag unwaith drwy ddylanwad David Jones a David Griffiths, Nanhyfer. Yn Sasiwn Llangeitho ar 1 Awst 1810, dywedir i David Jones ymateb o'r gadair i'r ceisiadau am drafod ymadael â'r Eglwys a'r penderfyniad i weddïo am oleuni ar y pwnc: 'Er mwyn pob daioni, frodyr annwyl, peidiwch a'm gweddio i allan o'r byd;—mi af o'r ffordd yn bur fuan.'[10] Profodd y geiriau'n broffwydol gan mai hon fyddai ei Sasiwn olaf ac yntau'n bur wan ei iechyd ac yn rhoi ei bregeth olaf ar 4 Awst.[11]

Gan iddo farw flwyddyn cyn y rhwyg yn 1811, ni fu'n rhaid i David Jones wynebu'r dewis o lynu wrth yr Eglwys neu gefnu arni. Petai wedi goroesi am flwyddyn arall, efallai y byddai wedi ei gynnwys ym mhennod *Y Tadau Methodistaidd* ymhlith y rheini a gâi 'eu hebargofi yn llwyr' a heb dderbyn parch a choffadwriaeth fel un o brif bregethwyr y mudiad. Mae'n anodd ei ddychmygu yn troi cefn ar yr Eglwys ar ôl oes o weinidogaethu. Dywedodd wrth y Sasiwn mewn un sgwrs ddwys ar destun ymwahanu ei fod eisoes wedi peryglu ei fara beunyddiol drwy lynu mor agos at y Methodistiaid, gan awgrymu na fyddai'n debyg o fentro ymhellach.[12] Er gwaethaf gwawd *Y Tadau Methodistaidd*, nid mater bydol yn unig oedd penderfynu glynu wrth fywoliaeth eglwysig pan fyddai gadael yn golygu troi cefn ar arfer, traddodiad a gofal am blwyfolion. Roedd hynny'n haws o lawer yn achos y clerigwyr a berthynai i Sasiwn y Gogledd, sef Thomas Charles, Simon Lloyd a William Lloyd, gan nad oedd gan yr un ohonynt fywoliaeth eglwysig i'w haberthu. Yn y de roedd yr un peth yn wir am John Williams, Pantycelyn, a John Williams, Lledrod.

Roedd y rheini, felly, ymhlith y clerigwyr a ddewisodd fod yn rhan o'r enwad newydd a sefydlwyd yn 1811, ynghyd â Richard Bassett, Sain Tathan, a Howell Howells, Tre-hyl ym Morgannwg. Yr offeiriaid a restrwyd fel rhai 'ddarfu gefnu' oedd David Davies, Llanfyrnach; John Davies, Cynwyl Elfed; David Griffiths, Nanhyfer; William Jones, Llandudoch; John Hughes, Sychbant, Ceredigion; Hezekiah Jones, Sili a Phorthceri; Daniel Jones, Radyr, a David Pugh, Trefdraeth. Credir bod arweiniad cryf David Griffiths yn Sir Benfro yn egluro ymadawiad y cyfan o glerigwyr yr ardal, gan gynnwys William Jones, Llandudoch, a oedd yn gyfaill iddo.[13] Prin yw'r dystiolaeth gadarn am gymhellion penodol y gwŷr hyn wrth wneud eu dewis ond mae'n bosibl iawn fod oedran ac ymlyniad wrth yr Eglwys yn ffactorau arwyddocaol, gyda David Pugh dros 70 oed a David Davies dros ei hanner cant.[14] Nid oedd y rhwyg o reidrwydd yn gwbl derfynol ym mhob achos. Ceir awgrymiadau fod hyd yn oed rhai o'r clerigwyr a wnaeth gefnu yn parhau i bregethu yng nghapeli'r Methodistiaid ac yn estyn cefnogaeth achlysurol, gan gynnwys John Davies, Cynwyl Elfed.[15] Dywedir bod yr un peth yn wir am Hezekiah Jones er iddo ef a'i frawd Daniel ymadael â'r Sasiwn a chefnu'n ffurfiol.[16]

Ymhlith y rhai a lynodd ceir sawl enw cyfarwydd, gan gynnwys Thomas Charles a John Williams, Pantycelyn. Er i'w dad fod yn un o'r arweinwyr gwreiddiol nad oedd yn barod i ystyried unrhyw drafod ar droi cefn ar yr Eglwys, dengys penderfyniad John Williams fod cenhedlaeth newydd â gwahanol safbwynt. Nid pawb o'r to hŷn a oedd yn gwrthwynebu, ond roedd tuedd gyffredinol i'r aelodau iau weld hyn yn gam naturiol, gan eu bod wedi eu magu o fewn strwythur crefyddol a oedd yn ymdebygu'n ddirfawr i enwad. Coleddai un arall o feibion y mudiad, Nathaniel Rowland, agwedd lawer llai cadarnhaol tuag at y syniad o ffurfio enwad ond roedd yntau wedi ei droi allan o'r mudiad yn 1807, er mawr ofid i David Jones a oedd yn y gadair ar gyfer y cyfarfod o'r Sasiwn yn y de a wnaeth ei ddiarddel. Cyfyngwyd ei weithgaredd, felly, i'w rôl fel gweinidog yn yr Eglwys yn gwasanaethu yn Hwlffordd ac nid oedd ganddo unrhyw lais yn y penderfyniad i sefydlu enwad yn 1811.[17]

Llwyddodd Howell Howells i barhau yn yr un modd ag arfer am gyfnod wedi 1811, yn gwasanaethu Eglwys Llanddiddan Fach ac yn ymweld yn gyson â chapeli'r Methodistiaid. Daeth tro ar fyd erbyn 1818 gydag esgob newydd yn Llandaf, Herbert Marsh, yn amharod i oddef i'r fath sefyllfa barhau. Pan fu'n rhaid i Howells ddewis rhwng cefnu ar y Methodistiaid neu'r Eglwys, dewisodd ymadael â'r Eglwys, yn ddirwgnach yn ôl y sôn, ond gan ddenu nifer o'i blwyfolion i'w ganlyn.[18] Richard Bassett, yn y pen draw, oedd yr unig un a lwyddodd i gadw un droed yn yr Eglwys ac un yn y Sasiwn, heb i hynny amharu ar ei yrfa. Bu'n gurad Sain Tathan a Llan-dŵ, cyn cael ei benodi i reithoriaeth Eglwys Brewys a ficeriaeth Tregolwyn.[19] Erbyn iddo farw yn 1852, mae'n deg dweud mai ef oedd yr olaf o'r clerigwyr Methodistaidd.

Profodd parhad Bassett yn y mudiad yn fantais sylweddol i'r achos ym Morgannwg gan ei fod yn ymddiriedolwr nifer o'r capeli yno. Canlyniad y parch traddodiadol i offeiriaid ordeiniedig y mudiad oedd iddynt gael eu henwi'n ymddiriedolwyr nifer fawr o gapeli'r mudiad, datblygiad digon rhesymol a hwythau'n pregethu a chynnal gwasanaethau cymun ynddynt yn rheolaidd. Ond cododd cymhlethdodau enbyd pan gefnodd yr offeiriaid hynny ar y mudiad wedi 1811. Yn Sir Benfro, er enghraifft, caewyd capeli Nanhyfer, Trefdraeth, Eglwyswrw a Llandudoch i'r Methodistiaid.[20] Er bod enwau'r offeiriaid ar ddogfennau cyfreithiol, teimlid eu bod yn ymddwyn yn ddiegwyddor, gan mai arian a llafur yr aelodau cyffredin a gododd y capeli. Dadl y clerigwyr oedd bod y cyfraniadau hynny wedi eu gwneud gan seiadwyr a oedd yn aelodau eglwysig ac felly wrth adael yr Eglwys collwyd pob hawl i'w defnyddio. Cyflwynodd y Methodistiaid lleol ddadl glyfar er mwyn ceisio ailafael ar Gapel Eglwyswrw.[21] Honnwyd nad oedd y capeli'n perthyn i'r Eglwys gan eu bod wedi eu codi ar adeg pan oedd Methodistiaeth mewn egwyddor eisoes wedi ymwahanu drwy gynnal y Sasiynau cynnar yn y 1740au. Yn ôl cynrychiolwyr y Methodistiaid, dylid ystyried hynny fel gweithgarwch a oedd yn groes i nawfed canon yr Eglwys a ddeddfai'n erbyn ymwahanu oddi wrth yr Eglwys a ffurfio brawdoliaeth newydd. Er mor ddyfeisgar y ddadl, roedd y nawfed canon yn amherthnasol gan fod Ddeddf Goddefiad 1689 wedi estyn yr hawl gyfreithiol i sefydlu cynulleidfaoedd y tu allan i'r Eglwys ac ni lwyddwyd i adennill Capel Eglwyswrw nac unrhyw un arall o'r capeli a feddiannwyd gan yr ymddiriedolwyr clerigol.

Y mae'n bosibl fod ymddygiad tebyg wedi bwydo'r drwgdeimlad a welwyd erbyn cyfnod cyhoeddi *Y Tadau Methodistaidd* ar ddiwedd y bedwaredd ganrif ar bymtheg. Eto, dadleuai'r Eglwyswr Thomas

Phillips yn 1849 nad oedd cymaint o agendor rhwng y Methodistiaid Calfinaidd a'r Eglwys ag yr oedd yn achos yr enwadau Anghydffurfiol eraill, gan nad ar sail materion athrawiaeth yr holltwyd hwy. Fodd bynnag, rhaid dweud mai ffantasïol braidd yw ei obaith am adeg pan fyddai Methodistiaeth yn closio eto at yr Eglwys a chael ei chydnabod fel 'auxiliary institution' iddi.[22] Efallai mai cyfaddefiad tawel eu bod wedi colli cyfle oedd y cam a gymerwyd gan yr esgobion William Cleaver yn Llanelwy a Thomas Burgess yn Nhyddewi yn fuan wedi 1811 i ordeinio nifer o ymgeiswyr ifainc heb addysg prifysgol ac o ysbryd efengylaidd— carfan nid annhebyg i'r cynghorwyr lleyg a oedd newydd eu hordeinio fel y genhedlaeth gyntaf o weinidogion yr Hen Gorff.

Llwyddwyd i gynnal y cyfaddawd rhwng llan a seiat drwy'r ddeunawfed ganrif ond eglura Densil Morgan sut y daeth y Methodistiaid i sylweddoli yn y pen draw na fedrent barhau i ystyried eu hunan yn fudiad diwygiadol y tu mewn i Eglwys Loegr yn hytrach nag eglwys ar wahân.[23] Yn ei hanfod yr oedd llawer o rym i ddadl Methodistiaid Eglwyswrw fod nawfed canon yr Eglwys wedi ei dorri yn y 1740au. Er mai 1811 yw dyddiad ffurfio'r enwad yn swyddogol, dod i'w hoed a wnaeth yn y flwyddyn honno a mynnu ei hannibyniaeth. Ganwyd hi mewn gwirionedd pan ffurfiwyd y Sasiwn fel corff llywodraethu'r mudiad yn 1742, gyda rheolau ar sut i dderbyn a disgyblu aelodau, hierarchaeth bendant o ran swyddogion a threfniadau am gasglu arian yn y seiadau unigol er lles y mudiad cyfan. Dyna pam yr oedd gweithredu'r ymwahanu yn 1811 yn gymharol hawdd, er gwaethaf cymhlethdodau gyda threfniadau rhai adeiladau. Mwy cymhleth o lawer, wrth reswm, oedd ymateb pobl i'r rhwyg a'r dewisiadau y bu'n rhaid eu gwneud, gydag adain o fewn yr Eglwys yn parhau i goleddu rhai tueddiadau mwy efengylaidd am flynyddoedd. I aelodau'r seiadau, a oedd yn fynych iawn eisoes wedi datblygu'n gynulleidfaoedd ar wahân i bob pwrpas, mae'n debyg fod y newid yn gam naturiol. Daeth y profiad mwyaf anodd i ran yr ychydig offeiriaid a oedd yn gefnogol i'r mudiad tra'n gwasanaethu plwyfi eglwysig. Erbyn heddiw, gellid disgwyl mwy o gydymdeimlad â'r cyfyng gyngor a wynebent nag a amlygwyd gan rai o haneswyr Methodistaidd y bedwaredd ganrif ar bymtheg, gan gydnabod nad rhesymau bydol yn unig a oedd yn eu cymell, ond y teimladau cymysg a oedd yn amlwg yn effeithio ar David Jones wrth iddo ddymuno peidio cael ei weddïo allan o'r byd. Yr oedd ei fyd ef fel clerigwr o anian Fethodistaidd yn darfod ac efallai mai'r syndod pennaf yw iddo barhau mor hir cyn bod yr ymraniad terfynol rhwng Eglwyswyr a Methodistiaid yn digwydd.

DARLLEN PELLACH

Eifion Evans, 'Anglican clergy in the eighteenth-century evangelical revival: The role of the Rev David Jones, Llan-gan (1736–1810)', *Cylchgrawn Cymdeithas Hanes y Methodistiaid Calfinaidd*, 38 (2014).

Eifion Evans, *Fire in the Thatch* (Bridgend: Bryntirion Press, 1996).

R.B. Higham, 'The Life and Works of the Rev. David Jones of Llangan 1736–1810' (M.Th. Prifysgol Cymru [Y Coleg Diwinyddol Unedig], 1980).

J. Gwynfor Jones, ' "Pontio dwy genhedlaeth": Methodistiaeth Galfinaidd Cymru c.1791–1820', yn *Hanes Methodistiaeth Galfinaidd Cymru Cyfrol III: Y Twf a'r Cadarnhau (c.1814–1914)*, gol. J. Gwynfor Jones (Caernarfon: Eglwys Bresbyteraidd Cymru, 2011).

Glanmor Williams, William Jacob, Nigel Yates a Frances Knight, *The Welsh Church from Reformation to Disestablishment, 1603–1920* (Cardiff: University of Wales Press, 2007).

[1] *Drych yr Amseroedd Robert Jones, Rhos-lan*, gol. G.M. Ashton (Caerdydd: Gwasg Prifysgol Cymru, 1958), t. 99.

[2] John Hughes, *Methodistiaeth Cymru*, 3 cyfrol (Wrecsam, 1851–6), Cyfrol I, t. 463.

[3] J. Morgan Jones a William Morgan, *Y Tadau Methodistaidd*, Cyfrol II (Abertawe, 1897), penodau XXXV (Yr Offeiriaid Ddarfu Lynu) a XXXVI (Yr Offeiriaid Ddarfu Gefnu).

[4] Jones a Morgan, *Y Tadau Methodistaidd*, Cyfrol II, t. 325.

[5] *Hunangofiant y Parch. Thomas Jones*, gol. Idwal Jones (Aberystwyth: Gwasg Aberystwyth, 1937), t. 52.

[6] J. Morgan Jones a William Morgan, *Y Tadau Methodistaidd*, Cyfrol I (Abertawe, 1895), tt. 460–2; *Hanes Methodistiaeth Galfinaidd Cymru: Cyfrol II: Cynnydd y Corff*, gol. Gomer M. Roberts (Caernarfon: Llyfrfa'r Methodistiaid Calfinaidd, 1978), tt. 32–3; Eifion Evans, *Fire in the Thatch* (Bridgend: Bryntirion Press, 1996), t. 135.

[7] William Williams, *Marwnad y Parchedig Mr. Daniel Rowlands yr hwn a ymadawodd y byd Hydref 16, 1790, yn 77 mlwydd o'i oed* (Caerfyrddin, 1791), t. 10.

[8] *Hunangofiant y Parch. Thomas Jones*, gol. Idwal Jones, t. 54.

[9] D.E. Jenkins, *The Life of the Rev. Thomas Charles, B.A. of Bala*, 3 volumes (Denbigh: Llewelyn Jenkins, 1908), Volume III, tt. 260–1; J.E. Wynne Davies, 'David Charles (1762–1834), Caerfyrddin', *Cylchgrawn Cymdeithas Hanes y Methodistiaid Calfinaidd*, 60 (1975), 42.

10. Hughes, *Methodistiaeth Cymru*, Cyfrol I, t. 452; Jenkins, *The Life of the Rev. Thomas Charles*, Volume III, tt. 265–8.
11. Higham, 'The Life and Work of the Rev. David Jones', tt. 73–4.
12. Hughes, *Methodistiaeth Cymru*, Cyfrol I, t. 459.
13. Jenkins, *Life of the Rev. Thomas Charles*, Volume III, t. 325.
14. 'David Pugh', *Y Bywgraffiadur Cymreig*, https://bywgraffiadur.cymru/article/c-PUGH-DAV-1739; 'David Davies', *Y Bywgraffiadur Cymreig*, https://bywgraffiadur.cymru/article/c-DAVI-DAV-1753.
15. 'John Davies', *Y Bywgraffiadur Cymreig*, https://bywgraffiadur.cymru/article/c-DAVI-JOH-1750.
16. Brian C. Luxton, 'Hezekiah Jones (c.1751–1833), the Red Priest of Colcot', *Cylchgrawn Cymdeithas Hanes y Methodistiaid Calfinaidd*, 55 (1970), 14–23, 33–48.
17. Euros Wyn Jones, 'Nathaniel Rowland (1749–1831)', *Cylchgrawn Cymdeithas Hanes y Methodistiaid Calfinaidd*, 7 (1983), 35–42.
18. E. Matthews, 'Bywgraffiad Howel Howells Trehill', *Y Drysorfa*, 38 (1842), 162–3; D. Densil Morgan, *Theologia Cambrensis: Protestant Religion and Theology in Wales: 2 The Long Nineteenth Century 1760–1900* (Caerdydd: Gwasg Prifysgol Cymru, 2021), t. 100.
19. E. B., 'A brief memoir of the late Rev. R. Bassett', *Welsh Calvinistic Methodist Record*, II (Mai, 1853), tt. 98–9.
20. Hughes, *Methodistiaeth Cymru*, Cyfrol I, tt. 463–9; Jenkins, *Life of the Rev. Thomas Charles*, Volume III, t. 321.
21. Hughes, *Methodistiaeth Cymru*, Cyfrol I, tt. 464–7.
22. Thomas Phillips, *Wales: The Language, Social Condition, Moral Character, and Religious Opinions of the People* (London, 1849), tt. 163–5.
23. Morgan, *Theologia Cambrensis*: 2, t. 91.

2

John Aaron

**THOMAS CHARLES O'R BALA
A THOMAS JONES, CREATON**

Mae'r berthynas rhwng yr Eglwys Wladol ac Anghydffurfiaeth wedi bod yn elfen ganolog yng Nghymru am bedair canrif a mwy. Mae'n berthynas hynod o gymhleth a dyna sy'n ei gwneud mor ddiddorol i'w hastudio. Mae'r gyntaf, yr Eglwys Wladol, yn diffinio'r ail: yr Anghydffurfwyr, y rhai a oedd yn gwrthod cydymffurfio â threfniadaeth Eglwys Loegr. Mae gweithgaredd ac ymgyrchoedd y ddwy garfan wedi effeithio ar ei gilydd drwy'r canrifoedd. Mae'n berthynas sydd wedi bod yn arwyddocaol ar adegau pwysig yn ein hanes: y Rhyfel Cartref, cyfnod y Piwritaniaid, y Diwygiad Methodistaidd, Brad y Llyfrau Gleision, Rhyfel y Degwm, ac yn y blaen. Ac, wrth gwrs, mae natur y berthynas wedi diffinio bywydau llaweroedd o unigolion hefyd, a neb yn fwy na'r ddau sydd dan sylw yma: Thomas Charles o'r Bala a Thomas Jones, Creaton.

Roedd y ddau ohonynt yn Eglwyswyr o argyhoeddiad. Mae'n werth pwysleisio hynny o'r dechrau. Ond hefyd, ar yr un pryd, roedd y ddau yn Fethodistiaid, yn ymfalchïo yn yr adfywiad a oedd, ers bron hanner canrif, ar led yng Nghymru. Roeddent yn cefnogi'r arweinwyr, hwythau'n Eglwyswyr, dynion fel Daniel Rowland, David Jones, Llan-gan, ac eraill. Yn wir, effeithiodd pregethu nerthol Daniel Rowland ar y ddau ohonynt, a hwythau yn eu harddegau. Roedd y ddau yn ffrindiau, yn gyd-weithwyr, ac o ran eu perthynas â'r Eglwys ac â Methodistiaeth, yn hynod debyg eu barn, gydol eu bywydau—bron â bod. Oherwydd yn nhair blynedd olaf bywyd Charles daeth newid ar fyd, daeth diwedd ar eu cyfeillgarwch a'u cyfathrebu, a phan fu farw Charles roeddent yn perthyn i enwadau gwahanol. Mi allech ddadlau na fyddai'r ymraniad rhyngddynt wedi digwydd o gwbl heblaw, yn rhagluniaeth Duw, am amgylchiadau'r ferch y bu i un ohonynt syrthio mewn cariad â hi—ond mwy am hynny maes o law. Dyma i ddechrau frasluniau byr iawn o fywydau'r ddau.

Thomas Jones, Creaton (1752–1845) oedd yr hynaf o'r ddau o ryw dair blynedd. Mae ei fywyd yn batrwm o'r hyn a ddigwyddodd i lawer o glerigwyr efengylaidd Cymraeg y cyfnod: gorfod gadael Cymru a derbyn swydd yn Lloegr am nad oedd esgobion Cymru am apwyntio dynion efengylaidd i'w plwyfi. Ganed ef ym mhentref Hafod, Ceredigion, ac fe'i haddysgwyd dan law Edward Richard yn ei ysgol enwog yn Ystradmeurig. Erbyn 1782 roedd yn gurad yn Loppington, deg milltir i'r dwyrain o Groesoswallt, ac yno y cwrddodd gyntaf â Thomas Charles. Oddi yno, yn 1785, trwy berswâd Charles Simeon, un o glerigwyr efengylaidd mwyaf dylanwadol Lloegr ar y pryd, aeth i Great Creaton yn Swydd

Northampton. Etifeddodd gynulleidfa a oedd wedi cynyddu'n amlwg dan weinidogaeth ei ragflaenydd, Cymro arall o'r enw James Maddox. Bu Thomas Jones yn gurad yn Creaton am dair blynedd a deugain, ac yna yn rheithor am bum mlynedd arall. Bu farw yn 1845 yn 93 mlwydd oed.

Thomas Jones, Creaton
(Casgliad Portreadau Llyfrgell Genedlaethol Cymru)

Roedd Charles ac yntau yn gohebu'n aml. Ysgrifennodd Thomas Jones at ei ffrind yn 1785, yn union wedi derbyn ei swydd yn Creaton:

> There is something of the Welsh spirit in this country. O! I long to know how the work goes on in my native country, particularly in North Wales; and I long to come and help you.[1]

A dyma lythyr arall, dair blynedd yn ddiweddarach:

> I believe that you have more of the spirit and simplicity of the primitive Christians among the rocks of Wales, than there is anywhere else at this day throughout

> the whole world. Ever since I have been ordained, I have been exceedingly desirous of settling in North Wales; but my way is hedged up; nor do I see the least probability that my wishes shall ever be gratified; Yet I cannot banish all hopes ...[2]

Dan ei bregethu nerthol cynyddodd ei gynulleidfa yn enfawr. Dywedir y bu amryw o adfywiadau ysbrydol grymus ym mhlwyf Creaton yn ystod ei weinidogaeth, a phobl o bymtheg i ugain plwyf cyfagos yn mynychu'r cyfarfodydd yno ar y Sul. Sefydlodd Ysgol Sul yn Creaton yn gynnar iawn, a chasglodd ynghyd gymdeithas o ryw ddeugain o weinidogion efengylaidd lleol a gyfarfyddai'n achlysurol yn Creaton i gynorthwyo'i gilydd a thrafod hyrwyddiad yr efengyl. Daeth amryw o arweinwyr y blaid efengylaidd yn yr Eglwys Wladol, dynion fel John Newton, Thomas Scott a Henry Venn, i bregethu yn Creaton. Cyn ffurfio'r Feibl Gymdeithas, bu'n brwydro'n galed am fwy o Feiblau Cymraeg. Yn 1799, er enghraifft, helpodd John Warren, esgob Bangor, i berswadio'r SPCK i gyhoeddi argraffiad newydd o ddeng mil o gopïau. Ond cymaint oedd y galw yng Nghymru fel y gwerthwyd pob un o'r rhain erbyn Ebrill 1800. Cyhoeddodd amryw o lyfrau, yn Gymraeg ac yn Saesneg; cyfieithiadau o lyfrau'r Piwritaniaid oedd llawer o'r rhai Cymraeg, ac yn eu plith *Tragwyddol Orphwysfa'r Saint* gan Richard Baxter. Petaech yn dod ar draws llyfr Saesneg ganddo â'r teitl *Baskets of Fragments* mewn siop lyfrau ail-law, byddai'n werth i chi ei brynu. Detholiad o'i bregethau yw'r llyfr ac mae'n dystiolaeth eglur o bregethu twymgalon, efengylaidd, Beiblaidd yr hen ŵr, yn llawn o Grist, ac yn llawn maeth a chysur a gobaith i'r saint.

Ganed Thomas Charles (1755–1814) yn ffermdy Longmoor, yn agos i Sanclêr, Sir Gaerfyrddin. Pan oedd yn fyfyriwr yn Academi Caerfyrddin, cafodd dröedigaeth wrth wrando ar bregethu Daniel Rowland. Ysgrifennodd yn ei ddyddiadur:

> Diwrnod yn dra chofiadwy gennyf tra byddwyf byw ... Cefais y fath olwg ar Grist fel ein Harchoffeiriad, ar ei gariad, ei dosturi, ei allu a'i holl-ddigonedd, ag a lanwodd fy enaid â syndod, ie, â llawenydd anhraethadwy a gogoneddus. Yr oedd fy meddwl wedi ei orthrechu

a'i orchfygu gan syndod. Yr oedd y gwironeddau a osodwyd ger fy mron yn ymddangos yn rhy anfeidrol rasol i'w credu. Nis medrwn gredu gan lawenydd. Bydd y golygiadau gogoneddus a gefais y pryd hwnnw er llawn ddigoniad i fy enaid, yn y myfyriaeth arnynt, ym mhen myrdd o oesoedd i ddyfod.[3]

Aeth i Goleg Iesu, Rhydychen, gan dreulio'i wyliau haf yn 1777 yng nghartref yr emynydd John Newton a'i helpu yn ei eglwys yn Olney, Swydd Buckingham. Wedi graddio, apwyntiwyd ef yn gurad yng Ngwlad yr Haf ac yno y bu am bron bum mlynedd. Roedd wedi cwympo mewn cariad ag un o ffyddloniaid seiat y Methodistiaid yn Y Bala, merch o'r enw Sally Jones. Drwy'r cyfnod yng Ngwlad yr Haf, felly, roedd yn chwilio am gyfle i ddychwelyd i Gymru, ond yn methu â chael lle yn unrhyw blwyf yn y gogledd. Yn y diwedd, am fod Sally yn amharod i adael ei rhieni (ei mam a'i llystad) symudodd Charles i'r Bala a'i phriodi, gan dybio y câi ddigon o waith yno yn cynorthwyo offeiriaid yr ardal. Ar bedwar achlysur gosodwyd ef yn weinidog dros dro ar eglwys, yn Llangynog, Llandegla, Bryneglwys a Llanymawddwy, ond trowyd ef allan o'r pedair yn eu tro oherwydd natur Fethodistaidd ac efengylaidd ei bregethu. Pan adawodd Eglwys Llanymawddwy yn Ebrill 1784, daeth ei yrfa fel offeiriad plwyf yn yr Eglwys Wladol i ben.

Roedd ei ffrindiau yn Lloegr yn ymwybodol o'i sefyllfa, ac yn gallu cynnig iddo sawl agoriad dros y ffin, ond nid oedd Sally am adael ei rhieni ac ni fynnai Thomas adael Sally. At hyn, cynyddai'r argyhoeddiad ynddo am angen dirfawr seiadau Methodistiaid gogledd Cymru am weinidogaeth ac arweiniad. Roedd dros gant o seiadau yn chwe sir y gogledd erbyn hyn a dim un offeiriad Methodistaidd i weinyddu'r ordinhadau iddynt. Dim ond pan ddigwyddai i ryw offeiriad Methodistaidd o'r de basio heibio ar daith y caent y fraint o gwrdd fel cynulleidfa o amgylch Swper yr Arglwydd. Cymerodd Charles y penderfyniad tyngedfennol ac ymuno â seiat Fethodistaidd Y Bala yn 1784. Erbyn canol y flwyddyn nesaf roedd ganddo gynulleidfa o ryw ddwy fil o wrandawyr pan fyddai'n pregethu. A 'Thomas Charles o'r Bala' a fu o hynny ymlaen.

Thomas Charles o'r Bala
(Casgliad Portreadau Llyfrgell Genedlaethol Cymru)

Mae ei fawredd fel arweinydd ymhlith y Methodistiaid dros gyfnod o ddeng mlynedd ar hugain i'w weld mewn tri pheth: yn gyntaf, yn ei ddoethineb a'i graffter yn synhwyro beth oedd prif anghenion y mudiad; yn ail, yn ei weledigaeth a'i ddirnadaeth wrth benderfynu yr union atebion ymarferol a fyddai'n datrys y sefyllfa; yn drydydd, yn ei amynedd, ei ddyfalbarhad a'i egni rhyfeddol wrth iddo fynd ati i gyflawni'r weledigaeth ac i ddiwallu'r anghenion.

Wele restr o brif weithgarwch y blynyddoedd nesaf; braslun o'r gwaith a gyflawnodd:

i. Ailsefydlu ysgolion cylchynol ar batrwm Griffith Jones;
ii. Sefydlu a threfnu'r Ysgolion Sul;
iii. Arwain Methodistiaid y gogledd, ac yna, wedi marw William Williams yn 1791, arwain y mudiad yn genedlaethol;
iv. Ar ddiwedd gwasanaeth yr hwyr, ar y Sul cyntaf o fis Hydref 1791, torrodd diwygiad grymus allan o dan ei weinidogaeth yn Y Bala. Lledodd yn gyflym drwy Sir Gaernarfon a chyn belled â Cheredigion a Sir Benfro. Parhaodd effeithiau'r adfywiad hwn, mewn gwahanol fannau, drwy'r flwyddyn nesaf ac i mewn i 1793;
v. Sefydlu a chydolygu, gyda Thomas Jones, Dinbych, *Y Drysorfa Ysprydol*, y cylchgrawn crefyddol Cymraeg cyntaf;
vi. Prif symbylydd ffurfio'r Gymdeithas Feiblaidd Frytanaidd a Thramor (ynghlwm wrth stori Mari Jones, wrth gwrs);
vii. Ysgrifennu ei gatecism enwog, *Hyfforddwr yn Egwyddorion y Grefydd Gristnogol* (1807), y bu 80 argraffiad ohono yn ystod y bedwaredd ganrif ar bymtheg, a channoedd o filoedd o gopïau wedi eu dosbarthu;
viii. Golygu argraffiadau newydd o'r Beibl Cymraeg yn 1807 ac 1814;
ix. Ysgrifennu ei orchestwaith, *Y Geiriadur Ysgrythyrawl* ('Geiriadur Charles')—deng mlynedd o waith, yn cynnwys tua 5,600 o gyfeiriadau a thros filiwn o eiriau. Mae'r erthygl ar y gair 'cyfamod', er enghraifft, yn cynnwys dros 6,500 o eiriau.

Wrth edrych ar y camau hyn yn ei fywyd, rhaid peidio ag anghofio mai *prif* flaenoriaeth Thomas Charles oedd ei waith fel efengylydd: un o bregethwyr teithiol y Methodistiaid ydoedd. Pob Sul (heblaw am y Suliau pan bregethai gartref neu yn ystod y cyfnodau o salwch a brofodd) byddai ar gefn ei geffyl rywle yng ngogledd Cymru, neu ar daith drwy'r de, neu yn Lloegr, ar ei ffordd i ryw dŷ neu feudy neu gapel i bregethu'r efengyl. Pregethu oedd ei flaenoriaeth gydol ei oes.

Er bod 140 milltir rhwng Y Bala a Creaton, bu Thomas Charles a Thomas Jones yn cydweithio mewn amryw ffyrdd yn ystod y blynyddoedd rhwng 1784 ac 1811: yn hyrwyddo mudiad yr Ysgolion Sul, er enghraifft; yn llafurio'n ddiflino i sicrhau argraffiadau newydd o'r Beibl Cymraeg. Ond daeth tro ar fyd a diwedd ar eu cydweithio drannoeth yr ordeinio yn 1811. Fel y soniwyd, roedd Charles yn Eglwyswr o argyhoeddiad. Er iddo gael ei wahardd rhag pregethu o fewn yr eglwysi, fe'i hystyriai ei hun yn offeiriad yn yr Eglwys. Bu ei arweinyddiaeth a'i ddylanwad yn sicr yn gyfrwng gohirio ymwahaniad y Methodistiaid o'r Fam Eglwys. Yn y rhagair i'w *Rheolau a Dybenion y Cymdeithasau Neillduol* (1801) ar gyfer y seiadau mae'n pwysleisio nad oedd unrhyw awydd gan y Methodistiaid i ffurfio sect neu blaid newydd. Rhaid ei fod wedi mynegi'r un argyhoeddiad wrth Thomas Jones y flwyddyn wedyn, oherwydd atebodd Jones ef:

> I was gratified ... that you are still in your views of ordination, such a high churchman. Doubtless, the ordination of Priests in the house of God is as much a divine positive Institution as either of the two sacraments are.[4]

Mae'r Thomas Jones arall—Thomas Jones, Dinbych—yn awgrymu, yn ei gofiant i Thomas Charles, ei fod yn hwyr iawn yn newid ei feddwl. Gan gyfeirio at y flwyddyn 1806, mae'n nodi:

> Ar y cyntaf, nid oedd y bwriad a'r ymgais yn foddlonawl gan feddwl Mr C. a rhai eraill. Efe a barhaodd i'w wrthwynebu dros amryw flynyddoedd, ond mewn modd tirion, a chan addef y gallai hynny fod yn rheidiol, trwy chwanegiad yr angen, ac aeddfedrwydd amser.[5]

Ond mae'r sylw a wnaed am John Wesley yn wir am Thomas Charles hefyd: 'Trwy gydol ei yrfa roedd yn gwynebu tuag at un cyfeiriad ond yn rhwyfo i'r cyfeiriad arall.' Roedd y camau a gymerodd fel arweinydd: y *Rheolau a Dybenion* eu hunain; y gweithiau llenyddol 'enwadol'; ei sefyllfa yn y wlad fel arweinydd y 'Connexion', y corff Methodistaidd o fewn yr Eglwys, yn symud y mudiad fwyfwy tuag at ffurf enwad annibynnol. Ac o'r diwedd, wedi hir betruso, argyhoeddwyd Charles fod yn rhaid iddynt fel corff ordeinio eu gweinidogion eu hunain. Dyna fyddai'r unig ffordd i ddiwallu dymuniadau'r seiadau (a oedd erbyn hyn yn gweithredu mwy neu lai fel eglwysi), sef bod eu henuriaid hwy yn cael yr hawl i weinyddu'r ordinhadau yn eu plith. Cytunwyd ar hyn a chynhaliwyd yr ordeinio cyntaf yn 1811; yn Y Bala ar gyfer y gogledd ac yna yn Llandeilo ar gyfer y de. A dyma, mewn gwirionedd, ddyddiad sefydlu Eglwys Methodistiaid Calfinaidd Cymru.

> 16
>
> ceive the sin of Schism to be, it is not probable that I should have penned one line on the subject, had it not been for a something, lately introduced amongst the Welsh Calvinistic Methodists, called ORDINATION. While I reflected on this deformed child of pride, this most presumptuous innovation, my attention was turned to divisions as the source from whence this monster sprang.
>
> ### III. *On Spurious Ordination.*
>
> Let us look at this newly-invented ordination, though it must be done with reluctance and disgust. The old Calvinistic Methodists in the beginning were in the habit of receiving the Lord's Supper within the parish church: afterwards, if not within the walls of the church, yet at least from the hands of those who had received episcopal ordination; and never entertained an idea that any, but a priest legally ordained, had any right or power to administer the Holy Sacrament.—But strange to relate, and dismal the story, some of their preachers have of late entertained the proud conceit that they were priests without ordination: or that a mock ordination was sufficient. It seems that they have had a something which they call by that name; and if I am rightly informed, it was of this sort. There was not one present, who had ever received ordination in any form himself. Though I have not witnessed this solemn ceremony, nor received a full description of their proceedings, yet I conceive that it must be something in this way. A company of lay people (men or women, few or many, it makes not the smallest difference) having assembled together, the preachers come forward and appeal to the company, that they are proper persons to be the Priests of the Lord, not only to preach the Gospel, but to officiate in

Thomas Jones, The Welsh Looking-glass
(Trwy ganiatâd Llyfrgell Genedlaethol Cymru)

A dyma hefyd y rheswm am ddiwedd cyfeillgarwch Thomas Charles a Thomas Jones, Creaton. Ysgrifennodd Thomas Jones bamffledyn o brotest chwyrn yn erbyn yr ordeinio, sef *The Welsh Looking-glass or Thoughts on the State of Religion in North Wales*. Mae'r adnod a osododd ar yr wynebddalen yn dangos ei safbwynt yn glir: 'The anger of the Lord hath divided them.' Lam. 4:16. 'Soriant [hynny yw 'Llid'] yr Arglwydd a'u gwasgarodd hwynt.' Galarnad 4:16. Mae'n drueni o beth ein bod yn cofio yn fwyaf arbennig am Thomas Jones am iddo gyhoeddi'r llyfryn hwn.

Ysgrifenodd un llythyr olaf at ei hen gyfaill:

> My brother, what have you been doing? When I look back on the years that are past, I say few men have been doing more good; would to God you had continued in one direct course to the end of your days. I once fondly hoped that the Calvinistic Welsh Methodists would have continued in existence ... But they are no more ... and this I most deeply lament. You probably will attribute this to mistaken High Church principles, but surely not very high when I so highly esteem Methodism such as had existed long in Wales; and which I ardently wished to exist till the whole church had been illuminated and renovated; and things were bidding fair for such a glorious event, and could you have lived to better purpose? But lo! The bright prospect was clouded in a day. Methodism was annihilated, and in lieu of which a mischievous plan was introduced ... I pity your case from my very heart. I pity your awful mistake in yielding at all to a torrent of iniquity, when your influence was sufficient to prevent it, and it is still sufficient to overturn the whole of it ... Should you plead that you listen to the voice of the people, I answer, no, but to the voice of the wicked spirits through a small part of the people. The thing is done. It is not of God. It will not end well.
>
> Will you give my love to Mrs Charles for whose long afflictions I am truly concerned. The Lord bless you both.
>
> Your old friend Thomas Jones.[6]

Ond yn hytrach na diweddu ar y nodyn trist yna, gorffennwn drwy ddyfynnu rhan o ddiweddglo erthygl Thomas Charles yn *Y Geiriadur Ysgrythyrawl* ar yr enw 'Iesu' er mwyn i chi gael blas o gynnwys, arddull a naws y gwaith:

> Er ei fod yn byw mewn tlodi, heb le i roddi ei ben i lawr; yn gystuddiol, heb ddyddanydd; yn erlidiedig, heb amddiffynwr; eto yr oedd yn myned oddiamgylch gan wneuthur daioni i eraill: ymhob amgylchiad yr un gwrthrych oedd ganddo yn ddyfal yn ei olwg, yn ddiflino ac yn ddiddiffygio; sef gogoniant Duw a llesâd dynion. Gwelwn allu; ond gallu yw i ddiogelu, ac nid i beri dychryn; gallu wedi ei dyneru â thiriondeb, yn boddhau ac yn cysuro tra byddo yn gweithio barchedig ofn. Tyrwyd pob pethau tirion i gyd yn hyfryd ynddo: pob mawredd ac ardderchowgrwydd dwyfol; pob doniau a rhadau dynol; pob peth sanctaidd a grasol, ydynt oll yn cyd-gyfarfod ynddo ef. Gwelwn ef yn cyfeillachu â phrophwydi, deddfwyr ac angylion; yn dangos ei hun yn hollwybodol, yn treiddio i mewn, ac yn chwilio holl ddyfnderoedd calonnau dynion; yn hollalluog, yn awdurdodi ar holl naturiaeth; ac yn honi hawl i agoriadau uffern a marwolaeth; ac yn rhagfynegi ei ddyfodiad y dydd olaf, fel barnwr, gyda mawredd ac ardderchogrwydd dwyfol; eto, ar yr un pryd, gwelir ef yn cofleidio plant bychain; yn addfwyn, yn dirion, ac yn ostyngedig, heb ddyrchafu ei lef yn yr heolydd, na dryllio y gorsen ysig, na diffodd y llîn yn mygu; yn galw ei ddisgyblion nid yn weision ond yn gyfeillion, ac yn frodyr; yn fwyn, yn gyfeillgar, yn garedig, ac yn serchogaidd; yn iachau doluriau y cleifion; yn tosturio wrth y profedigaethus; ac yn dychwelyd y cyfeiliornus ... Y mae efe oll yn hawddgar! *Nid oes, hael Iesu, ni bu, ni bydd dy gystedlydd.*[7]

Mae'n werth nodi bod Y Feibl Gymdeithas yn bwriadu cyhoeddi argraffiad newydd o *Eiriadur* Charles ar lein yn fuan. Gobeithio y bydd darllen mawr eto arno yn ein dyddiau digidol ni.

DARLLEN PELLACH

John Aaron, *Thomas Charles of Bala* (Edinburgh: Banner of Truth Trust, 2022).

Roger L. Brown, *Evangelicals in the Church in Wales* (Welshpool: The Tair Eglwys Press, 2007).

D.E. Jenkins, *The Life of the Rev. Thomas Charles, B.A. of Bala*, 3 volumes (Denbigh: Llewelyn Jenkins, 1908).

R. Tudur Jones, *Thomas Charles: Gwas y Gair a Chyfaill Cenedl* (Caerdydd: Gwasg Prifysgol Cymru, 1979).

Thomas Charles o'r Bala, gol. D. Densil Morgan (Caerdydd: Gwasg Prifysgol Cymru, 2014).

---

[1] John Owen, *Memoir of the Rev. Thomas Jones, late of Creaton, Northamptonshire* (London, 1851), tt. 96–7.

[2] Ibid., tt. 104–6.

[3] Thomas Jones, *Cofiant, neu hanes bywyd a marwolaeth y Parchedig Thomas Charles* (Bala, 1816), tt. 8–9.

[4] D.E. Jenkins, *The Life of the Rev. Thomas Charles, B.A. of Bala*, Volume II, t. 442.

[5] Jones, *Cofiant, neu hanes bywyd a marwolaeth y Parchedig Thomas Charles*, t. 211.

[6] Jenkins, *The Life of the Rev. Thomas Charles, B.A. of Bala*, Volume III, tt. 313–14.

[7] Thomas Charles, *Y Geiriadur Ysgrythyrawl*, o'r erthygl ar y gair 'Iesu'.

3

D. Densil Morgan

EDWARD MORGAN, SYSTON,
A JOHN OWEN, THRUSSINGTON

Mae cyfres 'Gofal ein Gwinllan' eisoes wedi rhoi sylw i un o'r offeiriaid Cymraeg a roes oes o wasanaeth i Eglwys Loegr yn Lloegr, sef Thomas Jones (1752–1845) o'r Hafod, Ceredigion. Ac yntau yn gyfaill mynwesol i Thomas Charles o'r Bala ac yn gyfieithydd *The Saint's Everlasting Rest* gan y Piwritan Richard Baxter o dan y teitl *Tragwyddol Orphwysfa'r Saint*, treuliodd ddeugain mlynedd yn gurad, wedyn yn rheithor, yn Creaton, Swydd Northampton, ac fel 'Thomas Jones, Creaton' mae'n cael ei adnabod. Gellid bod wedi crybwyll un arall, gŵr pur ddiddorol er na wyddys fawr ddim, ysywaeth, amdano, sef John Evans (m. 1779) 'Offeiriad Plymouth' fel y cafodd ei alw. Yn frodor o Lanbadarn Odwyn yn ymyl Llangeitho, yn raddedig o Brifysgol Rhydychen, ei brif gyfraniad i Gymru oedd llunio *Cyssondeb y Pedair Efengyl* (1765), yr esboniad Cymraeg poblogaidd cyntaf ar yr efengylau, a flaenorodd esboniad Peter Williams o bum mlynedd. Yn ogystal â thywys Beibl Cymraeg 1769 trwy'r wasg, treuliodd y cwbl, bron, o'i yrfa, yn gurad eto, yn Portsmouth, er mai fel 'Offeiriad Plymouth' (am ryw reswm) y cafodd ei adnabod yn ôl yng Ngheredigion ar y pryd. Nid peth anarferol, felly, yn y ddeunawfed ganrif na'r bedwaredd ganrif ar bymtheg oedd i Gymry da wasanaethu Duw a'u cyd-ddyn trwy lafurio y tu allan i Gymru, ac yn eu plith roedd y ddeuddyn sydd dan sylw yn y bennod hon.

Yn wahanol i Thomas Jones, Creaton, a John Evans, offeiriad Plymouth, cynnyrch Methodistiaeth Morgannwg oedd Edward Morgan (1783–1869). Yn frodor o'r Pîl, ychydig filltiroedd i'r gogledd o Borthcawl, ac ychydig filltiroedd hefyd y tu hwnt i ffin orllewinol y Fro, roedd yn fab i Ddafydd ac Alis Morgan, Tŷ Tanglwst, sydd erbyn hyn yn fferm laeth lwyddiannus. 7 Tachwedd 1783 oedd dyddiad ei fedyddio gan y curad lleol. Er yn Eglwyswyr yn ôl eu proffes, roedd y rhieni hefyd yn aelodau o seiat Y Pîl, un o seiadau mwyaf ffyniannus Morgannwg, ac yn drwm yn nyled ei harweinydd, William Thomas (1723–1811), Tŷ-draw, un o dröedigion Howell Harris ac un o gynghorwyr blaenaf y sir. 'I knew him from my boyhood', meddai, yn ei gofiant i Richard Bassett, Tregolwyn (1777–1852),

> and had the privilege when fourteen years of age [1797] of being received into the society by him. An old man, aged 80, was received the same night. Our old venerable father, William Thomas, made this observation then: 'This is a remarkable thing, a boy 14 years of age and an

old man aged four score years, received into the house of God together. O! Let us pray for them.' I hope the old patriarch's prayer was heard for us.[1]

Y tŷ y cyfeirir ato oedd Capel Corneli, a adeiladwyd yn 1786 ar gyfer y seiat a chyfarfod misol poblogaidd Morgannwg. Meddai am y patriarch, mewn man arall:

> I had the pleasure of being acquainted with William Thomas. He was indeed a holy man, always fighting against sin.[2]

Ac yntau'n byw yn Y Pîl, roedd oddi mewn i gylch dylanwad David Jones, rheithor Llan-gan, un o arweinwyr pennaf y mudiad Methodistaidd yn genedlaethol ac arweinydd diymwad y mudiad ym Morgannwg. 'I had known [him] from my youthful days', meddai yn ei gofiant iddo, 'and having experienced the Lord's goodness under his ministry, I became exceedingly attached to him, and his memory has always been cherished by me with the warmest affection.'[3] Er iddo gael ei gofnodi hanner canrif yn ddiweddarach, mae ei ddisgrifiad o Suliau Llan-gan yn ymdebygu i'r math o olygfeydd a welwyd ar y Sul cymundeb yn Eglwys Llangeithio pan oedd y Daniel Rowland ifanc yn anterth ei nerth:

> I myself was an eye-witness to those remarkable scenes in Llan-gan. I used to go there from Pyle in my youthful days in company with many a pilgrim now in glory. The travellers increased all the way as we went along until we arrived at Llan-gan, about eleven miles distant ... Such was our desire for spiritual food that we could not be prevented by any weather, however severe ... I well remember that the roads were so slippery in the winter season by reason of the ice that it was dangerous to go on horseback some parts of the way, and consequently we were obliged to dismount and walk ... People of every description were moving on, young and old, rich and poor, some on horseback and some on foot. Most returned home very thankful, rejoicing in the Lord.[4]

Addysgwyd Morgan yn ystod y cyfnod hwn yn Llangrallo, y plwyf nesaf at Lan-gan, mewn ysgol a gynhaliwyd gan gurad y plwyf a ddaeth wedyn yn rheithor yno, sef Henry Phillips (1772–1827). Brodor o Dalyllychau oedd ef a phrofodd dröedigaeth efengylaidd yn llanc yn Ysgol Ramadeg Caerfyrddin, ac yn wahanol i lawer, fe'i hargyhoeddwyd nid trwy wrando ar bregethwr arbennig ond yn syml trwy ddarllen y Testament Newydd drosto'i hun. Ac yntau'n Anglican teyrngar, ceisiodd urddau ac fe'i hordeiniwyd gan William Stuart, esgob Tyddewi, yn gurad i David Pugh, rheithor efengylaidd Eglwys Fair, Trefdraeth, Sir Benfro. 'By going to Newport', meddai, 'I was cast into a corner of Wales where vital religion prevailed among all ranks, rich and poor, high and low', ac nid y lleiaf o'i freintiau oedd dod i adnabod David Griffiths, ficer Nanhyfer, y plwyf nesaf draw i Drefdraeth, a thrwy hynny ymgydnabod â Methodistiaeth eglwysig y cylch:

> By hearing him preach the glorious truths of the gospel, I was greatly confirmed in what I had previously believed and on what I had entrusted my whole salvation. I consider it one of the greatest blessings of heaven that I had so many opportunities of hearing so faithful a servant of Jesus Christ.[5]

Adeg yr ordeinio yn 1811, byddai'r tensiynau rhwng yr hen Fethodistiaeth glerigol a gynrychiolwyd gan Jones Llan-gan a Griffiths Nanhyfer, a'r Fethodistiaeth newydd a fynnodd weld y pregethwyr teithiol yn cael eu hordeinio i weinyddu'r sacramentau, yn troi'n annioddefol. Fel David Pugh, rheithor Trefdraeth, clerigwr efengylaidd yn hytrach na Methodistaidd oedd Henry Phillips, er yn gwerthfawrogi'r pwyslais profiadol, cynnes, a fyddai'n cael ei feithrin yn y seiadau. Cyn yr ymrannu, byddai Methodistiaid Llangrallo yn cymuno gydag ef yn yr eglwys, ond ar ôl hynny, i Gapel Salem Pen-coed yr aent, i dderbyn y sacrament gan y pregethwyr newydd eu hordeinio. Wedi hynny, meddai, 'The Methodists never troubled me, nor I them'.[6] Ar y llaw arall, plentyn y seiat oedd Edward Morgan, ond yn gynyddol ddyledus i Henry Phillips, ac yn dra gwerthfawrogol o ddull addoli'r Llyfr Gweddi Gyffredin yn Eglwys Llan-gan. Ac yntau'n ddyledwr i'r ddwy ffrwd grefyddol hyn, aeth i fyny yn 1802 i Goleg Iesu, Rhydychen.

*Edward Morgan, Syston
Trwy ganiatâd Llyfrgell Genedlaethol Cymru*

Graddiodd Morgan yn 1806, ac yn ôl trefn yr hen brifysgolion aeth ymlaen at yr MA, heb orfod cael ei arholi ymhellach, yn 1811. Fe'i hordeiniwyd yn Chwefror 1807 gan William Cleaver, esgob Llanelwy, yn ddiacon yn gyntaf ac erbyn diwedd y flwyddyn yn offeiriad, ond does dim cofnod ymhle y bu'n gurad. Mae'n amlwg fod y tensiynau rhwng y ddwy Fethodistiaeth, yr offeiriadol a'r lleyg, yn pwyso arno. Dyna pryd y daeth yn gyfeillgar â Thomas Charles o'r Bala, y dyn y byddai'n llunio cofiant iddo, *A Brief History of the Life and Labours of the late Rev. Thomas Charles* (1828) a chyhoeddi casgliad gwerthfawr o'i lythyrau, *Essays, Letters and Interesting Papers of the late Rev. Thomas Charles* (1836). Ac yntau heb fod yn esmwyth ynghylch ei ddyfodol, daeth i ystyried Charles yn rhyw fath o fentor, ac mae'r ohebiaeth rhyngddynt yn ddiddorol. 'I sincerely hope you will be a faithful and diligent labourer wherever you are stationed', meddai Charles yn y llythyr cyntaf sydd ar glawr, 23 Mawrth 1808:

> Our time is short, and sinners are perishing all around us; and an idle clergyman acts a very sinful and a very cruel part and his responsibility is awful indeed! As to a *quiet* bishop which you wish for, if *he* is quiet and you are active and useful, somebody will be unquiet wherever you are, be assured of it.[7]

'Do not look forward much', meddai ar 3 Awst 1809, 'be faithful today as a man who may die tomorrow ... Our time is short, our work is important, our charge is awful and our account must soon be given.'[8]

Erbyn 1810 mae'n amlwg fod ganddo guradaeth yn Lloegr ond ni wyddys ymhle, ac roedd yn dal mewn cyfyng gyngor ynghylch ei ddyfodol. 'In great trouble and perplexity', meddai wrth Charles rywbryd y flwyddyn honno,

> I take the liberty of writing to you these few lines. It seems now that I must either leave this place or, if I continue here, to quit the Church. I have not been doing duty ... here since the latter end of last May, but I have been preaching and catechising the children some nights in the week in the schoolroom, and few hundreds

attend. The Lord I believe has owned his word for the conversion of some of them.

Byrdwn y llythyr yw bod ei neges efengylaidd wedi peri cymaint tramgwydd i'w gyd-glerigwyr nes iddynt ei atal rhag mynd ymlaen, ac er bod rhywrai o blith y gynulleidfa yn pwyso arno i ymneilltuo, nid oedd yn siŵr mai dyna roedd yn cael ei alw i'w wneud:

> Some religious friends and the poor people are desirous for me to remain among them, but I can't find courage to leave the Church … being fearful that my talents are not sufficient to gain popularity to such a place of worship … It is not likely that the clergy of this town, who persecute me very much, will permit me to stay here. Will you be so kind, dear Mr Charles, as to give me some opinion on the above.

Cyngor Charles oedd iddo aros yn ei le. 'As you are already in the Church, I think you ought rather to continue in it, if not *forced* out.'[10]

Fel sy'n hysbys, ar 20 Mehefin 1811, yn Y Bala, plygodd Charles i'r anorfod ac ordeiniodd wyth o'r pregethwyr teithiol i weinyddu'r sacramentau o fedydd a Swper yr Arglwydd, a'r un peth eto yn Llandeilo ar 8 Awst, pan ordeiniodd 14 o bregethwyr y de, gan dorri'n derfynol gyswllt y Methodistiaid Calfinaidd â'r Hen Fam. Yn ei gofiant i Richard Bassett, rheithor Tregolwyn, a'r olaf un o'r hen offeiriaid Methodistaidd, dywedodd Morgan hyn amdano'i hun:

> A young clergyman, who had been very troubled by bishops, on account of his religious views and conduct, was disposed to go over to the Welsh Calvinistic Methodists, for whom he had a very great regard … Bassett, with whom he was well acquainted, advised him to remain, if possible, in the Church of England, though he himself was warmly attached to the above connexion … This was also Charles of Bala's view of things, who gave the same advice.[11]

Canlyniad hyn oedd i Edward Morgan lynu wrth yr Eglwys Sefydledig, a cheisio lle parhaol o'i mewn.

Ar ôl ysbaid yn gurad yn Southend yn Essex, erbyn Gorffennaf 1813 roedd yng Nghaerlŷr, yn gurad yn Eglwys Sant Martin, ac yn Rhagfyr 1814 fe'i penodwyd yn ficer plwyf Syston, tua phedair milltir i'r gogledd-ddwyrain o'r dref, gan ychwanegu plwyf cyfagos Ratcliffe-on-the-Wreke at ei ofalaeth yn 1818. Noddwr y plwyf oedd Robert Shirley, seithfed Iarll Ferrars, a thrwy hynny daeth Morgan yn gaplan domestig iddo. Ac yno y byddai'n aros ar hyd ei fywyd hir, yn fawr ei lafur ymhlith ei blwyfolion fel y dengys ei *Exposition of the Lord's Prayer* (1814) a'i *Village Sermons, on Important Subjects* (1823), ond yn cadw ei gysylltiadau Cymreig yr iraidd fyw. Aeth ati'n ddiymdroi i gasglu papurau Thomas Charles gyda'r bwriad o gyhoeddi cofiant iddo, a chafodd gymorth yn hyn gan Morris Davies, Bangor, a fu'n cadw ysgol yn Syston rhwng 1824 ac 1825. Gyda hynny, daeth ffrwd gyson o weithiau o'i law, y rhan fwyaf yn Saesneg ond rhai yn Gymraeg. Cafwyd cyfrol yn olrhain y diwygiad efengylaidd gan ganolbwyntio ar gyfraniad Rowland, Williams Pantycelyn a Jones Llangan (1840); cofiant Saesneg i Rowland (1841), i Bantycelyn (1847) ac i Howell Harris (1852). Cyhoeddodd ohebiaeth hirfaith Griffith Jones, Llanddowror, â Madam Bridget Bevan yn 1832, ynghyd ag argraffiad o'r *Alwad at Orseddfainc Gras* a'r *Hyfforddwr ar Orseddfainc Gras*, y ddau yn 1838. Rhoes sylw hefyd i'r Fethodistiaeth newydd wedi 1811 trwy gyhoeddi cofiant Saesneg i John Elias (1844) ac mewn cyfieithiad gasgliad o'i lythyrau (1847). Cafwyd adargraffiad cyfansawdd o'r ddau gan y 'Banner of Truth Trust' yn 1973, cyfrol sydd mewn print o hyd. Ni fu'n ddibris ychwaith o'i gynhysgaeth ymhlith efengyleiddwyr eglwysig Morgannwg; cyhoeddodd gofiant i Henry Phillips, Llangrallo (c. 1831–2), William Howells, Longacre (1854) a Richard Bassett (1860). Priododd ag Ann Roberts o Aberffro, Ynys Môn, yn 1836, ac ymwelai â Chymru yn gyson reolaidd gan gasglu deunydd at ei lyfrau a chadw cyswllt â hen gyfeillion. Bu farw yn 86 oed ym Mehefin 1869, ac yn Syston y mae ei fedd.

Prif gyfraniad Edward Morgan oedd diogelu'r cof am Fethodistiaeth Galfinaidd Cymru yn bennaf yn ei gwedd eglwysig, a'i dehongli ar gyfer cynulleidfa Saesneg o'r tu allan. Gwyddai fod Cymru yn bwysig yn stori crefydd yr ynysoedd hyn, a mynnai na ddylai'r genedl gael cam. Mae hefyd yn bwysig fel ceidwad hanes Methodistiaeth Morgannwg fel y dengys ysgrif bwysig Gomer M. Roberts, 'Trannoeth yr ordeinio ym Morgannwg'.[12] 'As a writer', meddai Gomer, mewn man arall, 'Edward Morgan deserves far more attention than he has hitherto received'.[13] Gobeithio bod y traethiad hwn yn help i'w ddwyn yn ôl i sylw drachefn.

Os oedd Edward Morgan yn gynnyrch Methodistiaeth Morgannwg, yn nhraddodiad Llangeitho y ganed ac y maged John Owen (1788-1867). Yn fab i Owen ac Elinor Owen, Cilerwysg, Llanfihangel Ystrad yn nyffryn Aeron, Methodistiaid oedd ei rieni, yn perthyn i seiat Abermeurig (a oedd yn lled unigryw am ei bod yn rhannol yn eglwys Annibynol ac yn rhannol yn seiat Fethodistaidd), ond does dim cofnod amdano yn cael ei dderbyn yn aelod yno. Yn ei gofiant Saesneg i Ddaniel Rowland meddai: 'The present writer ... was born and brought up in the neighbourhood of Llangeitho. Though too young to have known Rowlands ... he has yet conversed much with many of his stated hearers and with some of his personal friends.'[14] Arweinydd seiat Abermeurig oedd Thomas Grey, ac er yn weinidog Annibynol, roedd yn gyfaill mynwesol i Rowland ac i Thomas Charles, ac yn flaenllaw gyda'r mudiad Methodistaidd yn y sir. Yn dilyn ei farw yn 1810, aeth ei eglwysi, Llwynpiod ac Abermeurig, draw at y Methodistiaid yn gyfan gwbl.

Yn ddigon naturiol i un o'i gefndir yng nghanol Ceredigion, anfonwyd Owen i'w addysgu at John Williams 'Yr Hen Syr' yn Ystradmeurig, ac fel y gwelwn maes o law, elwodd yn fawr o'r trwytho a gafodd yno yn y clasuron, Lladin a Groeg, ac mewn Hebraeg. Fel y gwelsom, blynyddoedd cythryblus oedd degad cyntaf y bedwaredd ganrif ar bymtheg yn hanes y mudiad Methodistaidd, a daeth y tensiynau ynghylch yr ordeinio i'w huchafbwynt yn ystod blynyddoedd hyfforddiant Owen yn Ystradmeurig. Bu'r esgobion yn gyndyn ers blynyddoedd i ordeinio neb â sawr Methodistiaeth arno, ond yr eithriad, erbyn hyn, oedd William Cleaver yn Llanelwy. Fe'i darbwyllwyd fesul tipyn mai'r ffordd orau i ymateb i her Methodistiaeth oedd nid trwy ei chollfarnu, ond trwy sianelu egnïon dynion ifainc brwd a oedd wedi eu magu yn y seiadau i mewn i weinidogaeth yr Hen Fam. Daeth hyn yn rhy hwyr i atal y rhwyg rhag digwydd, ond o 1811 ymlaen deuai llawer o'r offeiriaid a ordeiniodd ef (ac wedyn Thomas Burgess yn Nhyddewi) yn syth o'r ysgolion gramadeg, yn sylfaen ar gyfer y mudiad efengylaidd oddi mewn i'r Eglwys. Union fis ar ôl i Thomas Charles ordeinio'r pregethwyr yn Y Bala, ordeiniodd Cleaver John Owen yn ddiacon, ef a'i gyfaill John Hughes o Lanfihangel Genau'r-glyn, ficer Llanbadarn yn ddiweddarach ac archddiacon Ceredigion: Owen i guradaeth Hirnant, Pen-y-bont-fawr, Sir Drefaldwyn, a Hughes i Landrillo-yn-Rhos. Byddai'r ddau yn cael eu hurddo'n offeiriaid yn Llanelwy yng Ngorffennaf 1812.

Dwy flynedd yn unig oedd hyd arhosiad Owen yn Sir Drefaldwyn oherwydd yn 1813 fe'i cawn yn gurad yn Eglwys Sant Martin, Caerlŷr, ar yr un adeg ag Edward Morgan. Mae'n rhaid fod yr ardal o gwmpas Caerlŷr yn ganolfan ar gyfer gweithgareddau efengylaidd oddi mewn i esgobaeth Lincoln ar y pryd. O Eglwys Sant Martin yr aeth Edward Morgan i Syston, fel y gwelsom, ychydig filltiroedd i'r gogledd o'r dref, ac ychwanegu at ei ofalaeth ymhen fawr o dro blwyf Ratcliffe-on-the-Wreke. Mae Ratcliffe o fewn pellter cerdded i bentref Thrussington, a Thrussington yn agos at y pentrefi eraill: Mountsorrel, Gaddesden a Keyham. Tua'r un adeg ag yr aeth Morgan i Syston, cafodd Owen le fel curad yn Mountsorrel, Gaddesden a Keyham, ac ymhen blynyddoedd, tua 1825, yn Thrussington. Fel y cafodd Morgan nawdd gan Iarll Ferrars, teulu Weltden Bishopp, Thornby Hall, Swydd Northampton, oedd noddwyr plwyf Thrussington lle y bu Owen yn ficer o 1846 ymlaen. Mawr fyddai ei ddyled i'r teulu hwn am weddill ei yrfa. 'To you I am endebted', meddai wrth Mrs Weltden Bishopp yn ei gyflwyniad i gofiant Thomas Jones, Creaton, yn 1851, 'for my present position in the Church'.[15] Yn 1853 fe'i penodwyd gan yr esgob yn ddeon gwlad.

Daw i'r amlwg am y tro cyntaf fel awdur yn 1824, ac yntau erbyn hynny'n 36 oed, yn y ddau waith byr *Observations Contained in a Letter to the Rev. E. T. Vaughan* a *Strictures on the Rev. E. T. Vaughan's Sermon Entitled 'God the Doer of all Things'*. Ficer Eglwys Sant Martin, Caerlŷr, oedd Edward Thomas Vaughan, yn ddisgynnydd i'r 'Silwriad', y bardd Henry Vaughan o Dal-y-bont ar Wysg, ac yn gyn-ficer i Owen ac Edward Morgan fel ei gilydd. Bu ei fab, Charles John Vaughan, yn ddeon Llandaf rhwng 1879 a'i farw yn 1897.[16] Ple o blaid lle dirgelwch mewn crefydd oedd y ddau draethawd hyn, a'r angen i bregethwyr beidio â gor-resymu ar sail rhannau o'r Ysgrythur yn unig rhag cael eu harwain i ddryswch a chyfeiliorni. Yn ei awydd i warchod sofraniaeth absoliwt Duw, roedd hi fel petai Vaughan yn priodoli pechod, drygioni a'r Cwymp i'r arfaeth ddwyfol: 'The author of the sermon under consideration ... boldly declares that God is the originator of sin.'[17] Yn ôl unrhyw ystyriaeth resymol ac ysgrythurol, na allai hyn fod yn wir. Caniatáu'r cwymp a wnaeth Duw yn ei arfaeth, nid ei gynllunio na'i fwriadu, ac er bod Duw yn parhau yn sofran yn ei fwriadau, rhaid bod y sofraniaeth hon yn cynnwys rhyddid ewyllys dyn. Ymdriniaeth fedrus yw hon o ran rhesymeg ac o ran cywirdeb athrawiaethol. Mae'n cefnogi ei achos trwy ddyfynnu'n helaeth o waith Awstin (mewn Lladin) ac Irenaeus, y diwygiwr Protestannaidd Pedr Ferthyr Vermigli (eto mewn Lladin), a'r awdurdodau Anglicanaidd Richard Hooker, Lancelot Andrewes a'r Archesgob Leighton. Dyma brofi bod Owen yn awdur gwybodus ac yn ddiwinydd medrus.

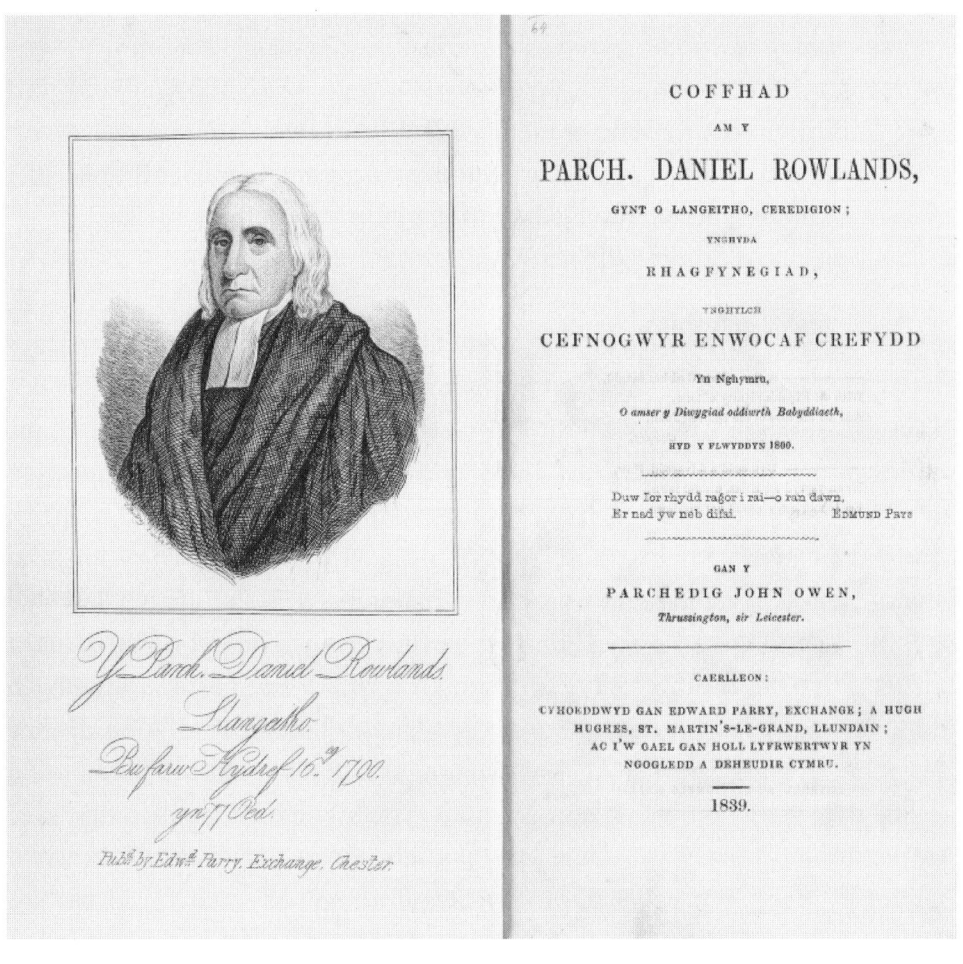

John Owen, *Coffhad am y Parch. Daniel Rowlands*
Trwy ganiatâd Llyfrgell Genedlaethol Cymru

Ei ddau waith nesaf oedd *Letters on the Writings of the Fathers of the First Two Centuries* (1838) a *The Rule of Faith* (1839), eto yn dangos pa mor gyfarwydd ydoedd â datblygiad yr eglwys gynnar ac â diwinyddiaeth batristig, ac yna, hefyd yn 1839, *Coffhad am y Parch. Daniel Rowlands, gynt o Langeitho, Ceredigion*. Dyma'r cofiant cyntaf i ddiwygiwr Llangeitho, yn seiliedig yn bennaf ar ymchwiliadau Owen ymhlith ei hen gydnabod yn nyffryn Aeron ac yn pwyso'n drwm ar atgofion Nathaniel, mab Daniel, a rhai David Griffiths, Nanhyfer. Cofiant eglwysig oedd hwn yn hytrach nag un Methodistaidd, ac roedd yn cynnwys yr hanes am gyngor yr hynafgwr i'w fab beidio â chefnu ar Eglwys Loegr yn y sicrwydd y deuai'r gwenyn yn ôl i'r cwch:

> Hyn a glywais gan y diweddar Barchedig Nathaniel Rowlands ei hun ynghylch y flwyddyn 1826, ac wrth ddibenu dywedodd y meddyliasai yn fynych am eiriau ei dad wedi i'r Doctor Burgess ddyfod i esgobaith Tyddewi, ac wrth weled cynifer o offeiriaid efengylaidd yn cyfodi yn yr Eglwys Sefydledig.[18]

Dilynwyd y cofiant hwn ymhen y flwyddyn gan fersiwn Saesneg.

Ac yntau'n 55 oed, dechreuodd Owen ar brosiect mwyaf uchelgeisiol ei fywyd, sef cyfieithu o'r Lladin rai o esboniadau'r diwygiwr Protestannaidd John Calvin. Roedd y 'Calvin Translation Society' wedi dechrau ar y dasg yn 1843 o gyflwyno cymaint fyth ag oedd yn bosibl o waith diwygiwr Genefa yn Saesneg, nid yn unig yr *Institutio*, o gyfieithiad enwog Henry Beveridge (1845), ond ei esboniad ar bob llyfr o'r Beibl yn ogystal. Roedd Owen eisoes yn hysbys fel cyfieithydd esboniad Martin Luther ar y Galatiaid, ynghyd â llunio rhagymadrodd cofiannol helaeth iddo, yn 1845. Y flwyddyn honno a welodd ymadawiad John Henry Newman, ficer Eglwys Fair Rhydychen, am Eglwys Rufain, ac roedd angen dybryd yn nhyb yr efengyleiddwyr i bwysleisio natur drwyadl Brotestannaidd Eglwys Loegr yn wyneb ymgais Newman, Edward Bouverie Pusey, Hurrel Froude a'u disgyblion, i ddymchwel ei seiliau diwygiedig. Rhwng 1846 ac 1855, trosodd Owen chwech o esboniadau trwchus-ddysgedig y diwygiwr, tri ar y Testament Newydd (Rhufeiniaid (1849), Hebreaid (1853) a'r Epistolau Bugeiliol (1856)) a dau ar yr Hen Destament (Y deuddeg Proffwyd 'llai', mewn pum rhan (1846-9) a Jeremeia, eto mewn pum rhan (1850-5)). Rhwng popeth, roedd hyn yn golygu swmp aruthrol o waith, miloedd o dudalennau gan un dyn, mewn ficerdy unig yn y wlad. Mae'n glod eithriadol i'r addysg glasurol a gafodd Owen gan John Williams yn Ystradmeurig gynt, y gallai wneud hyn, a safon yr ysgolheictod mor uchel. Nid yn unig ei fedr fel cyfieithydd o'r Lladin sy'n amlwg, ond ei feistrolaeth ar y testun Beiblaidd, yn arbennig mewn Hebraeg. Yr hyn sydd fwyaf difyr i Gymro yw darllen y mynych, mynych gyfeiriadau yn y troednodiadau sy'n cymharu'r testun gwreiddiol â'r Gymraeg. Wrth esbonio ei ddulliau cyfieithu, meddai, yn y rhagymadrodd i'r esboniad ar Jeremeia:

> In all these instances the Welsh is *literally* the Hebrew. The last example is rather remarkable, but the Welsh is exactly the same, 'y rhai a arogldarthasant ar eu pennau'. The verb also is similar ... but the verb in English is not so used. There is hardly a noun or a verb in Hebrew which the Welsh cannot literally express – a peculiarity which neither Latin nor Greek possesses, and perhaps no modern language.[19]

Roedd hi'n amlwg fod Owen yn ymfalchïo yn ei Gymreictod ac yn awyddus i nodi hynafiaeth y Gymraeg a'i phurdeb fel iaith gytras â'r Hebraeg, iaith y datguddiad gwreiddiol.

Rhywbryd yn ystod y blynyddoedd hyn daeth Owen i gyswllt â'i gyd-Gymro, Thomas Jones, curad Creaton. Roedd Creaton yn Swydd Northampton, tua deugain milltir i'r de o Thrussington, ond oherwydd eu cyd-ddiddordebau—y ddau yn offeiriaid efengylaidd o Geredigion, yn llinach Daniel Rowland ac yn ddyledus i Fethodistiaeth Galfinaidd Gymraeg—roedd yn naturiol iddynt gwrdd. Gŵr sengl oedd Jones, a fabwysiadwyd i bob pwrpas gan ei letywyr, sef teulu Bosworth o Highgate House yn Creaton. Yn ystod ei ymweliadau â Jones ac â'r teulu, ymserchodd Owen yn un o'r merched a'i phriodi. Cawsant ddwy o ferched, Selina a Matilda. Byddai Matilda yn priodi Henry Smith, rheithor Eglwys Crist St Albans, ac ar eu haelwyd hwy, yn ei henaint, y byddai John Owen yn byw. Ffrwyth y cyfeillgarwch hwn oedd y ddwy gyfrol, *Memoir of the Rev. Thomas Jones, Late of Creaton, Northamptonshire* (1851) a'r *Fifty-Five Notes of Sermons Preached by the Rev. Thomas Jones* (1851).

Mae'r cofiant yn bwysig, nid yn unig fel ffynhonnell gwybodaeth am Fethodistiaeth Gymraeg diwedd y ddeunawfed ganrif hyd at yr ordeinio yn 1811, am natur cyfraniad Thomas Charles o'r Bala ac am sefydlu'r Feibl Gymdeithas, ond fel disgrifiad manwl o deithi'r blaid efengylaidd yn Eglwys Loegr wedi dyddiau John Newton, curad Olney, awdur yr emyn 'Amazing Grace' a ficer Eglwys St Mary Woolnoth yn ninas Llundain.[20] Daethai Jones erbyn ail chwarter y bedwaredd ganrif ar bymtheg yn un o arweinwyr pennaf y blaid honno, ac un o'i phrif gynheiliaid.

73 oed oedd Owen pan gyhoeddodd ei waith olaf, sef ei gyfieithiad o un o bregethau Gwilym Hiraethog, arweinydd enwocaf yr Annibynwyr Cymraeg ganol y bedwaredd ganrif ar bymtheg. Roedd *The Mercy-seat, or Christ's Propitiation* (1861) yn seiliedig ar eiriau Paul yn Rhufeiniaid 3:24–5: 'A hwy wedi eu cyfiawnhau yn rhad trwy ei ras ef, trwy'r prynedigaeth sydd yng Nghrist Iesu, yr hwn a osododd Duw yn iawn trwy ffydd yn ei waed ef.' Enghraifft ardderchog o'r Galfiniaeth gymedrol rymus a bywiog oedd hon, a wnaeth gymaint i droi Cymru dechrau a chanol oes Fictoria yn wlad Gristnogol. Cafodd Owen ganiatâd parod Hiraethog i drosi'r bregeth a rhoed i ficer Thrussington gyfle i rannu â'i gynulleidfa yng nghanolbarth Lloegr gyfoeth y traddodiad efengylaidd Cymraeg.

Bu farw John Owen wedi gwaeledd hir yng nghartref ei ferch a'i fab yng nghyfraith, y Parchg Henry Smith, yn St Albans, yng Ngorffennaf 1867. Roedd yn 79 oed. Ymhlith y llythyrau cydymdeimlad sydd ar gadw yn Archifdy Northampton, ceir un gan ei gyfaill, ei gymydog a'i gyd-weithiwr, Edward Morgan, Syston, sydd hefyd yn cynnwys ei atgofion amdano.[21] Dyna ddau was ffyddlon, wedi dal pwys a gwres y dydd ymhell o'u gwlad, a'r naill yn talu gwrogaeth i gof y llall.

DARLLEN PELLACH

Bruce Hindmarsh, *John Newton and the English Evangelical Tradition* (Oxford: Clarendon Press, 1996).

John Gwynfor Jones, *Her y Ffydd: Ddoe, Heddiw ac Yfory: Hanes Henaduriaeth Dwyrain Morgannwg, 1876–2005* (Caerdydd: Henaduriaeth Dwyrain Morgannwg, 2006).

John Owen, *Memoir of the Rev. Thomas Jones, Late of Creaton, Northamptonshire* (London, 1851).

T.H.L. Parker, *Calvin's Old Testament Commentaries* (Edinburgh: T & T Clark, 1986).

T.H.L. Parker, *Calvin's New Testament Commentaries* (Edinburgh: T & T Clark, 1971).

Gomer M. Roberts, 'Trannoeth yr ordeinio ym Morgannwg', *Y Traethodydd*, XVII (1950), 16–26.

Gomer M. Roberts, 'Edward Morgan Syston', *Cylchgrawn Cymdeithas Hanes y Methodistiaid Calfinaidd*, 1962, 13–22.

Gomer M. Roberts, 'Calvinistic Methodism in Glamorgan, 1737–73', *Glamorgan County History*, Volume 4, ed. Glanmor Williams (Cardiff: University of Wales Press, 1974), tt. 499–533.

---

[1] Edward Morgan, *Home light, or a brief memoir and letters of the Revd Richard Bassett, vicar of Colwinstone … Glamorgan* (Caernarfon, 1860), t. 75.

[2] Edward Morgan, *Ministerial record or brief account of the great progress of religion under the ministry of the Revd D[avid] Jones, rector of Llan-gan, Glamorgan* (London, 1861), t. 194.

[3] Ibid., t. 4.

[4] Ibid., t. 6.

[5] Morgan, *A short memoir of the Rev. Henry Phillips, late of Coychurch, Glamorgan* (London, d.d.), tt. 27–8.

[6] Ibid., t. 36.

[7] D.E. Jenkins, *The Life of the Rev. Thomas Charles, B.A. of Bala*, Volume III (Denbigh, 1910), t. 185.

[8] Ibid., t. 225.

[9] Ibid., tt. 346–7.

[10] Ibid., t. 347.

[11] Morgan, *Home light, or a brief memoir and letters of the Revd Richard Bassett*, t. 24.

12 Gomer M. Roberts, 'Trannoeth yr ordeinio ym Morgannwg', *Y Traethodydd*, XVII (1950), 16–26.
13 Gomer M. Robets, 'Edward Morgan Syston', *Cylchgrawn Hanes y Methodistiaid Calfinaidd*, 1962, 13–22 (t. 17).
14 John Owen, *A memoir of the Rev. Daniel Rowlands, late of Llangeitho, Cardiganshire* (London, 1840), t. 46.
15 John Owen, *Memoir of the Rev. Thomas Jones, late of Creaton, Northamptonshire* (London, 1851), t. vi.
16 Ceir manylion am y teulu yn y bennod 'Dean Vaughan', yn J. Vyrnwy Morgan, *Welsh Political and Educational Leaders of the Nineteenth Century* (London, 1908), tt. 407–28.
17 John Owen, *Strictures on the Rev. E. T. Vaughan's sermon entitled 'God the Doer of all Things'* (London, 1824), t. 2.
18 John Owen, *Coffhad am y Parch. Daniel Rowlands, gynt o Langeitho, Ceredigion* (Caerlleon, 1839), t. 126.
19 John Calvin, *Commentaries on the Book of the Prophet Jeremiah … translated from the Latin and edited by the Rev. John Owen, vicar of Thrussington*, Book 3 (Edinburgh, 1852), t. vi.
20 Gweler Bruce Hindmarsh, *John Newton and the English Evangelical Tradition* (Oxford: Clarendon Press, 1996), passim.
21 Fel rhan o'r casgliad 'Early Association and Recollections by the Rev. Henry Smith, Vicar of Christ Church, St. Albans'.

4

Meg Elis

'RHODDAI FENTHYG YR HAUL I MI BOB AMSER': THOMAS RICHARDS, DAROWEN, A'I FEIBION

Dyfyniad o ddyddiadur dychmygol, *Y Baradwys Bell* gan Ambrose Bebb, yw'r uchod, yn cyfeirio at Thomas Richards, person Darowen yn nechrau'r bedwaredd ganrif ar bymtheg. Y cylchgrawn eglwysig *Yr Haul* sy'n cael ei roi ar fenthyg. Ie, ond cymaint mwy hefyd. Byddaf yn cyfeirio at waith arall o ffuglen yn y bennod hon, ac at swmp o waith ffeithiol academaidd: yn wir, dyna fydd sylfaen y sylwadau hyn, *magnum opus* fy mam, Mari Ellis, ar y casgliad rhyfeddol hwnnw o glerigwyr yn y ddeunawfed a'r bedwaredd ganrif ar bymtheg a adwaenir fel yr hen bersoniaid llengar a'r nofel a gyhoeddodd, *Awelon Darowen*, sy'n ymdrin â hanes un teulu rhyfeddol o'r personiaid hynny, sef Thomas Richards a'i bum mab. Felly, yn ogystal â geiriau Thomas a'r meibion—Richard, David (neu Dewi Silin), Thomas, John Llwyd a Lewis—geiriau a gwaith fy mam sy'n dilyn. Cefais innau fenthyg yr haul.

Y peth cyntaf i'w nodi, ac yn eithaf pwysig, hwyrach, yw nad un o Ddarowen oedd Thomas Richards. Yn Hirnant, Ponterwyd, yng Ngheredigion y cafodd ei eni; derbyniodd ei addysg yn Ystradmeurig, ac mewn plwyfi eraill y bu am ran helaeth o'i oes: yn wir, roedd yn tynnu am ei hanner cant, a'i wyth plentyn eisoes wedi eu geni, pan benodwyd ef yn ficer Darowen yn Sir Drefaldwyn. Ond mae enw Darowen yn annatod gysylltiedig â'r teulu yn rhinwedd eu gweithgarwch ym maes pregethu, casglu llyfrau a llawysgrifau, cerddoriaeth—a chynnal Cymreictod yr Eglwys Sefydledig mewn cyfnod hynod arwyddocaol. Er mai ar ôl dwy flynedd ar bymtheg o guradiaeth yn Llanymawddwy y daeth Thomas Richards yr hynaf i Ddarowen, a'i feibion wedi gwasanaethu mewn plwyfi pell ac agos, y disgrifiad yma yn y nofel o'r teulu yn cyrraedd Darowen ac yn cael eu cyfarch gan Ddafydd, yr ail fab, sy'n aros yn fy nghof:

> "Dafydd", llefai John.
> Rhedai llanc siriol, llyfndew, dwy-ar-bymtheg oed tuag atynt gan godi ei freichiau a'u cyfarch yn farddonol.
> "Croesaw, croesaw: hawddamor i deulu'r Parchedig Thomas Richards, Ebrwyad Darowen i'w cartref newydd: henffych well."
> Ac ar hynny dyna daflu ei gap i'r awyr, a'i ddal drachefn. Dechreuodd pawb siarad ar draws ei gilydd, y rhai bach yn gweiddi cwestiynau, John a Mary yn holi am y daith,

y fam yn ceisio cael sylw Dafydd, er mwyn cael rhyw
synnwyr ganddo, a Dafydd ei hun yn dal i redeg i fyny ac
i lawr wrth ochr y wagen, yn siarad gormod ei hunan i
glywed cwestiynau neb. Deallodd Mary ddigon i wybod
bod y tŷ mewn lle braf, yr ardd yn fawr a heb ei thrin,
fod y coffr llyfrau ar goll, a bod yno ddwy gath, un lwyd
ac un ddu a gwyn. Yng nghanol yr holl sŵn, deffroes y
babi drachefn, a dechrau gweiddi nerth ei ben.

Ar droad y ganrif, yn 1800, y daeth y teulu i Ddarowen, ond ers ei ordeinio yn 1774, gwasanaethodd Thomas Richards fel curad yn Eglwys-fach a Llangynfelyn. Roedd ei ddiddordeb yn ddwfn yn llenyddiaeth ei wlad ac yn ei halawon gwerin. Fe'i disgrifiwyd fel y 'person Methodus' a bu'n fawr ei sêl dros efengyleiddio yng ngogledd Ceredigion ar ddechrau ei yrfa. Roedd ganddo ddiddordeb mewn hanes a hynafiaethau, a thrwy'r blynyddoedd casglodd lyfrgell werthfawr, yn cynnwys llyfrau diwinyddol a chlasurol, ynghyd â llawysgrifau Cymraeg. Credai'n gryf mewn addysg, ac aberthodd er mwyn rhoi cyfleusterau addysg teilwng i'w bum mab; bu ei dair merch mewn ysgolion nodweddiadol o'r cyfnod.

Ond 'person Methodus'? Mae'n bwysig cofio dyddiadau Thomas Richards: 1754 hyd 1837. Nid yn unig yr oedd yn cydoesi ag arweinwyr y Diwygiad Methodistaidd, Daniel Rowland a Williams Pantycelyn; roedd wedi gwrando arnynt yn pregethu, ac, yn wir, yn eu hadnabod. Un o'i gyfoedion yn Ysgol Ystradmeurig oedd Thomas Jones a fu'n gurad yn Swydd Henffordd ac yna yn Llangynfelyn ac Eglwys-fach, lle y gwelodd ei blwyfolion yn ddiarhebol o annuwiol, a'i waith cyntaf oedd ceisio eu gwareiddio trwy roi terfyn ar ddawnsio ar y Sul, a'r difyrrwch cyffredin o ymladd ceiliogod. Hawdd credu bod ei gyfaill Thomas Richards yn rhannu ei syniadau. Ffynnodd cyfeillgarwch y ddau ac mae dyddiadur Thomas Richards a llythyrau Thomas Jones ato nid yn unig yn taflu goleuni tra diddorol ar berthynas a chymeriad y ddau ond yn rhoi darlun gwerthfawr i ni o amgylchiadau bywyd personiaid yr Eglwys Sefydledig yng nghefn gwlad Cymru yn y cyfnod hwn. Ac mi dalai i rai sydd am baentio darlun rhy ddu-a-gwyn o gyflwr crefydd cyn ac ar ôl y Diwygiad Methodistaidd gymryd ennyd i ystyried yr hyn a gyflawnwyd gan ddynion fel Thomas Richards a'i feibion. Oedd, roedd yna esgyb Eingl a chlerigwyr fel Mr. Brown y person yn *Rhys Lewis*, ond roedd yna hefyd weision Duw a oedd yn cymryd eu dyletswyddau o ddifrif. Dyddiadur o eiddo Thomas Richards am y flwyddyn 1782 a misoedd Ionawr ac Ebrill 1783 sydd wedi goroesi, ac mae'n werth nodi ei weithgaredd ar ddydd Nadolig 1782: cododd am un o'r gloch y bore a marchogaeth gyda'i wraig a'r mab bychan i Langynfelyn i wasanaeth y Plygain. Dywed iddo bregethu am bedwar o'r gloch, felly mae'n rhaid mai canu carolau rhwng tri a phedwar fyddai'r arfer. Erbyn chwech roedd yn Eglwys-fach lle y pregethodd a gweinyddu'r Cymun i dros hanner cant o gymunwyr. Wedyn aeth i roddi'r Cymun i wraig glaf yn ei chartref. Am hanner dydd pregethodd eto mewn gwasanaeth yn Llangynfelyn. Daliodd Thomas Richards at yr arfer o wasanaeth Plygain cynnar iawn ar hyd ei oes. Diolch i'w ferch Mair, gwyddom fwy am y carolau a genid a'u hawduron. Ond cymryd y carolau'n ganiataol a wnâi ef yn ei ddyddiadur.

Dyna'r dyddiadur. Soniais hefyd am lythyrau Thomas Jones ato, y rhai sydd wedi goroesi. Oeddent, roeddent yn gyfeillion, a gwelwn yn nes ymlaen sut yr ymdrechodd Thomas Jones i leddfu'r pwysau ariannol dybryd a oedd yn llethu ei gyd-offeiriad gyda'i deulu niferus. Ond mae rhai elfennau ansensitif, a dweud y lleiaf, yn rhai o'i lythyrau. Cymerwn un a ysgrifennodd ato ym mis Gorffennaf 1782, yn llawn cwynion am na chlywsai wrtho ers dechrau Mai. Pe bai'n gyrru llythyr ato bob tair

Eglwys Llanymawddwy

wythnos, awgryma, ni chymerai hynny lawer o'i amser. O gofio bod Thomas Richards yn cadw ysgol yn ogystal â chyflawni ei ddyletswyddau eglwysig, yn mynychu seiadau ac yn teithio milltiroedd ar bob adeg o'r dydd a'r nos, fel y gwelsom, mae'r cyhuddiad o ddiogi gan Thomas Jones yn darllen fel hunangyfiawnder.

Wedi i'r dyddiadur ddod i ben, ac yn niffyg un arall, mae'n anodd dilyn gyrfa Thomas Richards nes iddo gael ei benodi'n gurad Llanymawddwy ym mis Hydref 1784. Wrth olrhain ei yrfa helyntus, mewn cais am elusen yn 1788, mae'n dweud: 'I have been a whole year without any employment and had no income from any quarter.' Byth er pan symudodd Thomas Richards i Lanymawddwy, teimlai Thomas Jones yn bur anesmwyth amdano am ei fod yn gorfod byw ar gyflog mor fychan. Chwarae teg iddo, ymdrechodd yn ddygn i geisio lleddfu peth ar ei sefyllfa ac roedd yn un o sefydlwyr y gymdeithas elusennol, 'The Society for the Relief of Poor, Pious Clergymen'. Yn 1788 derbyniodd Thomas Richards gymorth gan y gronfa hon. Yn aml iawn ceisiai Thomas Jones ddwyn dylanwad ar glerigwyr uwch eu safle i roi i'w gyfaill fywoliaeth a fyddai'n talu'n well—dim ond i weld un plwyf ar ôl y llall yn cael ei ddyfarnu i rywun oedd â gwell cysylltiadau neu yn perthyn yn nes i'r esgob.

Serch hynny, datgela llythyrau Thomas Jones beth gwahaniaeth barn ynghylch yr hyn y dylai Thomas Richards ei wneud i ddod allan o'i drybini ariannol, yn enwedig wrth i'w feibion ddod i oed: 'I have often thought of your numerous family', meddai mewn llythyr ato ym Mai 1797, 'and expect to hear that you have put some of your children to some trade, they now being of age.' Ond credai Thomas Richards y dylai wneud popeth yn ei allu i roi'r addysg orau bosibl i'w feibion a deimlai alwad cryf i fod yn offeiriaid, ar waethaf y cyni a olygai hyn iddo ef yn bersonol. 'Trade' yn wir! Dros ddeng mlynedd yn ddiweddarach roedd tri mab hynaf Thomas Richards wedi eu hordeinio. A dyma lythyr arall gan Thomas Jones yn Rhagfyr 1809:

> It must be highly gratifying to a parent's feelings to find his sons such proficients in literature after labouring under peculiar disadvantages to give them education. May they be found faithful to the vinyard of the Lord.

Yn y pen draw ordeiniwyd pum mab Thomas Richards yn offeiriaid ac yn fwy na hynny, yn ystod ei gyfnod fel ficer Darowen, cododd wyth o wŷr ieuanc o'r plwyf i fod yn offeiriaid.

Roedd ei alw'n 'bregethwr Methodus' yn ffordd gan rai o'i gydglerigwyr o'i sarhau, ond hwyrach yn wir fod y difenwi hwn yn fwy o adlewyrchiad ar gysgadrwydd y clerigwyr hynny, pan gofiwn y gwasanaethau, y dosbarthu a'r casglu llyfrau, y seiadu a'r mynych deithio a nodir yn y dyddiadur. Mae'n arwyddocaol iddo bwysleisio, yn nyddiau cynnar ei ficeriaeth:

> ... tho' it is now near four and twenty years since I was ordained to exercise my poor talents therein, yet I declare now, if I was not already ordained, I would endeavour to be admitted into orders in our own Established Church before I would desire to be a Minister in any other denomination whatever.

Deuwn yn awr at y brodyr, meibion Thomas Richards, o'r hynaf, Richard, at Lewis, y plentyn ieuengaf a'r pumed mab. (Hwn oedd y babi a ddechreuodd weiddi nerth ei ben pan yw'r teulu yn y nofel yn cyrraedd Darowen.) Richard oedd yr unig un o'r teulu i ysgrifennu math o hunangofiant ac yn ei ddydd roedd iddo enw fel pregethwr efengylaidd nerthol, yn cael ei grybwyll yn yr un gwynt â John Elias; yn wir, bu'r ddau yn pregethu dros y Feibl Gymdeithas. Am Lewis, dyma ddywed fy mam amdano: 'O holl blant Thomas Richards, ef yw'r mwyaf annelwig.' Ond wedi dweud hynny, gwyddom mai ef, o'r holl frodyr, a allodd fanteisio ar addysg brifysgol yn Rhydychen; erbyn hynny roedd gan ei dad ddigon o fodd i'w anfon yno. Llwyddodd yn ei arholiadau terfynol yn 1824 a chafodd guradiaeth Tregynon a Betws Cedewain; bu'n gurad hefyd yn Rhuddlan a Llanelwy cyn cael ei ddyrchafu'n rheithor Llangynyw a Llanerfyl. Mae'n amlwg ei fod yn gerddor: nodir y *bass viol*, y ffliwt a'r delyn ymysg ei eiddo. Ymunodd â'i frawd Thomas i wrthwynebu'n ffyrnig y bwriad i uno esgobaethau Bangor a Llanelwy er mwyn defnyddio'r arian a fyddai'n cael ei arbed i greu esgobaeth newydd ym Manceinion. Llwyddwyd i drechu'r Mesur Uno yn Nhŷ'r Arglwyddi yn 1846 a bu Lewis wrthi'n ddygn yn mynd o gwmpas Llanerfyl i gasglu enwau ar ddeiseb yn erbyn y mesur.

O bregethwr grymus ac enwog, felly, at fach y nyth, gyda thri bachgen rhyngddynt heb sôn am y genethod. Y genhedlaeth nesaf. Pob un yn bersonoliaeth wahanol ond bu yna gydweithio a chydymwneud â'i gilydd—heb sôn am anghytuno ar un mater ynghylch un o'r brodyr a achosodd rwyg enbyd yn y teulu, ac nid ar fater crefydd. Yr hynaf o'r ail genhedlaeth, Richard Richards, a adawodd gofnod ar ei ôl ar ffurf 'Helyntoedd fy Mhererindod' a ymddangosodd yn *Yr Eglwysydd* yn 1847 ac 1848. Yn naturiol i gyfnodolyn o'r fath, mae'n canolbwyntio mwy ar ei daith ysbrydol yn hytrach na gwneud peth buddiol i hanesydd, sef cofnodi ffeithiau am ei fywyd a'i yrfa. Ond er hynny, mae'n cynnwys sylwadau ar ffordd o fyw, disgrifiadau gwerthfawr ac ambell ddyddiad pwysig. Wedi derbyn addysg yn yr un ysgol â'i dad, sef Ystradmeurig, ordeiniwyd Richard i Nantcwnlle a Llanddeiniol. Dau blwyf oedd y rhain mewn dwy ddeoniaeth wahanol a hynny, wrth gwrs, yn golygu cryn dipyn o deithio ac o gost: pethau y bu ei dad Thomas yn hen gyfarwydd â hwy. Symudodd Richard i blwyf Caerwys yn 1814 a'i wneud yn rheithor yno yn 1826. Fel 'Richards Caerwys' yr enillodd glod fel pregethwr.

Fel un o'r ail genhedlaeth, daeth i adnabod y pregethwyr a fu'n ddisgyblion, fel petai, i Ddaniel Rowland. Yr hyn sy'n arwyddocaol yn ei hunangofiant yw ei fod, yn y dyddiau cynnar, yn dweud am y rhain, 'ni dderbyniai un ohonynt y Sacramentau Bedydd na Swper yr Arglwydd o law neb ond un o offeiriaid yr Eglwys'. Ond erbyn 1847 roedd y sefyllfa yn bur wahanol: 'ni wnânt fwy â gweinidogion yr Eglwys nag a wnânt â'r Offeiriad Pabaidd'. Yr hyn a welwn yma yw'r hollt, yr ymraniad, a ddigwyddodd mewn un genhedlaeth, a'r teulu Richards wedi bod yn dystion i hyn ar hyd eu bywydau a'u gyrfaoedd. Gallwn edrych ar Richard Richards fel math o gadwyn rhwng y diwygwyr Methodistaidd a'r clerigwyr llengar.

Ac yn sicr roedd Richard Richards, fel un o'r clerigwyr llengar hynny, yn ymddiddori'n fawr mewn eisteddfodau, ac roedd traddodiad eisteddfodol cryf yng Nghaerwys ers cynnal yr eisteddfod hanesyddol honno yn 1567. At hyn, roedd Richard yn un o sylfaenwyr y cylchgrawn eglwysig Cymraeg *Y Gwyliedydd* yn 1822. Yn ôl yr hanesydd R.T. Jenkins, '*Y Gwyliedydd* oedd cylchgrawn gorau Cymru yn ei ddydd, o safbwynt y llenor.' Er mai dan ffugenwau yr ysgrifennai nifer o'r cyfranwyr, mae llawer o'r dystiolaeth fewnol yn awgrymu mai gwaith Richard Richards yw sawl erthygl, a gwyddom i sicrwydd mor galed yr ymdrechodd dros y cylchgrawn, i'w atgyfodi pan nad ymddangosodd, ac i geisio ei gadw i fynd.

Felly hefyd frawd Richard, sef Thomas Richards (y mab), rheithor Llangynyw. Roedd yntau'n un o sylfaenwyr *Y Gwyliedydd* ac yn ymddiddori yr un mor frwd yn yr eisteddfodau taleithiol, gan ddod yn ysgrifennydd eisteddfod Powys yn 1821. O dystiolaeth yr ohebiaeth rhwng caredigion yr eisteddfod, y trefnwyr, y cystadleuwyr a'r buddugwyr, daw yn amlwg fod gwaith ysgrifennydd yr un mor feichus —a diddiolch yn aml—y dyddiau hynny ag y gall fod heddiw. Ond o leiaf cafodd Tom y gorchwyl pleserus o hysbysu Eben Fardd iddo ennill y brif wobr am ei awdl 'Dinistr Jerusalem'. Nid mor bleserus, efallai, oedd cael yr holl eitemau at ei gilydd i'w hanfon i'w cyhoeddi yn yr Adroddiad Swyddogol; ei waith ef hefyd oedd gweld y cyfan trwy'r wasg.

Rheithor Llangynyw oedd Tom, fel y dywedwyd; diddorol nodi i'r plwyf gael ei gynnig i Thomas Richards y tad ond iddo ef ddymuno yn hytrach i'w fab ei gael. Ac mae'n werth sylwi hefyd fod y rheithordy, fel un Darowen, wedi dod yn enwog fel cyrchfan beirdd a llenorion. Gallai Tom fod yn eithaf doniol yn ei lythyrau at ei deulu: ' ... nid dichonadwy dyfod yn awr; y plant yma, y cynhaeaf gwair a Hwch a thair ar ddeg o Berchyll wedi i mi ddechreu y Llythyr. Rhaid mynd i'w gweld'. A dyma sylw arall: 'The High Sherriff of Montgomery married his Housekeeper on Wednesday.'

Ond ar wahân i'r ysgafnder hwn roedd trafferthion teuluol yn llenwi meddwl Tom: mae rhywun yn cael yr argraff mai ef, o'r holl frodyr, sydd yn cymryd arno ei hun feichiau gofalon pawb, er nad ef yw'r hynaf. Un aelod o'r teulu yn benodol a oedd yn achosi'r trafferth mwyaf, sef ei frawd hŷn David neu Dafydd, 'Dewi Silin', ail fab Thomas Richards yr hynaf. Roedd ef yng nghanol berw'r eisteddfodau lleol yn esgobaeth Llanelwy fel beirniad a llywydd. Roedd yn gerddor dawnus, yn gasglwr llyfrau a llawysgrifau ac yn hynafiaethydd. Tŷ agored i feirdd ac egin-feirdd fu ficerdy Llansilin, a'r ficer yn ŵr llawen, hawddgar, yn hoff o hela ysgyfarnogod ac yfed gyda'i gyfeillion, yn delynor ac offerynnwr medrus. Dyma'r un mwyaf lliwgar o'r brodyr a dyma'r un a fu farw gyntaf.

Cafodd ei ordeinio yn 1809 a'i drwyddedu i guradiaeth Pen-bre yn Sir Gaerfyrddin. Cafodd guradiaeth Y Drenewydd yn 1812 a bu yno am ddwy flynedd, gan ddod wedyn yn gurad Nant-glyn, cyn cael gwahoddiad yn 1816 i ddod yn gurad Llansilin. Trwy gydol yr amser bu'n frwd ei ymwneud â phob math o weithgarwch diwylliannol, gan sefydlu cangen o Gymdeithas y Gwyneddigion tra oedd yn Nant-glyn.

Llythyr Dewi Silyn yn dilyn ei benodi'n ficer Llansilin
(Trwy ganiatâd Llyfrgell Genedlaethol Cymru)

Yn 1819 bu farw'r un a oedd i fod i drefnu beirniaid i'r farddoniaeth o ogledd Cymru yn eisteddfod Caerfyrddin. Gwrthododd Dafydd Ionawr yn blwmp ymgymryd â'r gwaith, gan ofyn paham na allent fod wedi cael gwell testun i ganu arno na marwolaeth y frenhines? Dewisodd Ifor Ceri roi'r gorchwyl i Ddewi Silin. Derbyniwyd Dewi i Orsedd y Beirdd gan Iolo Morganwg ar ddiwedd yr eisteddfod a bu'r ddau yn gohebu wedyn. Cytunodd Dewi Silin i fod yn ysgrifennydd eisteddfod Powys yn Wrecsam yn 1820 ond mae'n rhaid mai profiad Ifor Ceri o ddiffyg trefn Dewi Silin a barodd i hwnnw ysgrifennu'n rhybuddiol, 'he will require frequent stimulating'. Os bu Dewi Silin braidd yn esgeulus gyda manylion gweinyddol yr eisteddfodau, mae'n amlwg na fu arno angen fawr o 'stimulating' mewn cyfeiriad arall. Clywsai Angharad Llwyd sibrydion am ei ymddygiad ym mis Hydref 1821, pan ddywedodd wrth Ifor Ceri mewn llythyr:

> I greatly fear that good and estimable family at Darowen are in some sort of tribulation about Silin who is *giddy* and thoughtless by some accounts I hear, but I do hope that he feels a little of *their nature* in *him* which will spring up and save the general character.

Yn ôl safonau'r oes honno gallasai'r sibrydion a glywsai Angharad olygu dim mwy na'i fod yn yfed i ormodiaeth mewn eisteddfodau a gynhelid mewn tai tafarnau; gallai hynny yn ei dro arwain at fod yn orgyfeillgar â merched gweini a llunio penillion iddynt. Mae golygfa yn *Awelon Darowen* lle y mae Tom yn dod ar garlam i Lansilin i weld ei frawd yn unswydd i ddweud y drefn, a Dafydd yn gofyn:

> "Be sy'n dy gorddi di?"
> "Mi ddyweda'i wrthot ti be sy'n fy nghorddi i, a beth a ddaeth a mi yma o ganol fy mhrysurdeb – rwyf eisiau gwybod oes yna sail i'r straeon 'ma sy'n mynd o gwmpas?"
> "Pa straeon?"
> "Straeon amdanat ti. Rwy'n gwybod dy fod yn gwastraffu d'amser efo'r rhigymwyr diffaith 'na."
> "Tom bach, paid â chynhyrfu, ddyn. Wyt *ti* ddim yn gorfod byw yn Llansilin efo honglad o dŷ mawr, a hwnnw'n hen; mae gen ti dy waith wedi'i drefnu'n rheolaidd bob dydd ..."
> "Mi fedret tithau gael digon yma i'w wneud hefyd ..."
> "Ond tydw i wrthi a'm holl egni, pan fydd galw. Fedra'i ddim mynd i dai pobl a'u gorfodi nhw i ddyfod i'r eglwys

i gael eu priodi neu eu claddu na'u bedyddio, bob dydd."

"Twt lol, pa werth siarad â thi. Ond mae yna bethau mwy difrifol, Dafydd. Faint o amser wyt ti'n ei dreulio yn y dafarn?"

"Dim mwy na'r un person arall: mae gŵr y dafarn yn un o'm praidd."

"Nid mynd i weld *gŵr* y dafarn y byddi di."

A dyna asgwrn y gynnen. Elinor Williams, morwyn yn y dafarn, oedd gwrthrych diddordeb a serch Dewi Silin, a phriodi fu eu hanes yn Amwythig yn 1823. Testun cerddi a chyfarchion llawen gan y beirdd a dyrrai i reithordy Llansilin oedd y briodas. Nid felly deulu Darowen. Mae cyfeiriad yn eu llythyrau at 'the late unfortunate occurrence' ac mae Mary Richards yn fwy plaen ei thafod byth wrth gyfeirio at ei chwaer yng nghyfraith newydd: 'I mae'r lodes yn gwisgo fel peunes.' Tramgwydd Elinor, neu Elen fel y cyfeiria Dewi Silin ati, oedd gwisgo (heb sôn am briodi!) uwchlaw ei safle mewn cymdeithas: pechod anfaddeuol yn yr oes honno. Ar wahân i'r ychydig gyfeiriadau dilornus hynny, prin y mae Elen yn cael ei chrybwyll o gwbl, ond fe aned dau o blant iddynt, Elen a Thomas Cynddelw. Mae'n anodd dweud ai dyfodiad y plant ynteu salwch Dewi Silin a gyfrannodd rywfaint at y meirioli, ond yn 1826, ac yntau wedi cael pwl o'r cymalwst, neu'r gowt, fe fu cymod rhwng y teulu yn Llangynyw—ond does dim sôn yn yr un o'r llythyrau am wraig Dewi Silin. Gwaetha'r modd, gwaethygu a wnaeth ei iechyd yn hwyrach y flwyddyn honno a bu farw ar 4 Rhagfyr.

Gyda'i bedwar brawd yn nodedig ym meysydd pregethu, cerddoriaeth, eisteddfota a llenyddiaeth, mae John Llwyd Richards, y pumed plentyn, mewn perygl o gael ei roi yn y cysgod er iddo wasanaethu ym mhlwyf Llanwddyn yn ffyddlon o 1825 tan ei farw yn 1854. Eithr prinder gwybodaeth amdano sy'n peri i ni ei ystyried yn ŵr cyffredin ei gyraeddiadau. Yn ôl traddodiad llafar, roedd yn delynor ac yn berchen ar lais canu purion. Dilynai'r eisteddfodau er na weithredodd ar unrhyw bwyllgor na chystadlu, a hyd y gellir barnu ni chyfrannodd ddim i golofnau'r *Gwyliedydd*, eithr tanysgrifiodd iddo o'r cychwyn. Nid rhyw labwst gwladaidd mohono o gwbl; roedd yn ddarllenwr a phrynodd lyfrau ar hyd ei oes. O ran ei yrfa, mae cyfrifon anghyflawn ar gael am ryw bum mlynedd, ac un dyddiadur am y flwyddyn 1825. Mae'n nodi pa wasanaethau a gynhaliwyd ar ddydd Nadolig, a sylwa 'Good Plygain, five carols, llawer o feddwi y nos'. Ar 28 Rhagfyr, 'Ellis Tŷ Ucha and the wardens to summon the publicans'. Amgylchiadau fel hyn a oedd yn milwrio yn erbyn parhad gwasanaethau'r Plygain trwy'r wlad.

Bu farw John Llwyd Richards ar 28 Mawrth 1854 wedi blynyddoedd o salwch. Cyn diwedd y ganrif byddai'r eglwys blwyf, y persondy a'r pentref i gyd dan gronfa ddŵr Llyn Efyrnwy. Ond nid aeth ymdrechion John Llwyd i gynnal yr efengyl yn y plwyf diarffordd hwn yn ofer. Erys y dyddiadur yn dyst i'r gwaith a gyflawnwyd gan un person gwlad na freuddwydiodd erioed am ddyrchafiad. Os haedda unrhyw garfan gael ei dyrchafu i sylw haeddiannol y genedl y buont yn ei gwasanaethu mor ffyddlon, y personiaid llengar yw'r rheini, a'r teulu rhyfeddol hwn yn eu mysg. Mae'n hen bryd rhoi benthyg yr haul iddynt hwythau, iddo gael disgleirio arnynt, eu doniau a'u cyfraniad.

DARLLEN PELLACH
Mari Headley, *Awelon Darowen* (Llandysul: Llyfrau'r Dryw, 1965).

5

Sioned Davies

**DWY LODES LENGAR:
ANGHARAD LLWYD A MAIR RICHARDS**

Wrth ddarllen am gyfraniad yr Eglwys yng Nghymru i'r Gymraeg, ei llên a'i diwylliant, ychydig iawn o sôn a geir am ferched gan mai prin ar y cyfan yw'r dystiolaeth sydd ar gael yn ein ffynonellau hanesyddol, a hynny am sawl rheswm. Ond yn y bedwaredd ganrif ar bymtheg daw dwy ferch hynod i'r amlwg gan lwyddo i wneud cyfraniad arbennig, a hynny er gwaethaf eu hamodau cymdeithasol. Pwy oedd y ddwy wraig hyn felly?[1]

Ganwyd Angharad Llwyd (1780–1866) yng Nghaerwys, yn ferch i Martha Williams a John Lloyd. Yn ôl yr afer, ychydig iawn a wyddom am y fam ond mater arall yw'r tad. Person Caerwys oedd John Lloyd a ddeuai'n enedigol o Fodidris, Llanarmon-yn-Iâl. Graddiodd yng Ngholeg Iesu, Rhydychen, ac ymddiddorai mewn hanes a hynafiaethau. O'r herwydd, daeth i adnabod llawer o ysgolheigion ei ddydd, yn eu mysg, William Owen Pughe, Iolo Morganwg a Thomas Pennant. Roedd ganddo hefyd gysylltiadau â theuluoedd bonheddig gogledd Cymru a byddai'r cysylltiadau hyn—â'r ysgolheigion ac â'r boneddigion—yn llywio bywyd ei ferch, Angharad. Rhoddodd Martha enedigaeth i naw o blant: chwe merch a thri mab. Derbyniodd y brodyr addysg brifysgol er mwyn cael mynediad i'r Eglwys; ond nid felly, wrth gwrs, oedd hanes y merched. Ar ôl marwolaeth eu mam, y ferch hynaf, Elizabeth, a ofalai am y teulu; aeth Helena, ar y llaw arall, i ofalu am blant gŵr gweddw. Nid oedd sefyllfa o'r fath yn anghyffredin i ferched dibriod y cyfnod. Grŵp lleiafrifol pwysig oedd hwn, a llawer o'r merched yn gyfrifol am ofalu am y cartref. Wedi dweud hynny, y norm oedd bod yn wraig ac yn fam; cyflwr 'dros dro', yn ddelfrydol, oedd bod yn ddibriod.

Y Parchg John Lloyd Caerwys
(Casgliad Portreadau Llyfrgell Genedlaethol Cymru)

Er bod Angharad Llwyd wedi aros yn sengl drwy gydol ei hoes, rywsut llwyddodd i osgoi mantell y warchodwraig gan dorri llwybr annibynnol iddi hi ei hun a dilyn yn ôl troed ei thad. Mae'n debyg iddo ef roddi peth addysg iddi a diau iddi fanteisio ar y cyfle i ddarllen llawysgrifau ei thad ac i elwa ar ei brofiad fel achyddwr a hynafiaethwr. Yn anffodus, bu ef farw a hithau ond yn dair ar ddeg. Eto, cafodd gryn ddylanwad arni. Hi a etifeddodd ei holl lawysgrifau, gan ychwanegu'n sylweddol atynt fel y tystiolaetha'r casgliad yn Llyfrgell Genedlaethol Cymru.

Merch i Thomas Richards, rheithor Darowen ger Machynlleth a'i wraig Jane oedd Mary neu Mair Richards (1787-1877). Bu iddynt bum mab a thair merch. Roedd y tad, a'r brodyr yn eu tro, yn rhan o'r cylch o offeiriaid llengar a oedd yn ymddiddori yn niwylliant Cymru, yn rhoi eu bryd ar hel a chopïo llawysgrifau, yn casglu llyfrau printiedig, yn barddoni a llenydda. Cafodd y pum mab yrfa yn yr Eglwys a threuliodd y ddwy chwaer, Elizabeth a Jane, eu hamser yn cadw tŷ i'w brodyr. Cafodd Mair, ar y llaw arall, addysg mewn ysgol breifat i ferched yn Nolgellau. Roedd hi'n gerddorol iawn: canai'r delyn, y clarinét a'r ffliwt. Gan nad oedd organ yn yr eglwys, hi fyddai'n cyfeilio yn y gwasanaethau. Gwyddom hefyd iddi hyfforddi côr yr eglwys yn Narowen, ac wedyn yn Llangynyw. Roedd gwasanaeth y Blygain yn rhan bwysig o'i chalendr blynyddol. Arhosai ar ei thraed drwy'r nos cyn dydd Nadolig, a gwneud hynny'n gyson trwy gydol ei hoes.

Ni phriododd ond un o blant y teulu. O'r herwydd, cafwyd perthynas ddiddorol rhwng y merched a'u brodyr, y naill yn dibynnu'n gyson ar y llall drwy gydol eu hoes. Bu Jane yn cadw tŷ i'w brawd Thomas, yn Aberriw ac yna Llangynyw; bu Mair yn gofalu am ei rhieni yn Narowen hyd nes i'w thad farw, yna (yn 50 oed) symudodd hi a'i mam at Thomas yn Llangynyw. Pan fu farw Thomas, symudodd Mair (yn 69 oed), ei chwaer Jane a'i nith Elen i Feifod at Richard; pan fu Richard farw, symudodd y tair i Lanerfyl at Lewis; bu ef farw o fewn rhai misoedd, ac am y tro cyntaf yn eu bywyd bu'r tair yn byw mewn tŷ preifat—Bryn Tanat, Llanerfyl—yn hytrach na rheithordy. Yn 73 mlwydd oed, felly, cafodd Mair Richards ei 'chartref' cyntaf.

Daw'n amlwg, wrth fwrw golwg yn gyflym iawn ar gefndir y ddwy wraig, fod sawl peth yn gyffredin iddynt: y ddwy yn ferched i Eglwyswyr a chanddynt gryn ddiddordeb mewn llenyddiaeth a diwylliant; y ddwy yn dod o deuluoedd mawr lle y rhoddid y pwyslais ar roi addysg i'r brodyr; y ddwy yn ddibriod; y ddwy yn ddibynnol ar eu brodyr; y ddwy yn dilyn yn ôl troed eu tadau gan gasglu a chopïo llawysgrifau; y ddwy wedi cael bywyd hir: Mair wedi marw yn 89 ac Angharad yn 86 oed. Buont fyw drwy'r Chwyldro yn Ffrainc, trwy ryfeloedd Prydain yn erbyn Napoleon, trwy Ryfel y Crimea a thrwy Ryfel Cartref America. Ond yn fwy na dim, llwyddodd y ddwy i wneud cyfraniad aruthrol i'n llên a'n diwylliant.

Angharad Llwyd
(Casgliad Portreadau Llyfrgell Genedlaethol Cymru)

Fel y soniwyd eisoes, aeth Angharad Llwyd ati i gasglu a chopïo llawysgrifau gan ychwanegu'n helaeth at gasgliad ei thad. Ceir tudalen ar ôl tudalen o achau, er enghraifft, wedi eu nodi'n ddestlus a chlir, ac un llawysgrif ryfeddol[2] yn cynnwys pum cant o ddarluniau lliw o arfbeisiau, a hynny mewn lliwiau llachar. Y rheswm paham iddi lwyddo i gopïo cymaint oedd oherwydd cysylltiadau ei thad â'r teuluoedd bonheddig, perchenogion y llawysgrifau gwreiddiol. Teithiai o gwmpas y plastai yn ei cherbyd, a'i hebol ffyddlon, Dirion, yn ei thynnu. Diogelu at y dyfodol oedd ei phrif amcan: chwilota am lawysgrifau a oedd wedi mynd ar goll a dod o hyd i drysorau. Roedd casglu a chopïo llawysgrifau, ynghyd â'u cyfieithu, yn weithgaredd cyffredin yn y cyfnod hwn trwy Brydain gyfan; dyma'r cyfnod pryd y rhoddwyd bri ar ailddarganfod y gorffennol. Ond nid atgynhyrchu a chopïo llawysgrifau yn unig a wnâi. Byddai'n cystadlu mewn eisteddfodau ar hyd a lled y wlad a chael cryn lwyddiant wrth gystadlu. Yn eisteddfod Y Trallwng, 1824, cafodd wobr am 'Catalogue of Welsh Manuscripts, etc., in North Wales'; dau draethawd arall o'i heiddo oedd 'Genealogy and Antiquities of Wales' a 'The Castles of Flintshire'. Golygodd a chyhoeddodd argraffiad o *The History of the Gwydir Family* Syr John Wynn. Ei phrif waith cyhoeddedig, fodd bynnag, oedd *History of the Island of Mona* a dderbyniodd y brif wobr yn eisteddfod Biwmares 1832, ac a geisiai gywiro dadansoddiad yr awduron Saesneg o hanes Cymru. Datblygir themâu penodol yn y gyfrol megis 'Description of the Island'; 'Minerals and fossils'; 'Harbours'; 'Druids'; a thrafodir hanes lleoedd megis Biwmares, Baron Hill, Llanfaes, Aberffraw a Bodedern. Un peth a wnaeth argraff ddofn arni oedd y darganfyddiad archaeolegol yn 1813, o dan garnedd ar lannau Afon Alaw, sef wrn yn cynnwys 'gweddillion Branwen'. Dywed yn ei chyfrol (tt. 45-6):

> The carnedd is still called Ynys Bronwen. A few of the ashes and half calcined bones are religiously kept in the urn … The discovery of this urn was a most fortunate event, as it serves to give authenticity to our ancient British documents, the Mabinogion.[3]

Yn wir, Bronwen oedd ei ffugenw yn y gystadleuaeth.

Roedd cysylltiad anhepgor yn y bedwaredd ganrif ar bymtheg rhwng eisteddfota a hybu'r iaith Gymraeg. Codai Angharad arian o blith y boneddigion i noddi'r eisteddfodau ac roedd am iddynt ddod i werthfawrogi'r iaith Gymraeg wrth weld y werin bobl yn llenydda. Yn wir, roedd ei theyrngarwch i'r iaith a'i hawydd angerddol i'r iaith ffynnu yn sail i'r cyfan a wnaed ganddi. Roedd yn barod iawn i brotestio os nad oedd yr iaith yn cael ei pharchu. Ym mis Mehefin 1821, er enghraifft, cafodd ei hethol yn aelod anrhydeddus o Gymdeithas y Cymmrodorion yn Llundain. Cynigiwyd yr anrhydedd iddi mewn llythyr Saesneg ac ymatebodd heb flewyn ar ei thafod:

> Buasai clywed am hyn yn llawer mwy derbyniol gennyf yn iaith fy mam nac mewn tafodiaith estronawl ... y mae yn ddrwg gennyf feddwl bod ysgrifennydd Cymdeithas a sefydlwyd er cynnal a choleddu Cymraeg ... yn dewis gwneuthur ei phenderfyniadau yn hysbys i Gymru yn nhafodiaith benodi y Saeson ... Y mae eich pais arfau yn dywedyd eich bod yn hanu o Ednowen Bendew ... etto y mae eich iaith yn ddigon i beri i Ednowen eich gwadu.[4]

Eto, yn eironig ddigon, fel nifer o'i chyfeillion, ysgrifennai fel arfer yn y Saesneg, neu yn gymysgedd o'r Gymraeg a'r Saesneg. Mae'n amlwg ei bod yn llawer hapusach i siarad y Gymraeg na'i hysgrifennu.

Roedd Angharad yn eisteddfotwraig bybyr, yn Gymraes i'r carn. Ac fel merch, roedd yn bur anghyffredin. Yn ei hymwneud â'r eisteddfodau, ac â chasglu a chopïo, byddai'n troi o fewn cylch yr hen bersoniaid llengar. Ond ar ddiwedd y 1830au, daeth i gysylltiad â chylch o ferched arbennig wrth iddi ddechrau mynychu eisteddfodau Cymreigyddion Y Fenni. Daeth yn ffrind da i Augusta Hall, Arglwyddes Llanofer, ac yno yn Llanofer fe'i cyflwynwyd i'r Arglwyddes Charlotte Guest, yr Arglwyddes Coffin Greenly a Maria Jane Williams, Aberpergwm. Byddwn yn rhoi llawer iawn am gael clywed eu sgwrs! Mae'r afiaith a deimlai yn Llanofer, yng nghwmni'r merched hyn, yn amlwg. Dyma fywyd hollol wahanol i'w bywyd yng Nghaerwys. Yn wahanol iawn i Charlotte Guest (ac i Mair Richards), ychydig a ddatguddir gan Angharad Llwyd ynglŷn â'i theimladau personol. Ceir awgrym clir nad oedd yn hapus gyda'i sefyllfa ddibynnol. Yn 1837, wedi i Ficatoria esgyn i'r orsedd, ysgrifennodd ati i'w llongyfarch. Ychwanega:

> Do you recollect when I had the pleasure of meeting you in Mona that you kindly listened to my History of family struggles, limited means, etc., and promised your advice, if ever I stood in need of it. I am now constantly urged by very many friends to apply for some situation in the Royal Establishment that may enable me to live independent of my kind brother Llewelyn.[5]

Cafodd ei chyngori i anfon y llythyr at Geidwad y Pwrs Cyfrin. Ni wyddys a dderbyniodd ateb. Ond dibynnol ai peidio, roedd gan Angharad gryn dipyn o annibyniaeth, mwy yn wir na phe bai wedi priodi a magu llond tŷ o blant. Roedd yn gymeriad cryf a disgybledig ac yn wahanol i lawer o ferched y cyfnod, dewisodd beidio ag ysgrifennu am bynciau 'benywaidd' ac atgyfnerthu ei stad 'ymylol'. Yn hytrach, camodd yn

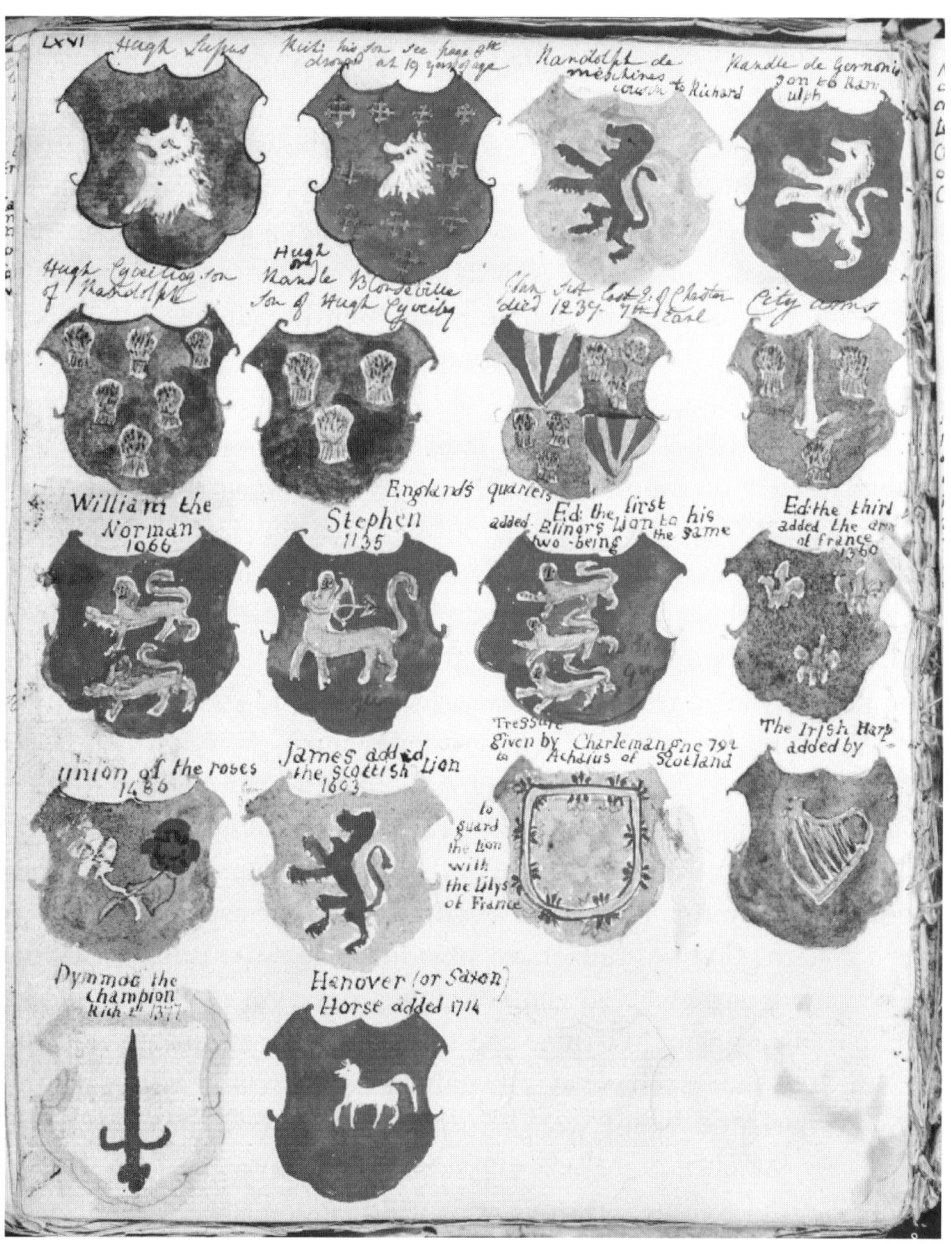

Casgliad o arfbeisiau yn llaw Angharad Llwyd
(Trwy ganiatâd Llyfrgell Genedlaethol Cymru)

fwriadol ac yn hyderus i ganol sffêr y dynion gan ddangos ei bod cystal os nad yn well na hwy yn aml. Dadleua Mari Ellis ei bod 'wedi wynebu anawsterau fel merch yn "tresmasu" ym myd dynion'.[6] Do, mae'n siŵr. Ond wedi dweud hynny, teimlaf rywsut ei bod hi wedi perchenogi maes y dynion, a'i gwneud yn faes iddi hi ei hun. Mae dynion ei chyfnod yn ei pharchu, yn gofyn ei barn. Llwyddodd i groesi'r ffin.

Camu o'r cysgodion a wnaeth Mair Richards, hithau. Yn hytrach na chadw o fewn y ffiniau traddodiadol i ferched, llwyddodd i ymdreiddio i ofod ei brodyr, gan gyfrannu at y byd llenyddol, cerddorol a diwylliannol. Fel y dengys y llu o lawysgrifau o'i heiddo sydd bellach yn y Llyfrgell Genedlaethol, rhoddodd ei bryd ar gopïo. Copïai bob math o ddeunydd: llythyrau'r teulu, llythyrau at ei thad a'i brodyr gan wahanol bobl; carolau plygain gan feirdd yr ardal; alawon Cymreig, emyn-donau, anthemau a Salmau; barddoniaeth gan feirdd adnabyddus heblaw gwaith beirdd lleol. Ar yr olwg gyntaf, felly, gellid dadlau bod Mair Richards, yn wahanol i Angharad Llwyd, yn ofni defnyddio ei llais ei hun; cuddiai y tu ôl i eiriau a syniadau eraill, dynion gan fwyaf, gan eu dynwared yn llythrennol ar y ddalen. Yn hyn o beth, gellid ei chymharu â merched fel Charlotte Guest yn y byd cyfieithu. Roedd cyfieithu, a chopïo, yn rhoi'r cyfle i ferched ymhél â'r diwylliant llenyddol heb iddynt herio'r rheolaeth wrywaidd dros y diwylliant hwnnw. Mae Angharad yn copïo gydag arddeliad, yn hollol broffesiynol; mae popeth yn drefnus a chanddi hyd yn oed fynegai i'r llawysgrifau yr oedd yn berchen arnynt. Nid felly Mair Richards. Defnyddiai dudalennau gweigion hen lyfrau cyfrifon ei brodyr, gan ysgrifennu'n aml dros symiau mathemategol ei thad. Yn wir, mae bron iawn pob llawysgrif o'i heiddo wedi dechrau bywyd fel llyfr i un o'i brodyr neu ei thad; *hand-me-downs* y byd papur oeddynt. Mae weithiau'n copïo'n weddol daclus, yn arbennig wrth gopïo barddoniaeth. Ond yn amlach na pheidio, mae'r fformat yn flêr heb unrhyw gynllun o gwbl. Ni chofnodir yn gronolegol ac felly anodd yw dyddio'r llawysgrifau. Weithiau ceir sylw personol ar waelod y ddalen—sôn am y tywydd, cyfeiriad at y Blygain—ac mae rhai o'r llawysgrifau'n cynnwys darnau o bapur wedi eu gludo ar y cloriau mewnol. Roedd yn sicr yn copïo yn y gobaith y byddai eraill yn darllen ei gwaith, a chyfeiria ati ei hun yn gyson yn y trydydd person: Ofyddes Darowen. Ond yn ystod ei bywyd hir mae Mair Richards yn llwyddo i ganfod ei llais ei hun.

Yn 1818, a hithau'n 31 mlwydd oed, aeth i aros yn Llundain am gyfnod o chwe mis. Fis Tachwedd ysgrifennodd lythyr at ei theulu yn Narowen yn adrodd yr hanes.[7] Adlewyrchir ei hymateb i'r ddinas fawr yn y llythyr hirfaith, mewn arddull anffurfiol, dafodieithol, fyrlymus, arddull wahanol iawn i'r llythyrau hynny yr oedd yn rhoi cymaint o fryd ar eu copïo. Dyma ei llais go iawn, a thrwyddo cawn weld bydolwg merch unigryw. Mae'r llythyr yn agor yn llawn bwrlwm: 'Dyma lythyr o Dre Gaerludd [pwy fuase yn meddwl] ie, ie, ie', ac awn ar *grand tour* o Lundain fel petai: i'r Amgueddfa Genhadol, Brixton, Charing Cross, Dulwich. Un o'r uchafbwyntiau oedd Abaty Westminster; ar ôl 'craffu' ei gorau mae'n 'lladrata tipin bach o edau sidan' o'r ystafell fach lle y bydd y brenin yn ymbaratoi. Mae'r wefr a deimlir ganddi yn hollol amlwg, yn arbennig wrth gyffwrdd mewn pethau, a'u teimlo. Wrth eistedd yng nghadair y brenin mae'n sylwi ar liwiau'r deunyddiau, a'r gwaith gwnïo yn amlwg yn gwneud argraff arni. Mae myrdd o ryfeddodau yn aros amdani yn y Tŵr Gwyn hefyd, a'r ysfa, eto, i gael *souvenir*: yno 'ni alles i cael dim ond tipyn bach o hen wlanen ond ni ddyges i mo hwnnw achos mi gwelodd yr hen ddyn fi yn ei godi o yno'. Mae'r Amgueddfa Brydeinig hefyd yn ffefryn a sonia am ymweld â'r lle sawl gwaith. Mae'r hen awydd i ddwyn yn dal yno: mae'n gweld 'Marble wedi dwad o Garthage – mi ddyges dipin bach ohonin nhw'. Ac yna'r uchafbwynt: ystafell yn llawn o lyfrau o bob math. Ond och a gwae, mae drws gwydr rhyngddi a'r ystafell. Ar ddiwrnod arall mae'n dringo i ben y Monument gyda John Jones o'r Morfa, Llanymawddwy, 'a gwaeddi fel pe dysen yn mynd i ben y frongoch; ar ol dringo iw ben o mi edrychason o ddeutu ein goreu ar yr afon ... ond nid oedd yr gwydr ddrych ganddon ... rhoin henwau a hen gyllell Lewis ac mi ges tipin oddi yno'—*souvenir* arall! Yna Ysbyty Guy's i ymweld â hen wraig; mynd i'r West India Docks a gweld cannoedd o 'caskie o rum' mewn seleri dan y ddaear; ymweld â John Jones, Glan-y-gors, a chanu'r delyn iddo yn ei dafarn. Mae hi'n mynd â'ch anadl yn lân. Mae dawn arbennig ganddi i ddisgrifio gan roi sylw i fanylion. A'r cyfan wedi ei fynegi mewn arddull hollol lafar ei naws, yn cael ei atalnodi gan 'o', 'wel', 'mi eison'. Bron iawn na ellir dweud mai ysgrifennu llif yr ymennydd a geir yma. Ac ar brydiau gwelir dawn y gwir lenor i drin geiriau ac i gyfleu teimladau:

> Llew, mi ddywedaist wrthwy am roi hanes yr ystrydoedd; ni wn am yr un heol parchus yn y fan yma rwan; mi welais hen wraig wedi ei gwisgo, a thraed trwy ei escidie a sanau cethin melynion, hen bais ragslyd, ben belise [mantell] rhuddgoch, ac hen cadach am ei gwddf yn debygach i beth wedi ei droi mewn snuff am bythewnos nag i ddim arall, ai phen yn llwyd llychlyd, yn ail i hen cwrlid, ac ar ben hynny basced yn llawn o hen hen bysgod; wedi(n) dyna hanes un; wel, am y lleill, y mae rhai mewn yscidie teneuon a sane gwynion a gowne sidan a digon o fuslim or gwaelod ir corun a digon o blue o cwmpas ei pennau a digon o fodrwye rhwng ei bysedd ai clustie; nod coch ar ei bochau ac yn llawn frils o ddeutu ei gyddfau, a phob peth or goreu i dynu llygaid y llanciau; dyna fel y mae hi yma, yn ail i Sodom a Gommara, a miloedd o ddynion yn bur benau gweigion; dyna'r hanes sydd geni or trigolion y lle.

Mae'r hen wraig yn dod yn fyw o flaen ein llygaid mewn darn rhythmig, yn llawn cyflythreniad, yn amlwg i'w ddarllen yn uchel. Cyfres o gwpledi odledig yw'r ail ddisgrifiad, yn dwyn i gof Stryd Pleser Ellis Wynne. Dyma ddarn o ysgrifennu creadigol sy'n werthfawr o safbwynt llenyddiaeth y Gymraeg, hanes Llundain a hanes merched, cymdeithaseg, tafodieitheg. Mae'n berl.

Daw llais personol Mair Richards i'r amlwg unwaith yn rhagor, flynyddoedd yn ddiweddarach a hithau yn ei chwedegau yn byw ym Meifod gyda'i brawd Richard. Yno cadwodd ddyddiadur cyson am y flwyddyn 1857.[8] Mae'r gwahaniaeth rhwng llythyr Llundain a dyddiadur Meifod yn drawiadol ac yn drist. Gellid disgwyl hynny, wrth gwrs, o gofio bod bron i ddeugain mlynedd wedi mynd heibio rhwng y ddau gyfnod. Gweddol fyr yw'r cofnodion ar y cyfan: tair neu bedair brawddeg ar y mwyaf; eto i gyd, daw cyflwr meddwl yr hen wraig i'r amlwg. Bellach mae bywyd Mair Richards yn troi yn gyfan gwbl o gwmpas y tŷ a'r eglwys; mae'n gwnïo, yn 'troi canwylle gwer', yn 'porthi'r gwenyn'; ond yn parhau i gopïo: 'ail ysgrifenais ychydig o waith Lewis Dwnn heno'; 'ysgrifenais englynion Wallter Mechain yn ol ei air ei hun'. Trwy'r dyddiadur ar ei hyd ceir ymdeimlad o dreigl amser. Mae Mair yn torri ei

Mair Richards
(Casgliad Portreadau Llyfrgell Genedlaethol Cymru)

chalon wrth wrando ar y canu yn yr eglwys: 'canu canolig'; 'canu sâl'; 'dim gwlith ar y canu'. Heblaw'r canu, mae iaith yr eglwys yn peri gofid iddi: 'mae yn waradwydd ir cenedl bod cymaint o Saesneg yn yr Eglwys', a chyfeiria at wasanaeth a gynhelid yn y Saesneg am fod tair Saesnes yn cymuno a thrigain o Gymry. Mae'n ymwybodol hefyd o ganlyniadau allfudo: 'chwith chwith iawn bod y Cymru yn gadael ei gwlad ir Saeson'. Oes, mae diflastod yn ei llais. Mae'n colli'r bwrlwm a fu—cwmnïaeth y beirdd, hwyl yr eisteddfodau—gan weld â'i llygaid ei hun oes aur yr hen bersoniaid yn dod i ben. Dim ond yr eglwys a oedd ar ôl, ac yr oedd honno yn prysur Seisnigo a gwasanaethau'r Blygain ym Meifod yn dechrau mynd i'r gwellt. Dim rhyfedd ei bod yn hiraethu am y dyddiau a fu. Ac nid yw pethau fymryn gwell yn nyffryn Banw; bu rhaid iddi symud yno pan fu farw ei brawd Richard. Mae'n sionc̈io ar y dechrau: gweld cyflwr y Blygain yn iachach a'r gymdogaeth yn Gymreicach. Ond hyd yn oed yma dirywiad a wêl:

> Nadolig 1863: ar ddydd Gwener ni bu cwmpeini ond Mrs Price Buarth Bachog trwyr nos; ychydig o ganu; aethom i'r Eglwys o ddeutu 5; canwyd saith o garolau, ond ni chanwyd ar hymnau arferol. Canodd Dafydd Ingram y Clochydd 86 oed chwareuwr y grwth dri thant goreu yn y wlad; aethom i Lan Gadfan yn yr hwyr; lluaws o bobol ond gwael oedd eu hymddygiad – siarad yn uchel ac arferydd ysgafnder yn yr Eglwys. Y mae haint y Saeson wedi ei tywyllu ai twyllo, sef yw hynny capeli y Saeson, drwy ein gwlad.[9]

Mae ei chofnodion yn dyst anhapus i'r dirywiad ieithyddol ym Maldwyn.

Dyma gipolwg, felly, ar gyfraniad dwy wraig unigryw. Erbyn canol y bedwaredd ganrif ar bymtheg roedd mwy na miliwn o wragedd dibriod ym Mhrydain (dros 25 oed), a'r 'broblem' yn denu sylw gyda chyhoeddi erthyglau yn y wasg megis 'What shall we do with our old maids?' a 'Why are women redundant?' Roedd y merched hyn yn her i awdurdod gwrywaidd, yn fygythiad i'r drefn. Dyna pam yr oeddynt yn aml yn ffocws i bob math o atgasedd, malais a dirmyg. Roedd y broblem yn dwysáu, wrth gwrs, pan oedd y gwragedd hyn yn heneiddio ac yn dod yn fwrn ar y teulu, yn methu â chyfrannu at waith tŷ a gofalu am blant; bryd hynny deuent yn hollol ddibynnol ar haelioni eu brodyr. Weithiau, fodd bynnag, mae un neu ddwy o'r merched dibriod hyn yn camu o'r cysgodion. A dyma'n union yr hyn a wnaeth Angharad Llwyd a Mair Richards. Yn hytrach na'u cadw eu hunain o fewn y ffiniau traddodiadol i ferched, llwyddodd y ddwy i ymdreiddio i sffêr y dynion, a hynny o fewn cyfyngiadau, wrth gwrs. Ni allent ystyried mynd yn gurad nac yn offeiriad, na hyd yn oed fynd i brifysgol; ond yn sicr, gallent gyfrannu mewn modd amhrisiadwy at y byd llenyddol a diwylliannol.

Bu i lwybrau'r ddwy groesi sawl gwaith. Yn 1817 gwnaethpwyd safiad gan y ddwy yn achos Eglwys Llanbeblig pan benodod esgob Caer ficer o Sais ar yr eglwys, yn erbyn ewyllys yr aelodau. Ni lwyddwyd i ddarbwyllo'r esgob, ond o leiaf gwnaeth y ficer newydd, druan, ymdrech i ddysgu'r Gymraeg. Yn 1821 etholwyd y ddwy yn aelodau anrhydeddus o Gymdeithas y Cymmrodorion ac yn eisteddfod Y Trallwng, 1824, fe'u hurddwyd yng Ngorsedd y Beirdd. Merched o flaen eu hamser oeddynt. Pan fu farw Angharad yn 1866, gofidiai Mair y byddai ei thrysorau yn cael eu chwalu. Gwelai fai ar y boneddigion am beidio â sefydlu 'rhyw ystordy i gadw ychydig o hen weddillion ein cenedl yn lle eu danfon tu hwnt i Glawdd Offa fel na chaffo yr un Cymro byth yr ail olwg arnynt'. Fel y dywed Mari Ellis, 'cri cynnar am amgueddfa genedlaethol!' A dyna Angharad, yn 1823, yn galw am Gymraeg yn y llysoedd, ymhell cyn amser Saunders Lewis a Chymdeithas yr Iaith Gymraeg.[10] Ie, merched ymhell o flaen eu hamser, merched a lwyddodd i wneud cymaint er gwaethaf holl ragfarnau'r cyfnod yn erbyn merched. Mae ein dyled iddynt yn enfawr.

DARLLEN PELLACH

Sioned Davies, ' "Far from the madding crowd": A Montgomeryshire lady in London', *Trafodion Anrhydeddus Gymdeithas y Cymmrodorion*, 2006, 74–93.

Sioned Davies, 'Syw ddynes wiw ddoniol', yn *Yr Angen am Furiau: Darlithoedd 2005-2009 Fforwm Hanes Cymru* (Llanrwst: Gwasg Carreg Gwalch, 2009) tt. 43–63.

Mari Ellis, 'Mair Richards Darowen (1787–1877): Portread', *Yr Haul a'r Gangell*, Cyfres 1976, Rhif 6 (Hydref, 1977), 21–5.

Mari Ellis, 'Mair Richards Darowen (Ail ran)', *Yr Haul a'r Gangell*, Cyfres 1978, Rhif 2 (Gwanwyn, 1978), 28–34.

Mari Ellis, 'Angharad Llwyd, 1780–1866', *Taliesin*, 52 (1985), 10–43; 53 (1985), 20–31.

Mari Ellis, 'Angharad Llwyd 1780–1866', *Cylchgrawn Cymdeithas Hanes Sir Fflint*, 26 (1973–4), 52–95; 27 (1975–6), 43–84.

---

[1] Ni fyddai wedi bod yn bosibl trafod cyfraniad y ddwy heb gyfraniad gwraig arbennig arall sef y Dr Mari Ellis. Cyhoeddodd nifer o erthyglau cynhwysfawr ar Mair Richards ac Angharad Llwyd yn eu tro a derbyniais gryn gymorth a chefnogaeth ganddi pan benderfynais innau fynd ati i ymchwilio ac ysgrifennu am y ddwy, beth amser yn ôl bellach.

[2] Llawysgrif LlGC 1552C.

[3] Cyhoeddwyd golygiad newydd o'r gyfrol yn 2008 gan Lyfrau Magma, Llansadwrn.

[4] Mari Ellis, 'Angharad Llwyd, 1780–1866', *Taliesin*, 52 (1985), 10–43 (t. 21).

[5] Mari Ellis, 'Angharad Llwyd, 1780–1866', *Taliesin*, 53 (1985), 20–31 (t. 25).

[6] Ibid., 31.

[7] Gweler llawysgrif Cwrtmawr 284.

[8] Ymddengys fod y dyddiadur bellach ar goll o'r Llyfrgell Genedlaethol. Cyn iddo ddiflannu, yn ffodus iawn fe'i trawsgrifiwyd gan Mari Ellis a ganiataodd imi ddarllen ei thrawsgrifiad.

[9] Llawysgrif Cwrtmawr 298.

[10] Mewn llythyr at Wallter Mechain a ddyfynnir yn T.I. Ellis, *Crwydro Sir y Fflint* (Llandybïe: Llyfrau'r Dryw, 1959), t. 53.

6

Prys Morgan

GWENYNEN GWENT

Nid oedd llawer o Gymraeg rhwng Robert Jones Derfel a phendefigion Cymru.[1] Radical o'r radicaliaid ydoedd, ac yn ei ddrama *Brad y Llyfrau Gleision* (1854) mae'n rhoi'r geiriau hyn am bendefigion Cymru yng ngenau un o'r cythreuliaid:

> Edrychwch arnynt, fel arglwyddi tiroedd,
> Nid oes anturiaeth byth yn eu gweithredoedd;
> Fel Cymry eilwaith, pwy a llai o gariad
> At eu cydgenedl? pwy mor llwyr amddifad
> O bob Cymröaidd deimlad? pwy mor ddiles? (t. 41)

Ond mae cythraul arall yn y ddrama yn dweud bod yna eithriad i'r rheol, teulu Llanofer, sef 'HALL' a 'GWENYNEN GWENT':

> GWENYNEN GWENT, mae hithau fel angyles,
> A'i henw mwyn yn anwyl gan bob mynwes. (t. 40)

Nid Derfel oedd yr unig radical i wneud eithriad. Yn eisteddfod Caerwys yn 1866 Gwenynen Gwent a oedd yn rhoi'r fedal am ganu'r delyn deires ac ar y fedal roedd arfau Tywysog Cymru wedi eu hengrafio. Dyma'r Archdderwydd Clwydfardd yn cael gan y gynulleidfa roi bonllef o gymeradwyaeth i'r Tywysog, ond dyma Thomas Gee yn dod ymlaen i gyhoeddi bod Gwenynen Gwent wedi gwneud llawer yn rhagor dros Gymru nag y gwnaeth y Tywysog, a chael y gynulleidfa i roi bonllef uwch iddi hi. O gofio'r agendor rhwng yr hen bendefigaeth a'r radicaliaid o Gymry yn y cyfnod hwn, mae eu parch at Wenynen Gwent yn ymddangos ar yr wyneb yn anesboniadwy.

Ar yr olwg gyntaf nid oedd dim byd ym mywyd Gwenynen Gwent yn debyg o greu 'Cymröaidd deimlad' ynddi. Ei henw iawn oedd Augusta Waddington. Yn Llanofer yng Ngwent, tua phedair milltir i'r de o'r Fenni, y ganed hi yn 1802, ac yno y bu farw yn hen hen wraig yn 1896. Saeson oedd ei rhieni, wedi dod yno o Berkshire, ac wedi prynu stad Llanofer tua deng mlynedd cyn i Augusta gael ei geni. Pobl fusnes hynod o lwyddiannus o ganolbarth Lloegr oeddynt. Gŵr tawel, diwyd oedd ei thad, ond roedd ei mam, Georgina Ann Port, yn un fywiog a galluog, yn honni ei bod yn ddisgynnydd i hen deulu Sparrow o Fodychen yn Sir Fôn. Anodd dweud a oedd yr honiad yn gywir, ond ni bu neb yn falchach o ddiferyn bach o waed Sir Fôn na Gwenynen Gwent. Roedd Georgina wedi ei chodi gan ei hen fodryb Mary Granville (Mrs Delany), cyfeilles fynwesol i wraig Sior III, y Frenhines Charlotte. Un o amryw weithgareddau llenyddol Gwenynen Gwent, yn wir, oedd cyhoeddi yn 1861-2 chwe chyfrol o hunangofiant a gohebiaeth Mary Granville. Trwy Mrs Delany, felly, roedd teulu Waddington ar delerau da â'r teulu brenhinol, ac ar hyd ei hoes hirfaith byddai Gwenynen Gwent yn gohebu â thywysogion a thywysogesau fel petaen nhw'n bobl drws nesaf, ac yn ymrwbio nid yn unig yn nheulu brenhinol Lloegr ond teuluoedd coronog y Cyfandir yn ogystal.

Un o dair chwaer oedd Augusta Waddington ac nid oes awgrym fod dim 'Cymröaidd deimlad' yng ngweddill y teulu; yn wir, tynnu ei choes fyddent am ei hoffter o'r Cymry. Roedd ei chwaer Frances un mlynedd ar ddeg yn hŷn na hi. Pan oedd y teulu yn treulio gwyliau yn Rhufain yn 1816, priododd Frances ag Almaenwr ifanc, Charles Bunsen, dyn a ddaeth ymhen hir a hwyr yn llysgennad Prwsia yn Lloegr. Barwn Bunsen a'i wraig oedd y ddolen gyswllt rhwng Gwenynen Gwent ag ysgolheigion Celtaidd ac Arthuraidd y Cyfandir, ond mae'n weddol amlwg fod gan y Barwn fel ysgolhaig ac ieithydd gryn dipyn yn fwy o ddiddordeb yn y Gymraeg nag oedd gan ei wraig.[2] Beth bynnag am eu cefndir Seisnig, yng Nghymru yr oedd y Waddingtoniaid wedi ymgartrefu a'i thad yn dod yn Uchel Siryf Sir Fynwy yn 1800; a chan fod yr haneswyr Archddiacon Coxe a Syr Richard Colt Hoare yn aros yn Llanofer ar eu teithiau trwy Went, gellir tybio mai teulu diwylliedig a chroesawgar oedd teulu'r Tŷ Uchaf yn Llanofer. Yn wir, pan oedd Augusta'n ferch ifanc, byddent yn treulio rhan o'r gaeaf yng Nghaeredin er mwyn hogi eu meddyliau â chwmni'r deallusion yn Athen y Gogledd.

Nid yw'r sôn yma am Loegr ac Ewrop a Chaeredin yn llawer o gymorth i ni wrth chwilio am darddiad Cymreigrwydd Augusta Waddington. Dywedodd hi ei hun ei bod hi, pan oedd yn ferch ifanc, yn mynnu galw ei geifr anwes wrth enwau Cymraeg—'Pert Pert', 'Llygad Glas'—a'i chi yn 'Ceidwad'. Dro arall, dywedodd, pan oedd yn hen wraig, mai'r hyn a'i troes yn Gymraes—'a violent Welshwoman' yn ôl ei gelynion—oedd mynd allan i farchogaeth gydag un o wastrodion ei thad a chlywed hwnnw, a oedd yn Gymro Cymraeg, yn galaru am ddirywiad y Gymraeg yn y fro, a hynny yn deffro ei chydwybod. Gall hynny fod yn berffaith wir, ond mae'r prif awdurdod ar hanes Gwenynen Gwent, y ddiweddar Maxwell

Fraser (Mrs Edgar Phillips), yn pwysleisio dylanwad prif gyfeilles ei mam, sef Elizabeth Brown Greenly.

Merch yn byw yn Titley Court, i'r dwyrain o Lanandras, oedd y Fonesig Greenly neu 'Lady Coffin-Greenly', ac er mor annhebyg y mae hynny'n ymddangos, gallai siarad ac ysgrifennu yn Gymraeg. Merch

Augusta Hall 'Gwenynen Gwent'
(Casgliad Portreadau Llyfrgell Genedlaethol Cymru)

hynod o ddeallus a diwylliedig ydoedd, a chan ei bod yn berchen tir hefyd yn y Cwm Du ym Mrycheiniog, deuai yno i gysylltiad â ficer Llanfihangel Cwm Du, yr enwog Thomas Price 'Carnhuanawc', un o Gymry tanbeitiaf ei Gymreictod yn yr oes honno. Roeddynt ill dau'n amlwg yn y mudiad Cymreigyddol a godai yng Nghymru tua 1815, ac yn eu rhamantiaeth a'u Celtigrwydd a'u hoffter o gerddoriaeth y Cymry, gellir gweld tarddle llawer o syniadaeth Gwenynen Gwent. Roedd y Fonesig Greenly yn aelod o Orsedd y Beirdd, gan gymryd yr enw 'Llwydlas'. Hi oedd un o brif noddwyr Iolo Morganwg o 1806 hyd ei farw yn 1826, a hi a roes y wobr a enillwyd gan Maria Jane Williams yn 1837 am y casgliad o alawon a geiriau Cymraeg a gyhoeddwyd wedyn dan y teitl *Ancient National Airs of Gwent and Morganwg* (1844). Addolai Augusta ei mam, ac felly gellir bod yn weddol sicr mai oddi wrth brif gyfeilles ei mam, y Fonesig Greenly, y cododd Cymreigrwydd Gwenynen Gwent.

Un o deuluoedd bonheddig y fro a ymwelai'n gyson â Llanofer oedd teulu Hall o Aber-carn. Mân-ysweiniaid o fferm Daisyback ym mhlwyf Gumfreston yn Sir Benfro oeddynt yn y gwraidd, ond eu bod wedi mudo yn y ddeunawfed ganrif i Forgannwg pan ddaeth Dr Benjamin Hall y cyntaf yn offeiriad ac yn ganghellor Eglwys Llandaf. Cyfreithiwr oedd mab Dr Hall, Benjamin Hall yr ail, yn byw yn Llundain. Roedd gan yr hen Ddoctor Hall ddiddordeb ariannol yng Nghwmni Camlas Morgannwg, a thrwy hynny daeth i gysylltiad â'r diwydiannwr cyfoethog Richard Crawshay o Gyfarthfa, Merthyr. Ymhen tipyn trefnwyd i Benjamin Hall yr ail briodi â merch Crawshay, a dyna droi'r teulu, dros nos megis, yn gyfoethogion mawr gan fod Richard Crawshay wedi cyflwyno i'w fab yng nghyfraith newydd nid yn unig ffortiwn ariannol, ond hefyd ystadau helaeth ym mlaeneudir Gwent a Morgannwg, llefydd fel Glyn Ebwy, Rhymni, ac Ynysangharad ger Pontypridd, safle eisteddfod 2024 wrth gwrs. Prynodd ystad Aber-carn yn 1808 i'r pâr ifanc, a rhoi digon o fodd i ethol Benjamin yn aelod seneddol, dros Totnes yn gyntaf, ac wedyn dros Forgannwg, yr aelod cyntaf dros Forgannwg i dorri ar fonopoli'r hen bendefigion.

Yn Llundain yn 1802 y ganed eu mab Benjamin Hall y trydydd, a hollol Seisnig oedd ei fagwraeth yn Westminster a Choleg Eglwys Crist yn Rhydychen. Bu Benjamin yr ail farw'n ifanc cyn i'w yrfa ddiwydiannol a gwleidyddol ddatblygu. Roedd gan Benjamin y trydydd y dewis o fod yn ddiwydiannwr mawr fel ei dad-cu, Richard Crawshay; ond ar hyd ei oes dewisodd ganolbwyntio ar ei yrfa wleidyddol, yn aelod dros Fynwy, wedyn yn aelod dros St Marylebone yn Llundain, gan ddod yn farwnig yn 1838, yn aelod o lywodraeth Arglwydd Palmerston yn y 1850au, yn bennaeth Bwrdd yr Adeiladau yn y 1850au, ac yn y pen draw, yn Arglwydd Llanofer o Aber-carn. Ef a oedd yn gyfrifol am orffen adeiladu Palas Westminster ac ar ei ôl ef yr enwyd y gloch a'r tŵr Big Ben. Roedd fel y tŵr yn ddyn mawr ac urddasol o gorff. Bu farw yn 1867. Dyma'r gŵr a gwympodd mewn cariad ag Augusta Waddington pan oedd y ddau'n ifanc, ac a'i priododd yn 1822. Nid oedd Benjamin Hall mor ysol ei Gymreigrwydd ag oedd Augusta ond ni fu gair croes rhyngddynt, a pharchai ef bopeth a wnâi hi.

Gan fod yr hen Mrs Hall yn byw yn Aber-carn a rhieni Augusta yn parhau i fyw yn Llanofer, aeth y pâr ifanc i ddechrau eu bywyd priodasol trwy gymryd les ar blas Nieuport House yn Almeley, Swydd Henffordd, ond yn 1826 daethant yn ôl i Gymru a mynd i fyw yn Aber-carn. Ganed dau fab ac un ferch iddynt, ond bu'r ddau fab farw'n gymharol ifanc. Yn fuan wedi hyn, yn 1828, bu Mr Waddington farw a phenderfynodd y pâr ifanc symud o Aber-carn i'r Tŷ Uchaf, Llanofer. Roeddent eisoes yn 1824 wedi gwerthu ystadau diwydiannol Rhymni, Bedwellte a Llangynidr, ac ystad Castell Hensol ym Morgannwg, ac yn lle'r rheini, dechreuodd Benjamin gydio maes wrth faes a fferm wrth fferm, gan greu ystad amaethyddol a phendefigaidd o gwmpas Llanofer; hynny yw, eu bwriad oedd defnyddio'r arian o ddiwydiant i greu ystad draddodiadol a throi eu cefnau ar y newyddfyd blin a greodd eu ffortiwn. Gellir ystyried hyn, efallai, yn arwydd o'u Rhamantiaeth.

Yn 1828 y dechreuwyd ar y gwaith o godi plas newydd ym mharc Llanofer, ac ni ddaeth y gwaith i ben hyd 1837. Cafwyd Thomas Hopper yn bensaer i'r gwaith, y gŵr a fu'n gyfrifol am godi plasau fel Castell y Penrhyn a Chastell Margam. Fe gedwid Aber-carn yn fath o dŷ haf, a chadw'r Tŷ Uchaf yn Llanofer yn ogystal fel estyniad i letya cyfeillion ynddo, er bod y plas newydd, mewn arddull Duduraidd ramantus, yn ddigon mawr i letya partïon helaeth o wahoddedigion. Rhai croesawus a lletygar oedd Benjamin ac Augusta, ond yn wahanol iawn i'r plasau arferol, casgliad anarferol o wahoddedigion a geid yn Llanofer, nid yn unig y gwleidyddion o Westminster, neu hufen cymdeithas Llundain fel y Fonesig Louise Stuart a'r Arglwyddes Montagu, ond ysgolheigion Cymraeg a Cheltaidd yn ogystal, am fod Benjamin ac Augusta wedi ymdaflu i'r mudiad eisteddfodol a Chymreigyddol.

Ym mis Medi 1826 aethant ill dau i eisteddfod Aberhonddu, trwy ddylanwad Carnhuanawc ac Elizabeth Greenly mae'n debyg, a chael eu swyno'n llwyr gan John Jones o Ddolgellau'n canu'r delyn deires, yn gymaint felly nes iddynt ei gyflogi'n delynor teulu Llanofer hyd ei farw disyfyd yn 1844. Aethant wedyn i eisteddfodau eraill yn y de. Yna, yn 1833 sefydlwyd Cymdeithas Cymreigyddion Y Fenni gan Garnhuanawc a'i gyfeillion megis Caradawc Y Fenni, ac fel y mae Mair Elvet Thomas wedi dangos yn ei llyfr *Afiaith yng Ngwent* (1978), dyma lwyfan teilwng i weithgaredd Augusta Hall. Yn 1834 y daeth Augusta i sylw'r genedl am y tro cyntaf, nid yn Y Fenni ond yn eisteddfod Caerdydd ym mis Awst y flwyddyn honno. Dywed Clive Betts yn ei gyfrol *A Oedd Heddwch?* (1978) mai pwysigrwydd eisteddfod Caerdydd 1834 oedd bod y Brinley Richards ifanc wedi dod i'r amlwg am ei gerddoriaeth a bod Augusta Hall wedi ennill tlws am ei thraethawd 'Ar y buddioldeb a ddeillia oddiwrth Gadwedigaeth yr Iaith Gymraeg a Dullwisgoedd Cymru'. Yn yr un eisteddfod fe'i derbyniwyd i Orsedd y Beirdd gyda'r enw barddol 'Gwenynen Gwent'. Ym marn ei chyfeillion roedd hyn o achos ei diwydrwydd. Ond tybed, ym marn ei gelynion, a oedd hyn o achos ei gallu i bigo?

Roedd Gwenynen Gwent ar hyd ei hoes yn gryn arlunydd ac eisoes roedd wedi tynnu darluniau o ddullwisgoedd gwragedd rhannau o Gymru fel Bro Gŵyr a Gwent a mannau eraill. Fe'u cyhoeddwyd yn 1836 ac yn wir gellir eu prynu ar gardiau post heddiw wedi eu cyhoeddi gan y Llyfrgell Genedlaethol. Mae'n debyg fod gan Garnhuanawc ddiddordeb yn yr hen wisgoedd gwerinol a'i fod yn dotio ar amryfal wisgoedd gwerinwyr Llydaw ar ei deithiau yno, a digon posibl mai o'i ddiddordeb ef yn Llydaw y tyfodd ei diddordeb hi yng ngwisgoedd Cymru. Yn ei thraethawd mae Gwenynen Gwent yn pwysleisio cenedlgarwch (*nationality*), un o'i geiriau mawr. Roedd hi yn erbyn 'Saesonaegeiddio' Cymru, ac yn ofni bod y wasg Saesneg yn dod â syniadau peryglus i mewn. Ynglŷn â'r gwisgoedd, roedd hi'n cydnabod bod llaweroedd erbyn hynny yn dilyn ffasiynau cyfoes ac wedi anghofio'r hen ddullwisgoedd, o ddiffyg arweiniad gan y pendefigion. O safbwynt 'y darlunydd a'r teithiwr dieithr', byddai'n golled ofnadwy i 'ddistryw ddull-wisgoedd Cymru' a difwyno 'golygiad hardd ac addurnol a ffurfient yn mhlith glynoedd a mynyddoedd y Dywysogaeth'. Gwisgoedd i ferched a oedd dan sylw yn y traethawd, ac mae cryn amrywiaeth ynddynt, yn ôl ei

Augusta Hall, Dull-wisgoedd Cymru (1836)
(Trwy ganiatâd Llyfrgell Genedlaethol Cymru)

darluniau. Ond yn fuan wedi 1834 dyfeisiodd un fersiwn safonol, sef y bais (yn frethyn glas) a'r betgwn (yn goch fel arfer) a'r fantell neu glogyn mawr o wlanen goch, a'r het befar a'r gopa uchel, gan roi esiampl i ferched Cymru trwy wisgo'r wisg hon yn aml ei hun, a mynnu bod ei chyfeillesau yn ei gwisgo adeg eisteddfod a chyngerdd, a bod ei morynion a gwragedd ei thenantiaid a'r merched yn yr ysgolion a sefydlodd trwy'r fro yn ei gwisgo hefyd.

Un o'r prif gymhellion dros fabwysiadu'r dullwisgoedd hyn oedd darbwyllo'r Cymraesau i ymwrthod â'r defnyddiau newydd ffasiynol fel calico a chotwm, a oedd yn dod i mewn o'r India neu o Swydd Gaerhirfryn, ac amddiffyn yr hen frethynnau Cymreig. Roedd gan ystad Llanofer ei ffatri frethyn ei hun. Yn wir, un o'i phrif ddiddordebau oedd casglu'r gwahanol streipiau a phatrymau a oedd yn nodweddu gwlanen Cymru. Cymhelliad digon teg a chadarnhaol, ond rhaid cofio bod y mudiad Rhamantaidd ar ddechrau'r ganrif honno yn fawr ei sêl dros hen ddullwisgoedd amrywiol gwerinwyr Ewrop, yn Y Swistir neu'r gwledydd Slafonig, er enghraifft. Camp Gwenynen Gwent oedd creu un wisg 'genedlaethol' i'r Gymraes allan o amrywiaeth o wisgoedd a oedd yn cael eu moderneiddio a'u trawsnewid yn gyflym gan fod y Chwyldro Diwydiannol yn sgubo'r hen ddullwisgoedd i ffwrdd. Mae'n syndod pa mor gyflym y derbyniwyd gwisg y Wenynen fel y 'Wisg Gymreig'. Erbyn y 1840au roedd cyfresi o luniau ar werth yn y de a'r gogledd yn dangos merched Cymru wrth eu gwaith, yn gwisgo dullwisgoedd Gwenynen Gwent, ac engrafiadau mewn cylchgronau yn Lloegr yn pwysleisio merched mewn hetiau copa uchel; ac erbyn 1860 mewn cylchgronau fel y *Pwnsh Cymraeg* mae'r 'Wisg Gymreig' wedi dod yn symbol cyfleus o'r genedl.

Cyhoeddwyd ei thraethawd yn y ddwy iaith, a mawr fu'r darllen arno. Mae'n rhaid ei bod wedi cael cymorth cyfaill i'w gyfieithu i'r Gymraeg am nad oedd yn medru ysgrifennu fawr ddim yn Gymraeg, er ei bod yn weddol rugl yn siarad. Roedd hi a'i gŵr wedi astudio'r Gymraeg yn fanwl, a phrynent lyfrau Cymraeg. Mewn cyfnod pan oedd y pendefigion yn ymwrthod â'r iaith, a thuedd yr oes yn troi yn erbyn y Gymraeg ond fel iaith gwerin a chapel, roedd y Wenynen yn mynnu lle amlwg iddi. Byddai ei chelfi wedi eu haddurno ag arysgrifau Cymraeg; roedd penillion Cymraeg ar y porth i mewn i'r parc yn Llanofer. Pan ddaeth y Swyddfa Bost i'r pentref (Rhyd-y-meirch) ar y ffordd fawr yn Llanofer, nid oedd dim dewis ond rhoi 'Llythyr Dŷ Rhyd y Meirch' ar y tŷ. Pan fyddai'n ysgrifennu at ei nith Mrs Harford yn Falcondale, Llanbedr, byddai'n rhoi ar yr amlen 'Cwm Curyll, Llanbedr Pont Stephen, *miscalled* Lampeter'. Byddai bob amser yn siarad Cymraeg â'r gweision; yn wir, daeth â nifer o weision uniaith i mewn o ogledd Sir Aberteifi, ac er mwyn eu cadw rhag dysgu i addoli yn Saesneg yn eglwys y plwyf, trefnai wasanaethau Cymraeg iddynt yn y plas. Er bod ei gŵr yn mynd i'r gwasanaeth Saesneg yn y bore, i'r un Cymraeg yn y prynhawn yn unig y byddai hi'n mynd.

Un fach fywiog oedd hi, a wyneb manwl prydferth ganddi. Roedd yn llawn egni a diwydrwydd, ac yn hynod benderfynol. Does dim syndod mai 'Ni ddaw da o hir arofyn' oedd arwyddair y teulu. Ceisiai ddylanwadu ar bendefigion Cymru i fod yn fwy 'Cymröaidd' eu hysbryd trwy ddangos iddynt esiampl o blasty lle yr oedd y Gymraeg yn cael lle blaenllaw, a lle yr oedd hi'n hwyl i fyw trwy gyfrwng y Gymraeg. Byddai'n gwrando bob amser ar ei thelynor yn canu'r delyn deires ac wedi i John Jones (a oedd yn etifedd yr olyniaeth apostolaidd oddi wrth hen delynorion Gwynedd yn yr ail ganrif ar bymtheg), farw yn 1844, penododd i'w le Thomas Gruffydd o blwyf Llangynidr. Hyd yn oed pan ddawnsid *quadrilles* yn y neuadd, rhaid i'r pendefigion wneud hynny i sain alawon Cymreig. Byddai'r gweision yn dawnsio'r hen ddawns chwimwth a sionc yr oedd hi wedi ei hatgyfodi, y *Llanover Reel* neu Ddawns Llanofer, a hynny mewn cyfnod pan nad oedd neb, hyd yn oed selogion olaf y delyn deires a'r hen ganu penillion, yn malio dim am ddawnsfeydd Cymru. Byddai'r gwahoddedigion yn Llanofer yn cael difyrrwch mawr ar yr hen wyliau Cymreig y ceisiai'r Wenynen eu cadw neu eu hatgyfodi: cyn y Nadolig cymerent ran yn actio a chanu'r Fari Lwyd; ar ddydd Nadolig rhaid oedd mynd yn gynnar y bore i wasanaeth y Plygain; ar Ddydd Calan byddai pawb yn mynd i hela calennig yn yr hen ddull, a defodau eraill at Nos Ystwyll; at Ddydd Gŵyl Ddewi dyfeisiodd bob math o ddefod a rhialtwch—gwledda mawr i fonedd a gwrêng ar gawl cennin, cennin ar dost, a chaws pob—un o'i hoff ddiddordebau oedd casglu rysetiau Cymreig. Byddai'r gwragedd oll yn eu gwisgoedd Cymreig a'r Wenynen ei hun yn pefrio gan dlysau o gennin wedi eu gwneud o ddiemwntau. Rhoddid sylw manwl i ddefod Sul y Blodau gan ei bod yn teimlo bod ein harfer ni o 'daclu beddau' â blodau y Sul hwnnw yn rhywbeth cenhedlig. Enillodd William Roberts 'Nefydd' o Flaenau Gwent wobr y

Cymreigyddion am draethawd ar hynafiaeth pethau fel y Fari Lwyd a Sul y Blodau, a'i gyhoeddi yn 1852 dan y teitl *Crefydd yr Oesoedd Tywyll*. Merch arbennig o Iseleglwysig oedd y Wenynen, ac nid oes posibl ei bod yn hoffi'r syniad fod yr arferion hyn yn mynd yn ôl i'r Oesoedd Pabyddol Tywyll. Roedd Cymreigrwydd y pethau hyn yn ddigon. Ar achlysur Calan Mai, wedyn, mynnai'r Wenynen fod pawb yn cynnau coelcerthi o danau tebyg i'r 'Beltane Fires' gan y Celtiaid; chwiliodd am hen ddefodau Gŵyl Ifan, a'r Ŵyl Gynhaeaf, a mawr oedd y rhialtwch ar Nos Galan Gaeaf.

Yn ogystal â'r flwyddyn o ddefodau *folklorique*, byddai hi'n mynychu gwyliau a chymanfaoedd yr Ysgol Sul, a phob eisteddfod am filltiroedd, ac yn mynd allan i roi gwobrwyon yn yr ysgolion a waddolwyd ganddi, ysgolion a oedd yn ddwyieithog, yn dysgu'r Gymraeg a phynciau fel canu penillion. Byddai'r plant yn sefyll yn syfrdan y tu allan i'r ysgol i weld y Wenynen yn cyrraedd mewn cerbyd gwych a phedwar ceffyl hardd, a phostiliwn yn canu corn, a rhedegyddion a gweision i gyd yn lifrau lliw siocled Llanofer, a'r Wenynen wedyn yn clywed y plant yn adrodd Cymraeg, gan roi gwobr o glogyn coch i'r Gymreiges orau a siwt o frethyn Cymreig i'r Cymreigydd gorau.

Roedd gan Wenynen Gwent yr hyn y mae Hywel Teifi Edwards wedi ei alw yn gwbl gywir yn 'athrylith hysbysebol'. Byddai'n cario lleiniau o wlanen a brethyn o Gymru gyda hi i bobman, gan gymell siopwyr yn Rhufain a Pharis hyd yn oed i brynu nwyddau o Gymru bell er mwyn achub y diwydiant gwlân. Ond roedd ei hathrylith i'w gweld ar ei gorau yn y gyfres eisteddfodau a gynhaliwyd yn Y Fenni gan y Cymreigyddion rhwng 1834 a 1853. Yn ystod yn agos i ugain mlynedd, rhoes hi a'i gŵr wobrau o dros ddwy fil a hanner o bunnoedd, hynny yw, tua chwarter miliwn o bunnoedd yn ein harian ni heddiw; ac er mwyn achub y delyn deires, offeryn yr oedd hi'n ei ystyried yn offeryn cenedlaethol y Cymry, ac er mwyn cynnal y delyn deires yn erbyn cystadleuaeth offerynnau eraill, rhoes 37 o delynau yn wobrau i delynorion yn yr eisteddfodau, wedi eu gwneud gan delynwyr megis Basset Jones o Gaerdydd. Nid y Wenynen a oedd wedi dechrau'r Cymreigyddion, ond roedd hi'n hynod ddiwyd yn cael pendefigion y fro i ddod i'r eisteddfodau ac i roddi arian mawr am wobrau: dynion fel Syr Charles Morgan, 'Ifor Hael' o Dredegyr. Hi hefyd a oedd yn gyfrifol am daclu'r dref a'r neuadd ac am basiant lliwgar agoriadol yr eisteddfodau. Yn 1848 roedd gorymdaith o bedwar cant o gerbydau hardd yn mynd trwy'r Fenni. Yn 1853 (yr orymdaith olaf cyn i'r Cymreigyddion ddod i ben) roedd cenhinen enfawr o fetel o flaen yr osgordd, a gwagenni di-rif, rhai yn dal telynorion yn canu â bysedd cun, un yn dal argraffydd yn gweithio argraffwasg yn pwnio allan gopïau o gyfarchion at lywydd yr eisteddfod, un arall eto yn dal gwehyddion yn diwyd weu brethyn, a'r ceffylau i gyd mewn lifrai o wyrdd ac arian, a hyd yn oed y rhedegyddion gyda'r cerbydau yn gwisgo lifrai'r brethyn Cymreigyddol. Codwyd neuadd enfawr at yr eisteddfodau, a chymaint fyddai'r dorf ambell dro nes bod rhaid i'r llywydd (Benjamin Hall) ddringo i mewn i'w eisteddfod trwy ffenestr.

Mae Mair Elvet Thomas wedi taro'r hoelen ar ei chlopa trwy alw'r fenter hon yn *Afiaith yng Ngwent*. Nodweddid yr holl weithgareddau gan afiaith a hwyl. Rhoddid gwobrau am frethyn cartref, canu'r delyn deires, a chanu penillion; rhoddid medalau am draethodau pwysig megis un Thomas Stephens, *The Literature of the Kymry* (1853); sefydlwyd y 'Welsh Manuscripts Society' yn 1836, gan gyhoeddi nifer o gyfrolau swmpus ar hanes a llên y genedl; noddid cysylltiadau ag ysgolheigion y Cyfandir fel Albert Schultz a Carl Meyer, a'r cyswllt Celtaidd trwy gael Llydawiaid fel François Rio a Théodore Hersart de Villemarqué (Kervarker) i ymweld â'r Fenni. Am ugain mlynedd daeth Plas Llanofer yn gyrchfan i gylch difyr a galluog o gyfeillion: Carnhuanawc ac Elizabeth Greenly, y Fonesig Charlotte Guest o Ddowlais, John Jones 'Tegid' (a gydweithiodd â Charlotte Guest i gyhoeddi a chyfieithu'r Mabinogion), yr hanesydd Angharad Llwyd, y casglydd alawon gwerin Maria Jane Williams, 'Llinos' o Aberpergwm, yr hanesydd Jane Williams 'Ysgafell', Taliesin ab Iolo (mab Iolo Morganwg), a'r Barnwr A.J. Johnes o Garthmyl, ac eraill. Wedi i Llinos ennill gwobr y Fonesig Greenly am ei chasgliad o alawon gwerin, mynnodd Gwenynen Gwent gael caniatâd y Frenhines i'w gyflwyno iddi. Mae Daniel Huws wedi dangos bod Llinos yn petruso wedyn a ddylid rhoi geiriau Cymraeg gyda'r alawon, ond mynnodd Gwenynen Gwent argraffu'r geiriau Cymraeg —a mawr ddiolch iddi am hynny—gan ddweud wrth Llinos fod y Frenhines eisoes wedi cydnabod nid yn unig yr alawon ond y geiriau Cymraeg hefyd. Fel y digwyddodd dro ar ôl tro yn ei hanes, roedd sêl y ddysgwraig yn llawer tanbeitiach nag eiddo'r Cymry.

Un o fwriadau Cymreigyddion Y Fenni a Gwenynen Gwent oedd noddi arlunwyr a cherflunwyr o Gymry, ac mae Peter Lord yn ei gyfrol *Delweddu'r Genedl* wedi rhoi sylw i'r cerfluniau cyhoeddus a godwyd yng Nghymru yn y bedwaredd ganrif ar bymtheg. Dau gerflunydd a ddaeth yn amlwg ac yn llwyddiannus trwy nawdd y Cymreigyddion oedd y ddau frawd o Aberhonddu, John Evan Thomas a William Meredyth Thomas. Mae eu cerflun arobryn yn eisteddfod 1848 o farwolaeth Tewdrig Gwent yn waith nodedig sydd megis yn crisialu agwedd Gwenynen Gwent at hanes. Mae'n dangos y Brenin Tewdrig yn dal y groes wrth farw ar faes y gad, wedi ei drywanu gan y Sacsoniaid, a'i ferch yn ei gysuro yn ei funudau olaf, a bardd yn canu marwnad iddo gyda'i delyn. Cofnodir y digwyddiad ym mhentref Merthyr Tewdrig, a Seisnigwyd yn 'Mathern', ger Cas-gwent.

Cerflun o'r Brenin Tewdrig ger Eglwys Merthyr Tewdrig

Mewn cyfnod pan oedd hi'n mynd yn feinach feinach ar y Gymraeg, gweithiai'r Wenynen mewn meysydd eraill hefyd, gan greu cryn gasineb tuag ati hi ei hun a'r 'Llanover Party' mewn llys a llan. Mynnodd gael rheithoriaeth Nanhyfer i John Jones 'Tegid'; cafodd swydd barnwr i A.J. Johnes, gan geisio gwasgu ar yr Arglwydd Ganghellor fod yn rhaid penodi barnwyr yng Nghymru a oedd yn Gymry Cymraeg. Ar waethaf yr hwyl a'r asbri yn eisteddfodau'r Fenni, cyfnod o dyndra yng Nghymru oedd hwn, cyfnod o drawsnewid mawr ym mywyd y genedl, a chyfnod o Seisnigeiddio agwedd meddwl y Cymry yn fwy efallai na Seisnigo o ran iaith. Mae'n amlwg fod y Llyfrau Gleision (1847) yn gas gan Benjamin ac Augusta Hall—ynddynt pardduwyd Cymreigrwydd eu cyfaill hoff, Thomas Price 'Carnhuanawc'. Cyfeilles arall iddynt, Jane Williams 'Ysgafell' a ymosododd ar y Llyfrau Gleision yn ei llyfr *Artegall*, a chyfaill arall (annisgwyl) iddynt oedd Evan Jones 'Ieuan Gwynedd'. Cymaint oedd cynddaredd Gwenynen Gwent ynghylch ensyniadau ffiaidd y Llyfrau ar ferched Cymru, nes iddi gynorthwyo Ieuan Gwynedd i ddechrau cylchgrawn i ferched: *Y Gymraes*. Ef biau'r englyn hwn iddi:

> Tra bryn a dyffryn a dôl – a thelyn
>   A thalent farddonol,
>   Pery mad siarad siriol
>   Y wlad hon am Lady Hall.

Pâr Iseleglwysig oedd y Wenynen a'i gŵr, a mawr oedd eu gobaith yng ngallu Coleg Dewi Sant Llanbedr Pont Steffan i Gymreigio'r Eglwys yng Nghymru. Daethant i gysylltiad rywsut â'r meddyg cyfoethog Thomas Phillips—gŵr y mae ei sêl dros y Gymraeg yr un mor anesboniadwy ag yw sêl Gwenynen Gwent—a cheisiasant ill dau sefydlu cadair Gymraeg yn y coleg. Ond mawr oedd eu siom a'u dicter wrth weld diffyg sêl y coleg dros y Gymraeg. Roedd y prifathro yn gas gan y Wenynen: 'he hates the language and ruins the College'. Felly, perswadiodd Phillips i beidio â rhoi llawer i Goleg Llanbedr, ond yn hytrach i roi ei filoedd i sefydlu ysgol Gymraeg yn Llanymddyfri, lle yr oedd ganddi gyfeillion megis William Rees o'r Ton, awdur ac argraffydd a chyhoeddwr. Hi a brynodd y tir, a sefydlwyd y 'Welsh Collegiate Institution' yno yn 1847. Mae'r enw'n awgrymu mai sefydliad i Gymry fyddai hwn, a'r Gymraeg yn 'bwnc craidd'. Gellir mesur teimladau'r Wenynen wrth ei llythyrau at Connop Thirlwall lle y dwedai fod eisiau rhoi'r sac i bob athro yn Llanbedr nad oedd yn dysgu drwy'r Gymraeg. Roedd hi'n un o lywodraethwyr yr ysgol. Mynnodd benodi'n brifathro yr ysgolfeistr athrylithgar hwnnw, John Williams (o'r Edinburgh Academy), am ei fod yn Gymreigydd ardderchog, a rhoes wobrwyon i'r bechgyn am eu gwybodaeth o'r Gymraeg ar hyd ei hoes hirfaith. Yn 1853 gwrthododd benodi Basil Jones (a oedd yn ddigon o Gymro i fod yn esgob wedi hynny, ac a ddysgodd y Gymraeg) am nad oedd yn ddigon da ei Gymraeg, ac yn ei le, penododd David James 'Dewi o Ddyfed', un o gylch o glerigwyr a oedd wedi bod yn uchel eu cloch am ddiffyg Cymreigrwydd yr Eglwys yng Nghymru.

Roedd Benjamin Hall a'i wraig yn cadw'r hen gartref yn Abercarn fel math o dŷ haf, ac yno yn 1854 y cododd Benjamin Hall gapel

Coleg Llanymddyfri
(Casgliad Tirluniau Llyfrgell Genedlaethol Cymru)

anwes at ddefnydd Cymry Cymraeg y plwyf (Mynyddislwyn) a chodi persondy a thalu cyflog curad. Yn 1862, pan ddaeth yn fater o benodi curad newydd, mynnodd rheithor Mynyddislwyn fod yn rhaid i'r capel fod yn agored at wasanaethau Saesneg yn ogystal. Ateb y Wenynen oedd cau'r capel yn glep. Ond troes at y Methodist, Thomas Phillips yn Hwlffordd, a chael gan y Sasiwn Fethodistaidd ym Mlaenafon ganiatáu i weinidog o Galfin fynd i Aber-carn i wasanaethu yno, ar yr amod ei fod yn gwisgo gŵn du a defnyddio'r fersiwn arbennig a wnaed gan Benjamin ac Augusta Hall o'r Llyfr Gweddi Gyffredin Cymraeg. (Un o'r Methodistiaid Calfinaidd a oedd yno o 1891 i 1916 oedd John Evans, tad yng nghyfraith W.J. Gruffydd, a dyna sy'n esbonio sut y daeth Gruffydd i ysgrifennu *Ynys yr Hud* ym mhersondy Aber-carn.) O gofio Iseleglwysyddiaeth Benjamin a'i wraig, eironi nid bychan yw fod eu hunig ferch ac etifeddes, Augusta, wedi priodi â John Jones (Herbert wedi hynny) o Lan-arth a oedd yn Babydd, a'i wraig yn ddigon parod i droi'n Babyddes hefyd. Rhyfedd meddwl am eglwys esgobol dan ofal y Methodistiaid Calfinaidd a than nawdd Pabyddes!

Dyna ni wedi sôn am ddau fath o Gymreigrwydd ym mywyd a gwaith Gwenynen Gwent, y math a geid mewn pasiant a sbloet ac ail-greu defodau lliwgar, a'r ail fath a oedd yn fwy difrifol, mater o amddiffyn yr iaith mewn llys a llan mewn cyfnod pan ddirywiai parch a bri'r diwylliant Cymraeg yn enbyd. Os edrychwch ar wahanol agweddau'r diwylliant Cymreig yng nghanol y ganrif, yno yn y canol fe geir Benjamin Hall a Gwenynen Gwent, yntau yn trefnu i brynu Eglwys St Etheldreda, Ely Place yn Llundain, i fod yn eglwys esgobol i Gymry Llundain, gan wireddu breuddwyd y Cymmrodorion yn y ddeunawfed ganrif, neu yn 1865 yn trefnu ymgyrch genedlaethol Gymreig i gael cofeb i ŵr ymadawedig Fictoria, gan drefnu bod eu cyfaill, John Evan Thomas o Aberhonddu, yn cerfio'r talp o gerflun i 'Albert Dda' ar y graig uwch harbwr Dinbych-y-pysgod; neu hithau yn prynu llawysgrifau Iolo Morganwg gan weddw Ab Iolo yn 1853 ac yn croesawu ysgolheigion megis Ab Ithel i Lanofer i'w hastudio, neu yn cefnogi Jane Williams 'Ysgafell' yn 1854 i gyhoeddi cofiant a gweithiau Carnhuanawc. Gwnaent hyn, fe gofier, ar ganol eu holl weithgareddau eraill yn wleidyddol ac yn gymdeithasol, a rhaid cofio bod i Wenynen Gwent yrfa fel awdures llyfrau yn Saesneg, fel ei llyfr rysetiau coginio *Good Cookery* a'r chwe chyfrol o gofiant i Mrs Delany, a darluniau i lyfr plant gan Ysgafell o'r enw *The Paper People*.

Roedd Gwenynen Gwent wedi colli dau fab, a bu farw ei gŵr, Arglwydd Llanofer, yn 1867. Hyd at ganol y 1850au, ar waethaf y trasiedïau teuluol, ymddangosai ei bywyd yn hynod lwyddiannus, a'r achosion y credai ynddynt yn llwyddo mewn llawer cyfeiriad. Ond fe drodd y rhod, a chyn bo hir ymddangosai Gwenynen Gwent fwyfwy fel hen wraig ecsentrig a oedd wedi goroesi o gyfnod arall. Daeth Cymreigyddion Y Fenni i ben yn 1854. Bu Carnhuanawc farw yn 1848 ar ganol helynt y Llyfrau Gleision. Bu Syr Josiah John Guest farw yn 1852 ac yn fuan wedyn priododd Charlotte Guest â thiwtor ifanc ei phlant, a thorri pob cysylltiad â Chymru—mae'n debyg fod Charlotte ben ac ysgwyddau'n uwch na Gwenynen Gwent fel ysgolhaig Cymraeg, ac roedd gweld Charlotte yn cefnu'n llwyr ar y byd Cymreig a Chymraeg yn siom chwerw. Bu farw llawer o'r hen offeiriaid llengar a'r Cymreigyddion o'r hen doriad, ond yn fwy na hyn i gyd, roedd yr oes yn newid. Roedd Cymru'r 1850au a'r 1860au'n symud yn gyflym at radicaliaeth ac at ddiwydiannaeth ac at grefyddoldeb Anghydffurfiol. Gwerinwyr yn ymbarchuso a oedd bellach yn arwain yr hyn a oedd ar ôl o'r mudiad gwladgarol, nid yr hen glerigwyr a'r pendefigion. Roedd y Cymry eu hunain yn colli diddordeb mewn addysg yn Gymraeg; ymagweddu'n fwrdeisiol ac yn Seisnigaidd a oedd yn bwysig. Gwelir hynny hyd yn oed yn sefydliad yr Eisteddfod, fel y mae Hywel Teifi Edwards wedi dangos yn *Gŵyl Gwalia* (1980), sydd yn astudio'r newid ym myd yr eisteddfodau rhwng 1858 ac 1868. Darfod oedd yr hen hwyl dros y delyn deires a'r canu penillion, a mawr oedd dicter Gwenynen Gwent at ymseisnigo'r Eisteddfod. Yn 1865 ceisiodd gynnal math o wrth-eisteddfod brotest yng Nghastell-nedd, 'Eisteddfod y Cymry', a chynnig gwobr am gerdd 'Disgynyddion Dic Sion Dafydd' er mwyn dirmygu'r parchusion, ond methiant fu'r eisteddfod honno. Ceisiodd adfer yr hen gwlwm Celtaidd a fu yn y 1830au trwy ddanfon dirprwyaeth o dan adain ei thelynor allan i ŵyl y Llydawiaid yn St Brieuc yn 1867, ond ni ddaeth dim o hynny. Fel yr oedd ei hynni'n graddol ballu, canolbwyntiodd ei hegni ar gadw'r delyn deires, a chynnal gwyliau telyn, rhywbeth yn debyg i Ŵyl Gerdd Dant heddiw, yn Llanofer, er enghraifft yn 1869. Erbyn 1883 roedd y sefydliad eisteddfodol yn ei hystyried hi'n dipyn o hen niwsans, a nifer o'r parchusion yn ystyried yr hen delyn, a'r hen gerddoriaeth a oedd yn mynd gyda hi, yn rhywbeth yn perthyn i fyd y llofft stabal, y bais a'r betgwn, a'r clos pen-glin—dywedwyd pethau felly, gan ei sarhau a'i dirmygu. Ymladdodd yn ôl yn ddygn pan oedd dipyn dros ei phedwar ugain oed, gan gynnal math o ŵyl gerdd dant yn Abertawe yn 1883 pan oedd eisteddfod Caerdydd wedi ei hanwybyddu. Gwnaeth yr un peth eto yng Nghaerwys yn 1886, ond yn ofer; dirywio a diflannu a wnaeth yr 'offeryn cenedlaethol' yn wyneb y berdoneg a'r corau mawrion.

Mae'n amlwg fod ei chyd-bendefigion nid yn unig yn ei thrin fel ecsentrig hygoelus a chibddall, ond eu bod yn ei chasáu. Dyna'r darlun a geir gan Augustus Hare, cofiannydd ei chwaer Frances Bunsen, ac a roddir gyda chryn falais gwrth-Gymreig yn *South Wales Squires* (1926) gan H.M. Vaughan. Dyma esiampl o'r ffordd y dirmygwyd yr hen wraig gan yr oes newydd mewn byd a betws: ym mis Mehefin 1875 chwiliwyd am brifathro newydd i'r coleg yn Llanymddyfri, a dyma A.G. Edwards (esgob Llanelwy ac archesgob Cymru wedyn) a ddeuai o Lanymawddwy, yn mynd i gael cyfweliad yn Llanofer, gan gaboli ei Gymraeg gymaint ag y medrai. Ar ddiwedd y cyfweliad, gofynnodd y Wenynen iddo a hoffai gael lluniaeth. Atebodd fod y *pentrulliad* (gair a gofiodd o stori Joseff yn yr Aifft) wedi cynnig lluniaeth iddo. Pentrulliad? Beth oedd y gair hwnnw? Dyna air o Gymraeg nad oedd hi'n ei wybod, a mawr oedd ei pharch a'i hedmygedd at A.G. Edwards.

Cafodd y swydd. 'My gratitude to *pentrulliad* is sincere', ebe Edwards yn ei hunangofiant. Trasiedi oedd ei benodi, gan mai ef yn anad neb a droes y Coleg i fod yn 'public school' hollol Seisnigaidd, gan anwybyddu'r gwersi gorfodol Cymraeg ac 'anghofio' dweud wrth y bechgyn am wobrwyon Cymraeg yr hen Wenynen. Pan welodd beth a oedd yn digwydd, mawr oedd ei chynddaredd, ond roedd yn rhy hwyr.

Byddai'n anghywir dweud ei bod wedi mynd yn angof llwyr yn y cyfnod hwn: o'i chwmpas deuai cylch cynnes o gyfeillion nodedig o hyd, cyfeillion megis y cerddor Brinley Richards, Joseph Parry, y Parchg David Charles o Goleg Trefeca, Syr John Rhŷs, a'r Athro D. Silvan Evans—yn wir, hi a dalodd am gyhoeddi rhai darnau o eiriadur Cymraeg Silvan. Mab i un o swyddogion glofaol Benjamin Hall, Morgan Thomas, oedd William Thomas 'Islwyn', a'r Wenynen a ddewisodd yr enw barddol 'Islwyn' iddo, ar ôl enw ei blwyf genedigol, Mynyddislwyn. Roedd ganddi nifer o gyfeillesau yn ei hen ddyddiau, merched fel Betha Johnes o Ddolau Cothi a Caroline Lucas o'r Uplands, Abertawe. Mae'n wir ei bod wedi byw oes mor hirfaith nes iddi weld ail wawr o Gymreigrwydd yn torri ar Gymru yn niwedd y 1880au, ond erbyn hynny roedd yn rhy hen i wneud fawr ddim.

Pan fu farw yn 1896 yn 94 oed, ysgrifennodd Betha Johnes at Norman McColl, 'At the age of 94 she died as she had lived, a worker.' Er yr holl ddiwydrwydd, ni ellir dweud bod llawer iawn o afiaith na hwyl yn ei gweithgaredd wedi pumdegau a chwedegau'r ganrif. Hyd y blynyddoedd hynny, cadwai Gwenynen Gwent lawer o sioncrwydd a llawenydd a hwyl dadeni diwylliannol y ddeunawfed ganrif, a hyder anfeirniadol rhamantiaeth cyfnod Iolo Morganwg ar ddechrau'r bedwaredd ganrif ar bymtheg. Roedd yn siom iddi mai Pabyddion oedd teulu Llan-arth, ei hunig etifeddion yn Llanofer, a siom oedd gweld Seisnigo anochel Sir Fynwy, a gorlif o boblogaeth estron yn arllwys i mewn o siroedd Caerloyw a Henffordd a Gwlad yr Haf. Mae'n wir fod ei merch, Augusta Herbert o Lan-arth, yn noddi pethau Cymraeg (hi a dalodd am gyhoeddi *Llyfr Cerdd Dannau* yn 1902), a'i hŵyr, Syr Ifor Caradog Herbert (Arglwydd Treowen wedyn) oedd cadeirydd Eisteddfod Genedlaethol Y Fenni yn 1913 pan gafwyd adlais olaf o'r hen ogoniant a fu. Collodd ef ei etifedd Elidir Herbert yn y Rhyfel Byd Cyntaf, bu yntau farw yn 1934, ac yn 1936 chwalwyd Llanofer a'i holl drysorau, a'r unig beth sydd ar ôl yw'r parc a'r Tŷ Uchaf, ei genedigfan. Aeth Arthur Herbert, brawd Arglwydd

Treowen, i fyw yn y Tŷ Uchaf, a dyma gartref ei ddisgynyddion heddiw. Roedd popeth yr oedd hi wedi gweithio drosto yng Ngwent wedi mynd yn chwilfriw.

Ac eto, yn niwedd yr ugeinfed ganrif a dechrau'r unfed ganrif ar hugain, dyma weld cynnal yr Eisteddfod Genedlaethol ddwywaith yn Nhredegyr, ym mharc ei hoff gyfaill Syr Charles Morgan, 'Ifor Hael' fel y galwai hi ef, a bu eisteddfod hynod lwyddiannus yn Y Fenni yn 2016. Mae cylchoedd meithrin Cymraeg ac ysgolion cynradd Cymraeg wedi agor trwy Went, heb sôn am ysgolion uwchradd Gymraeg, a channoedd o oedolion yn mynychu dosbarthiadau dysgu Cymraeg. Nid yw Llanofer mor ofer ag yr ymddangosai gynt, ac efallai fod gwenynen fach yn dechrau murmur o bleser yng ngerddi Paradwys.

DARLLEN PELLACH

Rachel Ley, *Arglwyddes Llanofer: Gwenynen Gwent* (Caernarfon: Gwasg Gwynedd, 2001).

Prys Morgan, 'Lady Llanover (1802–1896), "Gwenynen Gwent" ', *Trafodion Anrhydeddus Gymdeithas y Cymmrodorion*, 2006, 94–106.

Helen Forder, *High Hats and Harps: The life and times of Lord and Lady Llanover* (TallyBerry Publishing, 2012).

Celyn Gurden-Williams, *Pwy Oedd Arglwyddes Llanofer, Gwenynen Gwent?* (Coleford: Cymdeithas Gwenynen Gwent, 2016).

Sian Rhiannon Williams, *Oes y Byd i'r Iaith Gymraeg: Y Gymraeg yn ardal ddiwydiannol Sir Fynwy yn ystod y bedwaredd ganrif ar bymtheg* (Caerdydd: Gwasg Prifysgol Cymru, 1992).

---

[1] Er mai yn Eisteddfod Casnewydd ym mis Awst 1988 y rhoddwyd y ddarlith wreiddiol, mae'n hollol briodol ei hargraffu am y tro cyntaf adeg Eisteddfod Genedlaethol Rhondda Cynon Taf ym Mhontypridd, fis Awst 2024, gan fod yr eisteddfod yn cael ei chynnal ar dir Ynysangharad, sef un o ystadau Benjamin Hall a Gwenynen Gwent.

[2] Gweler hefyd ddarlith bwysig Geoffrey Powell, 'Prosiect Llanofer', a draddododd i Gyfeillion Llyfrgell Genedlaethol Cymru ym mis Medi 2000, sy'n olrhain rhai o'r dylanwadau Ewropeaidd ar Gylch Llanofer ac yn dangos fel yr oedd Arglwyddes Llanofer a'i theulu yn perthyn i rwydwaith cymdeithasol a gynhwysai haenau uchaf a mwyaf dylanwadol y deyrnas. Mae copïau caled o'r fersiynau Cymraeg a Saesneg o'r ddarlith yn Llyfrgell Prifysgol Caerdydd a chopïau electronig o'r ddarlith Saesneg wreiddiol ac o gyfieithiad Cymraeg ohoni ar wefan y Llyfrgell Genedlaethol: https://www.library.wales/fileadmin/docs_gwefan/amdanom_ni/cyfeillion/darlithoedd/cyfn_dar_GPowell_000916S.pdf; https://www.llyfrgell.cymru/fileadmin/docs_gwefan/new_structure/about_nlw/work_with_us/donate/friends_of_nlw/lectures/cyfn_dar_GPowell_000916C.pdf.

7

E. Wyn James

**THOMAS PRICE 'CARNHUANAWC':
CYMREIGYDD, CELT, CRISTION**

Wrth i'r diweddar John Davies ddewis y teitl *Hanes Cymru* ar gyfer y gyfrol fawr (ym mhob ystyr) a gyhoeddodd yn 1990, roedd yn fwriadol yn adleisio teitl cyfrol fawr arall, sef *Hanes Cymru* Thomas Price 'Carnhuanawc' (1787–1848) a gyhoeddwyd yn 14 o rannau rhwng 1836 ac 1842. Yn ei gyfrol ef, hawliodd John Davies mai Carnhuanawc oedd 'un o Gymry mawr' y bedwaredd ganrif ar bymtheg. Fe fyddwn i yn mynd ymhellach a dweud—er bod cystadleuaeth gref!—mai Carnhuanawc *oedd* Cymro mwyaf y cyfnod rhwng 1818 a'i farw yn 1848, sef y 30 mlynedd rhwng sefydlu'r cylchgrawn *Seren Gomer* a dechrau mudiad y cymdeithasau a'r eisteddfodau taleithiol yn 1818 (a'r rheini'n arwydd o ddechreuadau adfywiad gwladgarol a diwylliannol nodedig y cyfrannodd Carnhuanawc yn sylweddol iddo) a helynt Brad y Llyfrau Gleision yn niwedd yr 1840au. Ond ymddengys mai digon prin erbyn heddiw yw'r bobl sy'n gwybod dim amdano nac wedi clywed ei enw hyd yn oed, heblaw am y rheini sy'n gyfarwydd â gweithgarwch y gymdeithas sy'n dwyn ei enw—'Cymdeithas Carnhuanawc'—a sefydlwyd ym mis Medi 1990 er mwyn hybu diddordeb yn hanes Cymru, cymdeithas y bu John Davies yn Llywydd Anrhydeddus arni.

Cyn mynd ati i fanylu rywfaint ar hanes Thomas Price, ei gymeriad a'i weithgarwch, mae'n werth gofyn y cwestiwn paham y mae wedi mynd yn angof i'r fath raddau ac yntau mor amlwg yn ei ddydd ac yn un a fu mor bwysig ei gyfraniad yn hanner cyntaf y bedwaredd ganrif ar bymtheg. Oherwydd bydd ceisio ateb y cwestiwn hwnnw'n gymorth inni ddeall y cefndir a'r cyd-destun i'w fywyd a'i waith. A'r peth cyntaf i'w bwysleisio yw bod y Gymru y ganed Carnhuanawc iddi yn 1787 yn wahanol iawn i Gymru adeg ei farw yn 1848.

Mae'r ddeunawfed ganrif yn un o'r trobwyntiau mawr yn hanes Cymru. Wrth i'r ganrif fynd yn ei blaen, gwelwyd yn gynyddol rymusterau yn cyniwair yn y tir a datblygiadau pellgyrhaeddol o bob math a fyddai'n chwyldroi Cymru. Yn wir, erbyn diwedd y ganrif ac i mewn i'r ganrif nesaf, roedd newidiadau mawr ar waith ym mron pob agwedd ar fywyd Cymru: diwydiant, amaethyddiaeth, trafnidiaeth, addysg, llên, cerddoriaeth, crefydd, gwleidyddiaeth, a llawer maes arall. Gadewch inni fanylu ar ambell un ohonynt, yn enwedig yn eu cysylltiad â Charnhuanawc.

Yn un peth, cafwyd newidiadau demograffig enfawr. Brodor o Sir Frycheiniog oedd Carnhuanawc, ac mewn rhannau o'r sir honno y bu'n byw ar hyd ei oes. Sir wledig, heb boblogaeth ddwys na threfi mawrion, oedd Sir Frycheiniog ei blentyndod—fel y rhan fwyaf o Gymru ar y pryd. Fe'i ganed yng ngogledd y sir, yng nghyffiniau Llanfair-ym-Muallt, mewn ardal sy'n parhau yn bur wledig. Mae hynny'n wir hefyd hyd heddiw am yr ardal yng nghyffiniau Crucywel yn ne-ddwyrain y sir lle y bu'n gwasanaethu yn offeiriad Anglicanaidd o 1813 hyd ei farw yn 1848. Ond wrth symud i ardal Crucywel, roedd yn dod o fewn cyrraedd agos i'r datblygiadau diwydiannol aruthrol y bu de-ddwyrain Cymru yn dyst iddynt yn ystod ail hanner y ddeunawfed ganrif ac yn fwy byth yn hanner cyntaf y ganrif nesaf, yn sgil twf y diwydiant haearn i ddechrau ac yna'r twf mawr yn y diwydiant glo.

Cymoedd de-ddwyrain Cymru oedd un o'r ardaloedd allweddol yn y chwyldro diwydiannol a welwyd yn ystod oes Carnhuanawc, datblygiad a olygodd fod y Gymru o lai na hanner miliwn ei phoblogaeth y ganed ef iddi yn 1787, a'r boblogaeth honno wedi ei gwasgaru'n weddol denau ar hyd y wlad, erbyn ei farw yn 1848 wedi mwy na dyblu yn ei nifer, a llawer o drigolion Cymru bellach yn byw mewn trefi diwydiannol byrlymus a chynhyrfus. Awgrym o anferthedd y newidiadau cymdeithasol a demograffaidd hyn yw'r ffaith fod poblogaeth de-ddwyrain Cymru wedi neidio o tua 100,000 yn 1800 i tua 400,000 yn 1850; ac roedd y newidiadau hynny i'w gweld, yn llythrennol bron, o stepyn drws Carnhuanawc, oherwydd roedd y datblygiadau diwydiannol sylweddol a brofodd ardal Blaenau'r Cymoedd yn ystod ei fywyd ond ychydig filltiroedd i'r de o Grucywel: yn wir, roedd rhannau o rai o'r plwyfi a oedd dan ei ofal yn cynnwys mannau megis Cendl (*Beaufort*) a Chwm Clydach, a oedd erbyn dechrau'r bedwaredd ganrif ar bymtheg yn cyflogi cannoedd o weithwyr yn y diwydiant haearn, a'r gwastraff diwydiannol yn Afon Clydach (meddai Theophilus Jones yn 1809 yn ei *History of the County of Brecknock*) yn 'prejudicial to the fish'.

Cafwyd newidiadau gwleidyddol mawr hefyd yn ystod oes Carnhuanawc. Roedd Cymru ei fachgendod yn parhau yn bur geidwadol, a llawer yn dal i godi cap i'r sgweier, ac yn ddigon hapus i wneud hynny a derbyn eu lle yn yr hierarchaeth gymdeithasol. Ond roedd hadau cyfnewidiadau mawr yn y tir erbyn ail hanner y ddeunawfed ganrif, a'r hen drefn gymdeithasol yn cael ei herio'n gynyddol. Arwydd o'r twf mewn radicaliaeth a oedd yn dechrau dwyn ffrwyth yng Nghymru erbyn cyfnod geni Carnhuanawc oedd Rhyfel Annibyniaeth

Cofeb Carnhuanawc ym mynwent Eglwys Llanfihangel Cwm Du

America yn 1775-83 ac yna'r Chwyldro Ffrengig yn 1789, a'u pwyslais (dan ddylanwad yr athronydd Cymreig, Richard Price, i raddau) fod yr awdurdod i lywodraethu yn tarddu oddi isod, oddi wrth y bobl, ac nid oddi uchod. Ac aeth y radicaliaeth honno ar gynnydd mawr yn hanner cyntaf y bedwaredd ganrif ar bymtheg, cyfnod a welodd lawer o brotestio, a therfysgu yn wir, er mwyn ennill hawliau i'r bobl gyffredin. A golygai hyn fod Cymru'n wlad fwy radical o lawer ei gwleidyddiaeth erbyn marw Carnhuanawc yn 1848 nag ydoedd yn ei blentyndod.

Ac roedd newidiadau mawr ar droed yn grefyddol. Roedd Carnhuanawc yn fab i offeiriad Anglicanaidd, a bu ef ei hun yn offeiriad yn yr Eglwys Wladol ar hyd ei yrfa. Roedd yr eglwys honno yn rhan ganolog o'r bywyd cymdeithasol yng Nghymru adeg geni Carnhuanawc. Hi oedd yr eglwys sefydledig. Yn ogystal â'r disgwyl i bobl fynychu ei gwasanaethau, ac i gael eu bedyddio, eu priodi a'u claddu ganddi, roedd hefyd trwy ei heglwysi plwyf yn darparu adloniant cymunedol— trwy'r gwyliau mabsant, er enghraifft, a'r chwaraeon a gynhelid yn eu mynwentydd—ac roedd gan y plwyf hefyd gyfrifoldebau am bethau sydd erbyn heddiw yn rhan o lywodraeth seciwlar, megis gofal am y tlodion ac am drwsio'r ffyrdd. Ac roedd llawer o Gymry'r ddeunawfed ganrif yn ymagweddu'n gadarnhaol iawn tuag at Eglwys Loegr, yn enwedig yn hanner cyntaf y ganrif. Mae gweithiau rhyddiaith enwog a dylanwadol Ellis Wynne a Theophilus Evans yn dyst i hynny; a chawn y baledwyr, hwythau, yn sôn amdani fel 'yr Eglwys olau, hawddgara', llona' ei llun'. Hi oedd yr Hen Fam i lawer, ac ychydig iawn a oedd yn ymneilltuo oddi wrthi: roedd naw o bob deg o bobl Cymru yn aelodau ohoni (mewn enw, o leiaf) ar ddechrau'r ganrif.

Ond fel yn achos demograffeg a gwleidyddiaeth, roedd newidiadau mawr ar droed ym myd crefydd yn ystod oes Carnhuanawc. Un o'r datblygiadau mwyaf arwyddocaol oedd y gyfres o adfywiadau ysbrydol a ddechreuodd gyda'r Diwygiad Methodistaidd (neu'r Diwygiad Efengylaidd) yn yr 1730au ac a ymestynnodd ymhell i mewn i'r bedwaredd ganrif ar bymtheg. Rhaid cofio mai mudiad adnewyddol y tu mewn i'r Eglwys Wladol oedd Methodistiaeth ar y dechrau. Yr hyn a ddaeth gyda'r Diwygiad Methodistaidd oedd nid credoau newydd— roedd y Methodistiaid yn ddigon bodlon ar 39 Erthygl Eglwys Loegr fel mynegiant o'u cred—ond yn hytrach bwyslais trwm ar yr angen am brofiad personol o'r iachawdwriaeth yng Nghrist; ei bod yn angenrheidiol credu â'r galon yn ogystal â'r pen. Roedd yr arweinwyr ar hyd y ddeunawfed ganrif yn bendant eu bod am i'r Methodistiaid aros yn aelodau o'r Eglwys Wladol. Ond ar yr un pryd, deuent at ei gilydd mewn cyfundrefn o seiadau yn lleol a sasiynau yn genedlaethol a oedd yn gyfyngedig i rai a rannai'r un dyheadau ac argyhoeddiadau ysbrydol. Golygai hynny fod y mudiad yn ymarferol yn gweithredu'n gynyddol fel enwad Anghydffurfiol, a chanlyniad hyn yn y pen draw oedd i'r Methodistiaid dorri eu cysylltiad â'r Eglwys Anglicanaidd yn ffurfiol yn 1811 trwy ordeinio eu gweinidogion eu hunain.[1]

Ar ben hynny, erbyn tua adeg geni Carnhuanawc, dechreuodd yr Hen Ymneilltuwyr (a'r Annibynwyr a'r Bedyddwyr yn benodol), a fuasai'n enwadau digon gwan at ei gilydd, dyfu'n arwyddocaol wrth i'r ysbryd Methodistaidd, diwygiadol, gydio ynddynt hwythau hefyd. Yn sgil hynny, gwelwyd twf mawr mewn efengylyddiaeth yn niwedd y ddeunawfed ganrif a dechrau'r ganrif nesaf, nes creu'r hyn a alwodd R. Tudur Jones yn 'gonsenswe efengylaidd' a gydiai'r rhan fwyaf o Gristnogion Cymru wrth ei gilydd.[2] Fel y gwelir ym mhenodau eraill y gyfrol hon, roedd nifer yn yr Eglwys Wladol (gan gynnwys Carnhuanawc ei hun) yn efengylaidd eu hargyhoeddiadau, ond yr enwadau Anghydffurfiol (a gynhwysai'r Methodistiaid Calfinaidd a Wesleaidd erbyn hynny) oedd y rhai y dylanwadwyd fwyaf arnynt gan yr adfywiadau efengylaidd, ac yn sgil hynny gwelwyd twf aruthrol mewn Anghydffurfiaeth. Ac arwydd o'r newidiadau crefyddol mawr a brofodd Cymru yn ystod oes Carnhuanawc yw'r ffaith fod capel yn agor unwaith yr wythnos ar gyfartaledd yn hanner cyntaf y bedwaredd ganrif ar bymtheg a bod tua phedwar o bob pump o'r bobl a fynychai le o addoliad adeg ei farw yn 1848 yn mynd i gapel yn hytrach nag i eglwys y plwyf.

Y peth arall a welwyd oedd yr Anghydffurfiaeth honno'n mynd yn gynyddol radicalaidd wrth i'r ganrif fynd yn ei blaen. Roedd y Methodistiaid wedi bod yn ddigon ceidwadol a llonydd eu hosgo yn wleidyddol. Ond yn awr, wrth iddynt ddod yn swyddogol yn Anghydffurfwyr, dyma hwythau yn ymradicaleiddio fwyfwy. A chanlyniad hyn oll oedd bod y gwrthdaro rhwng yr Ymneilltuwyr ac Eglwys Loegr wedi dwysáu'n fawr erbyn marw Carnhuanawc, wrth i'r Anghydffurfwyr ddod yn fwy o rym cymdeithasol ac yn barotach i herio safle breintiedig yr Eglwys Wladol. A'r hyn a welwn erbyn anterth hegemoni Anghydffurfiaeth yng Nghymru Oes Fictoria yw'r Eglwys Sefydledig bellach yn cael ei hystyried yn 'Hen Estrones' yn hytrach nag yn 'Hen Fam' oherwydd Seisnigrwydd ei haenau uwch a'r ffaith nad hi bellach oedd cartref crefyddol y rhan fwyaf o bobl Cymru.

Ar lawer cyfrif, felly, roedd Cymru'n wlad wahanol iawn erbyn i Garnhuanawc farw i'r hyn ydoedd adeg ei eni. A dyna, fel y gwelwn, un o'r rhesymau iddo fynd braidd yn angof. Oherwydd, er i'r Gymru wledig, geidwadol, hierarchaidd ac Anglicanaidd y ganed ef iddi ddiflannu'n gynyddol o flaen ei lygaid, gellid dweud amdano ei fod, hyd ei fedd, yn perthyn i gryn raddau i'r hen Gymru honno, ac yn fwy cartrefol yn yr hen nag yn y newydd. Yn un peth, ymgartrefodd yn llythrennol ar hyd ei oes yn y Gymru wledig, er mor agos ydoedd yn ddaearyddol am lawer o'i fywyd at y Gymru ddiwydiannol newydd. Ymhellach, roedd ef—fel ei brif noddwraig, Augusta Hall, Arglwyddes Llanofer—yn geidwadol yn wleidyddol. Roedd y ddau, er enghraifft, yn elyniaethus i Siartiaeth, ac roedd y ddau hefyd yn symud mewn cylchoedd gwladgarol Cymreig yr oedd haenau uwch y gymdeithas yn bur amlwg ynddynt, fel y gwelwn o'r rhwysg a nodweddai orymdeithiau lliwgar Cylchwyliau Cymdeithas

Cymreigyddion Y Fenni. Wedi dweud hynny, mae'n bwysig cofio bod Carnhuanawc yn dyrchafu'r werin. Fel y dywedodd John Davies yn ei *Hanes Cymru*:

> Ledled Ewrop yn hanner cynta'r [19eg] ganrif, bu gwŷr amryddawn, egnïol—clerigwyr gan amlaf—a'u bryd ar roi urddas i ddiwylliant grwpiau ethnig (neu genhedloedd) anfreintiedig. Yng Nghymru, Carnhuanawc yw'r enghraifft fwyaf llachar o'r ffenomen hon. Fe'i hysbrydolwyd gan yr un syniadau ag a ysbrydolai'r athronydd Almaenig, Herder (1744-1803), sef fod pob diwylliant ethnig yn unigryw werthfawr, ac mai'r lliaws tlawd yw gwarcheidwaid y diwylliannau hynny. Mynegodd droeon ei edmygedd o'r 'werin bobl a oedd yn coleddu iaith a llên y genedl'; taranodd yn erbyn offeiriaid di-Gymraeg [...][3]

Felly, mawrygid y werin bobl gan Garnhuanawc am eu rhan yn diogelu'r Gymraeg a'i diwylliant, ac fe'u canmolodd yn benodol am eu cefnogaeth i'r wasg Gymraeg. Dywedir hefyd y byddai, yn lle mynychu ciniawau crand y gwŷr bonheddig mewn eisteddfod, yn dewis yn hytrach giniawa gyda'r beirdd mewn tafarnau mwy gwerinol. Ond eto, gellid tybio mai fel haen bwysig yn yr hen gymdeithas Gymreig hierarchaidd ond cyfunol y syniai ef am y werin bobl uwchlaw dim, yn hytrach nag yng nghyd-destun y tyndra a'r chwalu cymdeithasol a welid yn gynyddol o'i gwmpas, rhwng mudiadau protest fel y Siartiaid a Beca ar y naill law a thwf Ymneilltuaeth ar y llall.

Arhosodd Carnhuanawc yn deyrngar i'r Eglwys Wladol ar hyd ei oes, er gwaethaf y Seisnigrwydd a nodweddai'r Eglwys honno ar y pryd, yn enwedig ymhlith yr haenau uwch—yr esgyb Eingl a'u tylwyth y taranodd Ieuan Fardd gymaint yn eu herbyn—a hynny mewn cyferbyniad llwyr â'i sêl eirias dros y Gymraeg. Arhosodd, felly, yn ffyddlon i'r Hen Fam mewn cyfnod a welodd dwf byrlymus mewn Anghydffurfiaeth yng Nghymru. Er hynny, mae'n werth pwysleisio bod Carnhuanawc yn bur eciwmenaidd ei ysbryd ac yn barod i gydweithio o blaid y Gymraeg â phobl o ddaliadau pur wahanol iddo yn grefyddol ac yn wleidyddol. Ond fel yr awgrymwyd eisoes, datblygai'r tensiynau crefyddol a gwleidyddol

Eglwys Llanfihangel Cwm Du

yn gynyddol begynol yng Nghymru erbyn iddo farw yn 1848, nid lleiaf oherwydd yr hyn a ddigwyddodd flwyddyn cyn ei farw, sef Brad y Llyfrau Gleision.[4]

Adroddiadau seneddol ar gyflwr addysg yng Nghymru oedd y Llyfrau Gleision hyn. Fe'u hargraffwyd yn Nhachwedd 1847, ac ynddynt ymosodwyd yn llym gan y tri chomisiynydd—Saeson a oedd, bob un, yn Anglicaniaid ac yn ddi-Gymraeg—ar safonau addysgol, diwylliannol a moesol y Cymry, gan briodoli'r diffygion hynny i'r iaith Gymraeg ac i Ymneilltuaeth. Roedd rhai Anglicaniaid pybyr eu gwladgarwch Cymreig, megis Jane Williams 'Ysgafell' (1806–85), ar flaen y gad yn amddiffyn y Cymry rhag ymosodiadau'r Llyfrau Gleision,[5] ond yr argraff gyffredinol a gafwyd oedd mai enghraifft oedd yr adroddiadau o ymosodiadau rhagfarnllyd a gwenwynig gan Anglicaniaid ceidwadol Seisnig ar y Cymry, a oedd erbyn hynny gan mwyaf yn Ymneilltuwyr radicalaidd Cymreig. A dyma'r cyfnod y gwelwn arweinwyr Anghydffurfiol a Rhyddfrydol yn dod i'r amlwg fel arwyr yn amddiffyn enw da'r Cymry, gan hybu'r syniad 'mai pobl y capel oedd yr unig Gymry go-iawn, a bod Cymreictod yn gyfystyr ag Anghydffurfiaeth'.[6] Nid oedd Carnhuanawc—yr Anglican ceidwadol ei wleidyddiaeth, a oedd yr un pryd mor selog o blaid Cymru, ei hanes, ei hiaith a'i diwylliant—yn ffitio'r ddelwedd honno; a chan mai'r buddugwyr sy'n ysgrifennu hanes, ac oherwydd marw annhymig Carnhuanawc ychydig wedi cyhoeddi'r Llyfrau Gleision, y duedd oedd rhoi iddo le llai amlwg o dipyn na'i haeddiant yn y gwaith o hyrwyddo gwladgarwch Cymreig a'r diwylliant Cymraeg. Hynny yw, fe'i hysgrifennwyd ef a'i gyfraniad allan o hanes Cymru i gryn raddau.

Ond gadewch inni fanylu ychydig ar ei fywyd, ei gymeriad a'i gyfraniad. Magwyd ef ym mhlwyf Llanfihangel Brynpabuan yng ngogledd Sir Frycheiniog. Symudodd y teulu i dref Llanfair-ym-Muallt yn 1800 ac yna, yn 1805, aeth Carnhuanawc i'r ysgol ramadeg yn Aberhonddu a'i fryd ar fynd i'r offeiriadaeth. Yn Aberhonddu daeth dan ddylanwad yr hanesydd nodedig Theophilus Jones (1759–1812), a oedd yn ŵyr i Theophilus Evans, awdur *Drych y Prif Oesoedd*. Cyhoeddwyd ei *History of the County of Brecknock* yn ddwy gyfrol, yn 1805 ac 1809, a Charnhuanawc a wnaeth lawer o'r lluniau sydd yn yr ail gyfrol. Trysor pennaf llyfrgell Carnhuanawc oedd un o lawysgrifau hynaf y Gymraeg, Llyfr Aneirin, a oedd yn ei feddiant am iddo ei hetifeddu oddi wrth Theophilus Jones.

Fel nifer o offeiriaid Anglicanaidd, roedd gan dad Carnhuanawc ddiddordeb mawr mewn hynafiaethau. Roedd ei fam, wedyn, yn hawlio ei bod yn disgyn oddi wrth Elystan Glodrydd, 'tad' un o bum llwyth brenhinol Cymru. Ar ben hynny, magwyd Carnhuanawc nid nepell o Gilmeri, a diddorol ei weld yn ei *Hanes Cymru* yn tynnu ar ei wybodaeth am draddodiadau a daearyddiaeth ei fro wrth drafod lladd Llywelyn y Llyw Olaf. Rhwng y cwbl, felly, nid yw'n syndod fod gan Garnhuanawc ddiddordeb ysol mewn hanes a hynafiaethau ar hyd ei fywyd. Tyst amlwg o hynny yw ei gyfrol *Hanes Cymru*. Roedd honno'n gryn gampwaith yn ei dydd, yn 806 tudalen i gyd ac yn olrhain hanes cenedl y Cymry o'r cynoesoedd hyd at farwolaeth y Llyw Olaf, er bod ganddo hefyd sylwadau diddorol a dadlennol yn nhudalennau olaf y gyfrol wrth iddo fraslunio hanes Cymru mewn cyfnodau diweddarach, megis yr adran ar ymosodiad y Siartiaid ar Gasnewydd yn 1839.

Mae'n werth ychwanegu hefyd fod yr aelwyd y magwyd Carnhuanawc arni yn un Gymraeg ddiwylliedig, a nodweddid gan sain y delyn a dawnsio a chan adrodd chwedlau a barddoniaeth, gan gynnwys gwaith Dafydd ap Gwilym. 'In the winter's night', meddai, 'I sat in the circle around the fire, under the spacious chimney piece, and listened to the songs and traditions of the peasantry.' Nid rhyfedd, felly, iddo ymddiddori'n fawr dros y blynyddoedd yn niwylliant y werin, a chyfrannodd yn arwyddocaol at ddod â bri newydd i'r delyn, ac yn enwedig y delyn deires.[7]

Fel ei dad, aeth Carnhuanawc yn offeiriad Anglicanaidd. Bu'n gurad yn Sir Faesyfed rhwng 1811 ac 1813, er iddo barhau i fyw yn Llanfair-ym-Muallt yn ystod y cyfnod hwnnw. Yna, yn 1813, aeth yn gurad i rai plwyfi yn ne-ddwyrain Sir Frycheiniog, gan symud i fyw i Grucywel. Yn 1825 penodwyd ef yn ficer Llanfihangel Cwm Du, tua phum milltir i'r gogledd o Grucywel, ond parhaodd i fyw yng Nghrucywel hyd 1841, pan symudodd i bersondy a gododd yn Llanfihangel Cwm Du, ac yno y bu farw yn Nhachwedd 1848 a'i gladdu ym mynwent yr eglwys. Penodwyd ef yn ddeon gwlad yn 1832, ac arweiniodd hynny at dipyn o wrthdaro rhyngddo a rhai o offeiriaid yr ardal a oedd dan ei ofal oherwydd ei frwdfrydedd dros ddefnyddio'r Gymraeg yng ngwasanaethau'r Eglwys Wladol.

Arhosodd Carnhuanawc yn ddibriod ar hyd ei fywyd. Roedd yn un tal a main ac yn olygus iawn, ac yn ogystal â bod yn hardd ei olwg, roedd hefyd yn gymeriad dengar, yn addfwyn a charedig ac yn llawn sêl ac afiaith. Mae ei enw barddol, 'Carnhuanawc', a ddefnyddiodd am y tro cyntaf yn y cylchgrawn *Seren Gomer* yn 1821 (mewn cyfres o erthyglau ar 'Yr Iaith Geltaeg'), yn pwysleisio ei gymeriad siriol a llawen, oherwydd ei ystyr yw 'carn heulog'. Ysgrifennodd dan nifer o ffugenwau eraill, rhai ohonynt yn ddigon anghyffredin a gogleisiol, megis 'Ugnach ap Mydno' a 'Gorddorbrongorfod', a'r rheini'n amlygiad o'i hiwmor hwyliog; ond 'Carnhuanawc' oedd yr un a lynodd.

Roedd yn hael wrth y tlodion, ac yn hoff iawn o blant. Roedd yn hoff iawn hefyd o fyd natur. Cadwai nifer o anifeiliaid anwes, megis Gwenny y gwdihŵ, a achubodd oddi wrth fechgyn a oedd yn ei cham-drin, a Bobby y ffured, a fyddai'n rhedeg lan ei goes er mwyn bwyta ei swper o fara llaeth ar y ford; ac roedd Carnhuanawc yn arbennig o hoff o ddraenogod. Fel Iolo Morganwg, roedd yn well ganddo gerdded na mynd ar gefn ceffyl. Roedd hefyd yn debyg mewn sawl ffordd arall i'w gyfoeswr hŷn. Fel Iolo, ymddiddorai'n fawr yn hanes Cymru a'i llên, nid lleiaf yn y derwyddon ac mewn hynafiaethau megis carnau a chromlechi a meini hir. Fel Iolo, roedd yn angerddol ei gariad tuag at Gymru a'r

Thomas Price 'Carnhuanawc'

Gymraeg; ac fel Iolo, roedd hefyd yn bolymath ac yn hynod amryddawn ac amlochrog. Roedd Carnhuanawc nid yn unig yn awdur ac yn offeiriad ond hefyd, ymhlith pethau eraill, yn feirniad eisteddfodol, yn ieithydd, yn gerddor, yn arlunydd ac yn grefftwr, ac ymestynnai ei ddiddordebau i gyfeiriadau mor amrywiol â daeareg, astronomeg a saethyddiaeth. Dywedir am Lewis Morris o Fôn 'y medrai wneud telyn a'i chwarae', a gellid dweud yn debyg am Garnhuanawc—gan ychwanegu y medrai hefyd ganu'r ffliwt a'r gitâr. Yn wahanol i Iolo, nid oedd yn fardd, ac roedd yn gymeriad llawer mwy hawddgar ac agos-atoch na Iolo. Roedd yn areithiwr grymus, gwefreiddiol, a chanddo'r ddawn i ysbrydoli a chyfannu; a rhwng popeth, daeth yn dipyn o eilun cenedl.

Wrth orffen, gadewch inni droi yn fyr at y tri phen sydd yn nheitl y bennod hon, sef Cymreigydd,[8] Celt a Christion. Roedd Carnhuanawc ar dân dros y Gymraeg, gan wneud ei orau i'w hyrwyddo ym mhob cyd-destun. Fe'i hybodd yn gyfrwng addysg mewn ysgolion dyddiol ac Ysgolion Sul. Er enghraifft, anfonodd at nifer o gyfnodolion yn niwedd 1833 yn eu hysbysu bod Cymdeithas Cymreigyddion Y Fenni, a oedd newydd ei sefydlu, wedi galw ar ei holl aelodau i ymrwymo hyd y gallent 'i roddi addysg yn yr iaith Gymraeg idd eu plant ar ryw ran o bob dydd yn yr ysgolion wythnosol yn gystal ag ar y Sabbothau, a pheidio cefnogi un ysgol lle ni fabwysiedir y drefn hon'; ac aeth Carnhuanawc yn ei flaen i annog pawb a oedd yn caru'r Gymraeg i wneud yn gyffelyb. Nid syndod, felly, yw ei weld yn derbyn gwg a gwawd yn y Llyfrau Gleision oherwydd ei gariad at y Gymraeg.

Ceisiodd ei orau hefyd i hybu'r defnydd o'r Gymraeg yn yr Eglwys— talcen digon caled ar lawer ystyr. Ni phenodwyd yr un esgob Cymraeg ei iaith i unrhyw un o bedair esgobaeth Cymru rhwng 1715 ac 1870, a gwelwyd llawer o benodi offeiriaid di-Gymraeg i blwyfi lle yr oedd y mwyafrif o'r plwyfolion yn ddi-Saesneg. Roedd Carnhuanawc yn amlwg iawn ymhlith y rheini a godai lais yn groch yn erbyn y Seisnigo hwnnw. A chymaint oedd ei gariad at ei wlad nes iddo ddweud y byddai'n gwrthod cael ei ddyrchafu'n archesgob Caer-gaint pe bai hynny'n golygu byw y tu allan i Gymru.

Roedd Carnhuanawc yn aelod amlwg o'r cylch o offeiriaid gwlatgar a lysenwyd gan yr hanesydd R.T. Jenkins yn hen bersoniaid llengar. Buont yn weithgar iawn yn hybu'r Gymraeg a'i llên, a hanes a hynafiaethau Cymru, gan gyfrannu'n sylweddol at y deffroad cenedlaethol a diwylliannol a oedd ar droed o tua 1818 ymlaen. Ymhlith eu cyfraniadau, gellid nodi eu hymdrechion i gyhoeddi cynnwys yr hen lawysgrifau canoloesol a'u gwaith yn hybu'r mudiad eisteddfodol, a arweiniodd yn y pen draw at greu'r Eisteddfod Genedlaethol erbyn 1861, ac roedd cyfraniad Carnhuanawc yn allweddol i'r naill fel y llall.

Ond ni chyfyngodd Carnhuanawc ei weithgarwch i gylch yr offeiriaid llengar. Fel yr awgrymwyd eisoes, ymdrechodd i ddenu bonedd a gwrêng i gefnogi'r Gymraeg. Roedd yn barod i gydweithio â phawb yn y dasg o hyrwyddo Cymru a'r diwylliant Cymraeg, ac yn hynny o beth roedd yn bontiwr ac yn ysbrydolwr hynod bwysig. Ac ymestyniad o'i wladgarwch Cymreig oedd ei ddiddordeb yn y gwledydd Celtaidd eraill a'r byd Celtaidd yn gyffredinol. Ysgrifennai ar agweddau ar y pwnc ac ymwelodd â'r Alban, Iwerddon a Chernyw, ond ymddiddorai'n arbennig yn Llydaw. Dechreuodd ei ddiddordeb wrth ddod ar draws Llydawyr o lynges Ffrainc a oedd yn garcharorion rhyfel yn Aberhonddu pan oedd ef yn fyfyriwr yn y dref; a byddai hefyd yn nes ymlaen yn dod i gysylltiad â nifer o Lydawyr yng nghyd-destun Cylch Llanofer a Chymreigyddion Y Fenni. Chwaraeodd Carnhuanawc ran bwysig yn yr ymgyrch o tua 1819 ymlaen i gael cyfieithiad o'r Beibl i'r Llydaweg, ac roedd digon o Lydaweg ganddo i arolygu gwaith cyfieithydd y Testament Newydd i'r iaith honno.[9]

Mae ei waith gyda'r Beibl Llydaweg yn arwain yn naturiol at ein trydydd pen, sef Carnhuanawc y Cristion. Roedd, wrth gwrs, yn offeiriad Anglicanaidd wrth ei broffes, ond mae'n werth pwysleisio bod ei argyhoeddiadau Cristnogol yn gwbl sylfaenol i bob agwedd ar ei fywyd a'i waith, ac yn lliwio ac yn llywio'r cyfan. Gwelwn ei Gymreictod a'i Geltigiaeth a'i Gristnogaeth yn dod ynghyd mewn ffordd amlwg yn ei ymgyrchu dros y defnydd o'r Gymraeg yng ngwasanaethau'r Eglwys Wladol ac yn ei gefnogaeth i waith y Feibl Gymdeithas: yn annog y gymdeithas honno i gyhoeddi Beibl Llydaweg, er enghraifft, ac yn hybu sefydlu canghennau ohoni. Yn wir, ym mhob man yr âi, anogai sefydlu cymdeithas Gymreigyddol a changen o'r Feibl Gymdeithas. A gwelwn ym mharagraff olaf ei *Hanes Cymru* ddatganiad grymus sy'n dangos yn glir y berthynas rhwng ei Gymreictod a'i Gristnogaeth. O ran dyfodol y Gymraeg, meddai, nid oedd yn hyderu ar 'hen ddaroganau' megis 'A'u hiaith a gadwant', ond yn hytrach yn pwyso 'mewn gobaith ymddiriedol' ar hyn:

> sef, tra y parha'r Iaith Gymraeg i fod yn offeryn o daeniad gwybodaeth ysgrythyrol, ac yn gyfrwng gwirionedd; tra y parhao hi i fod yn iaith y weinidogaeth Gristionogol; mewn gair, tra y pregethir yr Efengyl yn y Iaith Gymraeg, na fydd i'r Hollalluog Dduw adael i'r iaith honno gael ei diffodd, na'r genedl a'i harfera gael ei dileu o'r tir.

Arian byw o ddyn oedd Carnhuanawc, a chanddo bersonoliaeth atyniadol a'r gallu i ysbrydoli a sbarduno. Roedd ganddo fys ym mhob brywes o blaid y Gymraeg. Yn wir, gellid dweud mai ef, i raddau helaeth, oedd y glud a glymai'r holl fudiad gwladgarol Cymreig at ei gilydd yn ei amrywiol agweddau yn y cyfnod rhwng 1818 ac 1848, ar draws pob gwahaniaeth gwleidyddol, crefyddol ac yn y blaen. Er i'r mudiad Cymreigyddol barhau am rai blynyddoedd wedi ei farw'n 61 oed yn niwedd 1848, heb Garnhuanawc roedd y cymdeithasau hynny (meddai'r bardd Islwyn mewn marwnad hir iddo) yn 'gyrff heb anadl'.

Bu farw Carnhuanawc ar adeg dyngedfennol, yn syth ar ôl Brad y Llyfrau Gleision ac ar ddechrau agor cyfnod o begynu mawr rhwng yr Anglicaniaid a'r Anghydffurfwyr. Mae Simon Brooks yn ei gyfrol *Pam na fu Cymru* (2015), wrth ofyn pam na ddatblygodd mudiad cenedlaethol llwyddiannus yng Nghymru, fel a ddigwyddodd yn y rhan fwyaf o genhedloedd bychain canolbarth a dwyrain Ewrop yn y bedwaredd ganrif ar bymtheg, yn awgrymu mai rhan fawr o'r rheswm oedd am fod y genedl Gymreig wedi ei hailddiffinio erbyn tua 1850 ar seiliau Anghydffurfiol-Rhyddfrydol a wthiodd wladgarwch ceidwadol, Herderaidd—sef bydolwg Carnhuanawc—o'r neilltu. Ac un o'r 'petai a phetasai' mawr yn hanes Cymru yn y cyfnod modern yw pa mor wahanol fuasai ei hanes pe bai Carnhuanawc wedi cael byw i mewn i ail hanner y bedwaredd ganrif ar bymtheg.

DARLLEN PELLACH

Hywel Teifi Edwards, *Yr Eisteddfod* (Llys yr Eisteddfod Genedlaethol, 1976).

Mari Ellis, *Carnhuanawc: Y Parch. Thomas Price 1787-1848* (Caerdydd: Cymdeithas Carnhuanawc, [1993]) – adargraffiad o erthygl yn *Yr Haul*, Gaeaf 1974, ynghyd ag atodiad o farddoniaeth am Garnhuanawc.

E. Wyn James, 'Thomas Burgess a Charnhuanawc', *Barn*, 366/7 (Gorffennaf/Awst 1993), 35-7.

Alan Jobbins, *Gwlad Carnhuanawc (Thomas Price): Yr Arwr Oesol* ([Caerdydd: Cymdeithas Carnhuanawc, 2004]).

Huw Pryce, *Writing Welsh History* (Oxford: Oxford University Press, 2022), pennod 10.

Mair Elvet Thomas, *Afiaith yng Ngwent: Hanes Cymdeithas Cymreigyddion Y Fenni 1833-1854* (Caerdydd: Gwasg Prifysgol Cymru, 1978).

The Literary Remains of the Rev. Thomas Price, ed. Jane Williams, Ysgafell, 2 volumes (Llandovery: William Rees, 1854-5) – mae cofiant sylweddol iddo gan Jane Williams yn yr ail gyfrol.

Alun Llywelyn-Williams, *Crwydro Brycheiniog*, Ail argraffiad (Abertawe: Christopher Davies, 1977).

Stephen J. Williams, 'Carnhuanawc (1787-1848): Eisteddfodwr ac ysgolhaig', *Trafodion Anrhydeddus Gymdeithas y Cymmrodorion*, Sesiwn 1954 (1955), 18-30.

---

[1] Rwy'n trafod natur y mudiad Methodistaidd yn y 18fed ganrif yn 'Lewis Evan, Richard Tibbott and the Methodist Revival', *Cylchgrawn Cymdeithas Hanes y Methodistiaid Calfinaidd*, 44 (2020), 29-52. Ar y seiadau profiad, gweler R. Geraint Gruffydd, *Y Gair a'r Ysbryd: Ysgrifau ar Biwritaniaeth a Methodistiaeth*, gol. E. Wyn James (Bangor: Gwasg Bryntirion, 2019).

[2] Gweler, er enghraifft, lyfrynnau R. Tudur Jones, *John Elias: Pregethwr a Phendefig* (Pen-y-bont ar Ogwr: Mudiad Efengylaidd Cymru, 1975) a *Duw a Diwylliant: Y Ddadl Fawr, 1800-1830* (Amgueddfa Werin Cymru, 1986), ynghyd â nifer o'r eitemau yn y casgliad o'i ysgrifau, *Grym y Gair a Fflam y Ffydd*, gol. D. Densil Morgan (Bangor: Canolfan Uwch-Efrydiau Crefydd yng Nghymru, Prifysgol Cymru, Bangor, 1998).

[3] John Davies, *Hanes Cymru* (Llundain: Allen Lane/The Penguin Press, 1990), tt. 372-3. Ar ddylanwad Herder ar Gylch Llanofer a'r hen bersoniaid llengar, gweler E. Wyn James, 'Michael D. Jones: Y cyfnod ffurfiannol cynnar', yn *Michael D. Jones a'i Wladfa Gymreig*, gol. E. Wyn James a Bill Jones (Llanrwst: Gwasg Carreg Gwalch, 2009), tt. 42-7.

4. *Brad y Llyfrau Gleision*, gol. Prys Morgan (Llandysul: Gwasg Gomer, 1991).
5. *Cambrian Tales and Other Selected Writings Jane Williams, Ysgafell*, ed. Gwyneth Tyson Roberts (Dinas Powys: Honno Press, 2023).
6. Davies, *Hanes Cymru*, t. 377.
7. Ann Rosser, *Telyn a Thelynor: Hanes y Delyn yng Nghymru 1700–1900* (Amgueddfa Werin Cymru, 1981); Mair Roberts, *Seiri Telyn Cymru* (Llanrwst: Gwasg Carreg Gwalch, 1992). Ar Garnhuanawc a diwylliant y werin, gweler Mari Ellis, 'Y personiaid llengar a llên y werin', yn *Gwerin Gwlad*, Cyfrol 1, gol. E. Wyn James a Tecwyn Vaughan Jones (Llanrwst: Gwasg Carreg Gwalch, 2008), pennod 5.
8. Ystyr 'Cymreigydd' yn ôl *Geiriadur Prifysgol Cymru* yw 'gŵr hyddysg yn y Gymraeg, ysgolhaig Cymraeg, coleddwr y Gymraeg'. Am y mudiad Cymreigyddol a ffynnodd yn hanner cyntaf y 19eg ganrif, a rhan Carnhuanawc ynddo, gweler f'erthygl, 'Calfin, Cymreigyddion a Brycheiniog', *Llên Cymru*, 38 (2015/16), 39–43, 50.
9. Dewi Morris Jones, 'Cenhadaeth y Bedyddwyr yn Llydaw', *Trafodion Cymdeithas Hanes y Bedyddwyr*, 1991, 8–10, 16; Noel Gibbard, ' "Lending my feeble hand to the cause of the Bible": David Jones and the effort to provide a Bible for Brittany', *Cylchgrawn Cymdeithas Hanes y Methodistiaid Calfinaidd*, 32 (2008), 113–33.

8

Ffion Mair Jones

GWALLTER MECHAIN AC IFOR CERI

> I am slowly on my way to Meivod. I began my way last Saturday morning, had rain all the day, but reached Stoketon church, 38 miles from London that day, wet as a drowned rat ...
>
> P.S. Glorious news from St Domingo. The blacks are soundly drubbing the white devils, nicknamed men, llwyddiant iddynt.[1]

Walter Davies 'Gwallter Mechain' (1761–1849) a John Jenkins 'Ifor Ceri' (1770–1829), dwy bersonoliaeth ganolog i fyd hynafiaethau Cymreig yn hanner cyntaf y bedwaredd ganrif ar bymtheg ac i ddatblygiad adfywiad Cymreig a Chymraeg ei iaith eu cyfnod, yw testun y bennod hon. Fe'u cyflwynir yn anuniongyrchol ar adeg a ragflaenai eu cyfeillgarwch â dyfyniad o lythyr gan Edward Williams 'Iolo Morganwg', gŵr a chwaraeodd ran flaenllaw, os cynddeiriogol, yn eu gweithgaredd. Ar fore Mawrth, 1 Mehefin 1802, roedd Iolo yn Stratford-upon-Avon, wedi cerdded o Lundain ac ar ei ffordd i gartref Gwallter Mechain ym Meifod, Sir Drefaldwyn. Roedd digon i'w drafod gan y ddau yn sgil penodi Gwallter gan y Bwrdd Amaeth yn 1797 i lunio adroddiad o gyflwr amaethyddiaeth yn ne Cymru a'r ddealltwriaeth y daethai Iolo iddi wedi trafodaethau ag Owain Jones 'Owain Myfyr' ar yr ymweliad hwn â Llundain, y byddai'n derbyn tâl am ei gynorthwyo.[2] Y cyfarfod ym Meifod oedd y cyntaf yn haf 1802, wrth i Wallter gychwyn ar gyfres o deithiau drwy dde Cymru, â'r bwriad o gyfarfod Iolo yn ysbeidiol ar ei hynt, mewn ymgais i gydweithio er mwyn dwyn yr adroddiad i fwcwl. Yn gydamserol â'r teithiau hyn ar dir Cymru, roedd ail wrthrych yr ysgrif hon, John Jenkins (nad oedd eto wedi dechrau arddel ei enw barddol Ifor Ceri), yn teithio mewn moroedd dieithr, nid nepell o'r St Domingo a ddygir i gof yn ôl-nodyn llythyr Iolo, trefedigaeth Ffrengig yng ngorllewin ynys Hispaniola (Haiti, heddiw). O fwrdd llong *Theseus*, wedi ei hangori yn Port Royal, Jamaica, ysgrifennodd Jenkins lythyr at ei fam, gartref yng Ngheredigion, yn cyfeirio at y frwydr waedlyd rhwng brodorion du St Domingo a'r Ffrancwyr a geisiai fygu eu gwrthryfel. Mae profiad teithio Gwallter a Jenkins yn un ymhlith nifer o elfennau ar eu gweithgaredd a'u cyraeddiadau a drafodir yma wrth gymharu a chloriannu eu cyfraniadau fel Cymry nodedig. Profiadau sy'n deillio o gyfnod cyn iddynt ddod i adnabod ei gilydd a dechrau gohebu a chyfarfod yn gyson, tua 1810, oedd y profiadau hyn o deithio, fel y nodwyd, a rhan o gyfnod ffurfiannol yn eu bywydau: cyfnod yn y ddau achos y mae'n talu ei archwilio a'i ddwyn i sylw drachefn, er ei fwyn ei hun ac er mwyn y goleuni y gall ei daflu ar yr ymegnïo dros Gymreictod a gynrychiolir gan eu gwaith diweddarach.

Yn ffermdy Cilbronnau, Llangoedmor, Ceredigion y ganed Jenkins, yr ieuengaf o'r ddau ac, er nad oes llawer yn hysbys ynghylch ei rieni na'i deulu, mae'n debyg iddo gael llwybr cymharol gyfforddus drwy ysgol y pentref ac ymlaen i Academi Caerfyrddin, sefydliad yn nwylo'r Presbyteriaid, ac oddi yno i Goleg Iesu, Rhydychen, lle y matricwleiddiodd yn 1789, cyn graddio o Goleg Merton yn yr un brifysgol yn 1793.[3] Yn ei ddilyn o gwta ddwy flynedd, er bron i ddeng mlynedd yn hŷn nag ef, ymaelododd Gwallter Mechain â Choleg Neuadd Alban yn 1791 cyn graddio o Goleg yr Holl Eneidiau yn 1795.[4] Er y gallai Gwallter hawlio perthynas drwy ei dad 'â theuluoedd urddasol Nant-yr-erw-haidd yn Edeirnion a Chyffiniaid Trebrys',[5] nodwyd 'Pleb.' (*Plebeian*) i ddynodi gwrêng yn erbyn enw ei dad ef—fel tad Jenkins—yng nghofnodion y brifysgol gan awgrymu mai pur gyffredin oedd eu cefndir ill dau. Tebyg oedd canlyniad eu haddysg yn un o ddwy brifysgol amlycaf Prydain Fawr: cymryd urddau eglwysig a dilyn gyrfa'n gwasanaethu fel rheithorion neu ficeriaid. Ond er i'r cam hwn sicrhau dyrchafiad cymdeithasol i'r ddau yn y pen draw, nid heb beth anhawster y gwrthdrowyd pob elfen o gyni yn eu hamgylchiadau. Dibynasai Gwallter ar ddysg ei fam, cymwynasgarwch person y plwyf, a chwmnïaeth beirdd lleol i feithrin ei ddiddordeb mewn llyfrau a'i archwaeth at gystadlu mewn eisteddfodau lleol fel bardd, a bu'n rhaid iddo weithio fel cowper cyn dod i sylw hoelion wyth cymdeithas Cymry Llundain, y Gwyneddigion, yn dilyn buddugoliaeth mewn eisteddfod o dan eu hadain hwy yn Y Bala ym mis Medi 1789. Wedi'r llwyddiant hwn enillodd nawdd y crwynwr ariannog Owain Myfyr, a addawodd ei gefnogaeth wrth iddo gychwyn ar addysg lawnach yn Rhydychen ac yntau bellach yn 28 oed. Daeth amgylchiadau anodd i fenu ar Jenkins, yntau, wedi gadael Rhydychen; bu'n rhaid iddo gymryd swydd fel curad tlawd i berthynas oriog ar Ynys Wyth, gwaith blinderus a diddiolch a gyfnewidiodd yn fuan am gyfnod mwy heriol byth fel caplan ar fwrdd llongau rhyfel yn ystod y gwrthdaro cythryblus rhwng Prydain a Ffrainc Napoleon, y swydd a'i dygodd i Port Royal, Jamaica, fel y gwelsom.

Nid oes amheuaeth na fanteisiodd y ddau ar yr hyn a gynigiai addysg yn Rhydychen iddynt. Er gwaethaf cychwyniadau anodd ei yrfa, daeth Jenkins yn y man yn rheithor Maenordeifi, Sir Benfro, cyn cael ei benodi'n ficer Ceri, Maldwyn, yn 1807. Dyma'r lleoliad yr ieuwyd ef wrtho drwy ei ddewis o enw barddol, Ifor Ceri, a'r fan y daethpwyd i'w mawrygu fel canolbwynt haelioni a chyfeillach groesawgar ymhlith beirdd a cherddorion o'i gydnabod, math o ddrych o lys Ifor Hael, cartref noddwr hynaws Dafydd ap Gwilym ym Masaleg yn y bedwaredd ganrif ar ddeg. I Wallter Mechain, yn sgil y cyfnod o addysg yn Rhydychen daeth cyfle i weithio fel clerc yng Ngholeg yr Holl Eneidiau a churad yn amgueddfa'r Ashmolean, lle y daeth rhai o lawysgrifau ei gyd-wladwr adnabyddus, Edward Lhuyd, i'w sylw, gan gyfrannu, heb os, at ei ddiddordeb mewn hynafiaethau (er mai pitw oedd cyflog y swydd, ysywaeth).[6] Ochr yn ochr â manteision addysg ffurfiol Rhydychen, rhoddodd cychwyniadau heriol y ddau y dycnwch, y penderfyniad, a'r medrau a'u galluogodd i ddatblygu'n ffigyrau canolog i dwf un o fudiadau Cymreig mwyaf pellgyrhaeddol hanner cyntaf y bedwaredd ganrif ar bymtheg, y cymdeithasau Cymroaidd a esblygodd o 1819 ymlaen. Mae gohebiaeth Jenkins â'i fam yn ystod cyfnod ei glerigaeth yn Whippingham ar Ynys Wyth a'i gyfnod fel caplan ar y môr yn dangos, ymhlyg mewn rhwystredigaeth a hiraeth am ei gartref, ŵr ifanc a ymffurfiai yn wasanaethwr, yn anogwr, ac yn gefn i eraill. O'r brodyr iau gartref yn Llangoedmor yr holai'n gyson am eu datblygiad ym myd addysg gan gadw llygad ar welliannau yn safon eu llawysgrifen a'u mynegiant drwy lythyr, hyd at y morwyr ifanc y cyfleai eu hanes i'w teuluoedd yn ei ohebiaeth ac yr ymdrechai i'w diddanu â'i berfformiadau o alawon eu gwlad ar ei soddgrwth, roedd cylchoedd o gysylltiadau a fanteisiai ar haelioni a doethineb ymarferol Jenkins. Pan ymsefydlodd yng Ngheri, troes y cymwysterau hyn at fudd ei blwyfolion gan eiriol ar eu rhan gerbron pennaeth esgobaeth Tyddewi, Thomas Burgess, a'i rhagflaenasai yn yr ardal yn dilyn ei benodi i'r swydd yn 1803. Ymgymerodd â'r gwaith o drefnu gwelliannau i eglwysi ei blwyf, yn beintio a gwyngalchu waliau, argymell gosod giatiau i'w mynwentydd, neu godi oriel newydd y tu mewn i'r adeiladau; ac aeth ati i wneud yn siŵr fod ategolion angenrheidiol megis offerengrysau, napcynau ar gyfer y Cymun, a llieiniau hers duon ar gael. At hyn, ymbrysurodd i ddwyn sylw ei esgob at gyni rhai o'r curadiaid, a stryffagliai, yn wael eu hiechyd, i wasanaethu eu gofalaethau a chynnal eu teuluoedd ar incwm truenus. Mewn cyswllt deallusol, symbylwyd Jenkins gan ymgais Burgess i hyrwyddo dysg ymysg ei braidd a chywion offeiriaid drwy sefydlu Cymdeithas er mwyn Hybu Gwybodaeth Gristionogol ac Undeb Eglwysig yn ei esgobaeth, a throes ei sylw at gydgysylltu ag argraffwyr yn nhref Caerfyrddin er sicrhau deunyddiau darllen cyfredol i'w blwyfolion, yn amlwg yn eu plith eitemau a gefnogai lais yr Eglwys Sefydledig yn erbyn dwndwr cynyddol yr enwadau Ymneilltuol. Roedd gofal Jenkins dros eraill, ei ymwneud cynnar â materion cyhoeddi, a'i berthynas adeiladol â Burgess oll yn elfennau creiddiol yn ei ddatblygiad fel un o hoelion wyth y cymdeithasau Cymroaidd yn y 1820au.

Yr elfen amlycaf ar gyfnod ffurfiannol Gwallter oedd ei ymwneud â'r byd barddol ar foment pan drawsffurfiwyd yr arfer o gynnal cyfarfodydd cystadleuol bychain, lleol i hybu'r arfer o farddoni yn fudiad ehangach a gynhaliai eisteddfodau ar hyd gogledd Cymru o dan nawdd Cymdeithas y Gwyneddigion yn Llundain.[7] Yn bur wahanol i Jenkins, â'i gymwynasgarwch diflino dros eraill yn ystod ei gyfnod ar y môr, mae drycsawr i'r cyfnod cyfatebol hwn ym mywyd Gwallter Mechain. Cadwyd mewn gohebiaethau rhyngddo ef a Thomas Jones, trefnwr eisteddfod Corwen (Mai 1789), ac Owain Myfyr dystiolaeth iddo geisio a chael manteision annheg, peth yr oedd cyfoedion yn gwbl ymwybodol ohono ac a nodwyd gan sylwebwyr yn yr oesoedd i ddod, hefyd.[8] Yn ogystal â derbyn rhagrybudd o destunau eisteddfod Corwen drwy ffafriaeth Thomas Jones, ceisiodd Gwallter ddylanwadu ar dderbyniad ei '[g]ywydd ystyriaeth ar oes dŷn' ar gyfer eisteddfod Y Bala (Medi 1789), trwy ofyn i Owain Myfyr sicrhau ei fod yn cael ei 'addurno' mewn arddull a efelychai acen unigryw trigolion Môn ac Arfon wrth ei ddarllen gerbron y Gwyneddigion.[9] Yn yr un llythyr ag y gwnaeth y cais rhyfedd hwn, pleidiasai Gwallter ei arwahanrwydd o fewn cyswllt gogleddol aelodaeth y Gwyneddigion: 'mae'n debygol gennif nad oes yr un o Gymdeithas y Gwyneddigion wedi eni yn swydd Drefaldwyn', meddai, gan fynd rhagddo'n rhyfygus i'w uniaethu ei hun â 'phrophwyd yn Nazareth'.[10] Ynghyd ag ymdrechion ensyniadol o'r fath i ennill ffafr, dadleuodd Geraint Phillips i addewid a brwdfrydedd Gwallter dros lenyddiaeth gyfareddu Owain Myfyr.[11] Gwnaed ef yn gymeriad canolog yn nhwf cymdeithasau Cymroaidd y ganrif ddilynol drwy'r cyfuniad hwn o'r powld a'r cynhyrchiol. Os oedd cyfle am wobr eisteddfodol, boed am gerdd wreiddiol neu gasgliad o benillion telyn, fe'i cymerai, waeth beth fyddai'r gost yn foesol.[12] Yr un oedd ei gamwedd pan awgrymodd Owain Myfyr iddo lunio golygiad o *magnum opus* anghyhoeddedig Lewis Morris, 'Celtic Remains', gan dalu £10 ar ei ran am gopi o'r rhan gyntaf ohono: derbyniodd y llawysgrif, lluniodd gynigion (*Proposals*) yn amlinellu ei fwriadau ar gyfer ei gyhoeddi, a chasglodd enwau pum cant o danysgrifwyr gan bocedu chwe swllt y copi yn ernes, arian nas addalwyd pan fethwyd â chyhoeddi'r gwaith.[13] Er i Wallter sylweddoli bod golygu testun o'r fath y tu hwnt i'w allu, asesiad damniol G.J. Williams oedd '[nad] oedd ganddo'r dewrder moesol i gydnabod hynny'.[14]

Ochr yn ochr â'r ymgiprys am lwyddiant eisteddfodol ac, fe ymddengys, fel petai mewn ymdrech i ysgubo mater anorffenedig y 'Celtic Remains' dan y carped, cafodd Gwallter Mechain yn 1797 gomisiwn i greu arolygon o ogledd a de Gymru i'r Bwrdd Amaeth. Sefydlasid y Bwrdd gan Syr John Sinclair yn 1793, gan arwain at greu cyfres o adroddiadau, *General Views*, yn amlinellu cyflwr amaethyddiaeth mewn siroedd ar hyd a lled Lloegr (hynny mewn adlewyrchiad o waith cyffelyb Sinclair, *Statistical Accounts of Scotland* a gyhoeddwyd yn y lle cyntaf yn 1791–9).[15] Gwnaeth Gwallter gynnydd buan yng ngogledd Cymru, gan gwblhau'r gwaith erbyn diwedd haf 1797. Yn achos yr arolwg o dde Cymru, cymhlethwyd y broses drwy feithrin cysylltiad â Iolo Morganwg, cystadleuydd arall am y comisiwn, a wrthodwyd oherwydd ei ddaliadau gwleidyddol. Cychwynnwyd arolygu'r diriogaeth yn haf 1802, fel y gwelwyd, ond gyrrwyd Gwallter bron i ben ei dennyn wrth geisio cael Iolo i gyflwyno ei ran ef o'r fargen yn ystod y blynyddoedd cyn ymddangosiad yr adroddiad ynghylch de Cymru yn 1815, cymar i'r adroddiad ar siroedd y gogledd a gyhoeddasid yn 1810. Er gwaethaf y rhwystredigaeth iddo ef, a'r perygl i'w enw da pe na chyflawnid yr arolwg, Owain Myfyr oedd y dioddefwr yn ariannol drachefn, gan iddo dalu swm o £40 i Iolo am ei gyfraniad, i'w ad-dalu gan Wallter wedi iddo gael ei gwblhau.[16]

Mae'r cofnodion llawysgrif a gadwyd gan Wallter Mechain ar ei deithiau amaethyddol, ynghyd â'r adroddiadau a gyhoeddwyd, yn ennyn edmygedd haneswyr ein dyddiau ni; cymaint mwy felly na'r doreth o gerddi a gynhwyswyd yn y casgliad tair-cyfrol *Gwaith y Parch. Walter Davies (Gwallter Mechain)* a gyhoeddwyd wedi ei farwolaeth o dan olygyddiaeth D. Silvan Evans. Lle y cwynodd R.T. Jenkins mai 'digon truenus' oedd barddoniaeth Gwallter, nodweddwyd ei waith ef ac eraill o'i gyfnod ym marn E.G. Millward gan 'yr awydd i ddisbyddu'r testun, dweud cymaint ag sy'n bosibl amdano', a chyfeiriodd Geraint H. Jenkins yn ddi-flewyn-ar-dafod at ei 'linellau anobeithiol' i'r 'mochyn o ddyn', Thomas Picton, gan ergydio â'r un garreg ei fedr fel bardd a'i ddewis o eilun.[17] Ar y llaw arall, dadleuodd David Ceri Jones fod dyddiaduron taith Gwallter yng Ngheredigion yn dangos tystiolaeth o'i lafur diflino ym maes amaeth ac yn rhagori ar adroddiadau teithwyr a thwristiaid eraill yn yr wybodaeth a gynigiant ynghylch cymdeithas wledig Cymru'r oes; ac, wrth i feirniadaeth sy'n rhoi sylw i'r materol ennill tir o fewn astudiaethau o lenyddiaeth taith, mae'r rhagolygon am werthfawrogiad pellach o'i waith yn addawol.[18] Ymdriniodd Gwallter yn gynhwysfawr â'r arferion blaengar y sylwodd arnynt, gan gynnwys dulliau arloesol o groesi bridiau gwartheg, gwrteithio, dyfrio, plannu coed ac amryfal gnydau newydd, cyflwyno peiriannau megis yr injan ddyrnu, ffensio, a chloddio am fwynau. Mynegodd ei edmygedd o'r 'baradwys ddaearol' a luniwyd gan Thomas Johnes, Hafod, yn ei gartref yn nyffryn Afon Ystwyth, Ceredigion, atyniad, meddai, a oedd wedi denu sylw arlunwyr ac awduron megis George Cumberland, awdur *An Attempt to Describe Hafod, and the Neighbouring Scenes about the Bridge over the Funack,*

Hafod
(Casgliad Tirluniau Llyfrgell Genedlaethol Cymru)

Commonly Called the Devil's Bridge, in the County of Cardigan (1796); yr hynafiaethydd Benjamin Heath Malkin a gyflwynodd gyfrol i goffáu ei fab ifanc i Johnes; a'r arlunydd John "Warwick" Smith a ymwelodd â Hafod yn 1792.

Serch hynny, roedd cyfran nodedig o'r rhai a holwyd ganddo ar gyfer ei arolygon yn dal swyddi, fel yntau, yn yr Eglwys Sefydledig, ac mae pwyslais eu tystiolaeth hwy ar lefel fwy ymarferol a llai dyrchafol. Dyfeisiodd y Parchg Mr Ellis, rheithor Llanystumdwy, ddull o ddyfrio gwartheg yn y côr drwy ddirwyn dŵr o bwmp yno mewn pibellau; canfu'r Parchg Mr. Wynne Jones o Fôn a'r Parchg R.B. Clough o Ddyffryn Clwyd effeithiolrwydd calch ar gyfer gwrteithio; dilynwyd system ddyfrio arloesol y Parchg Mr. Wright o Cerney, Swydd Gaerloyw, gan ffermwyr ar borfeydd yn Y Waun ac ar fryniau Machynlleth; canfu'r Parchg Simon Lloyd o'r Bala ddull effeithiol o ffensio ar diroedd mawnoglyd; ac enillodd y Parchg Mr. Griffith, Caer Rhun, brydles ar chwarel o gwarts. Yn ne Cymru, roedd y rhai a ddarparodd wybodaeth i Gwallter yn cynnwys y Parchg J. Jenkins 'Ifor Ceri' yng Ngheredigion, y Parchg Thomas Beynon, archddiacon llengar Ceredigion, a'r clerigwr a'r hynafiaethydd W.J. Rees, Casgob, a'u presenoldeb yma fel petai'n rhagymadroddi'r gyfeillach a oedd i ddod ar dir pur wahanol ym mwrlwm prosiect hynafiaethol ac eisteddfodol y 1820au.

Mae Bedwyr Lewis Jones wedi amlinellu dechreuadau'r symudiad pwysig a ddygodd ail wynt i chwrligwgan ymdrechion gwŷr y ddeunawfed ganrif—o Forysiaid Môn a'u cyfeillion hyd at William Owen Pughe, Owain Myfyr a Iolo Morganwg—i osod seiliau cadarn i'w Cymreictod o fewn cyd-destun diwylliant pedair cenedl Ynysoedd Prydain. David Rowland 'Dewi Brefi' oedd piau'r syniad y gellid adfywio barddas drwy hyfforddi cywion-feirdd yn rheolau cerdd dafod; fe'i trawyd gan y posibilrwydd yn ystod cyfarfod o glerigwyr diwylliedig yng Ngheri ym mis Ionawr 1818, a gydag ychydig o hwb gan Ifor Ceri a chefnogaeth frwd gan yr Esgob Burgess, aed ati i drefnu cyfarfod yn nhafarn y Llew Gwyn, Caerfyrddin, ddiwedd mis Hydref yr un flwyddyn.[19] Y canlyniad oedd sefydlu Cymdeithas Gymroaidd Dyfed, y gyntaf ymhlith pedair cymdeithas daleithiol arfaethedig, oll o dan reolaeth pwyllgor canolog yn Llundain. Lluniwyd hefyd restr o argymhellion yn llwybr ar gyfer y dyfodol, argymhellion sy'n dangos mai calon y mudiad newydd, fel y'i gwelwyd y diwrnod hwnnw, oedd adfer a rhoi trefn ar lawysgrifau

Cymreig a'u gwneud yn hygyrch drwy eu cyhoeddi.[20] Teg dweud bod blas mewnbwn yr Esgob, un o sylfaenwyr y 'Royal Society of Literature' (1820) a'i chenhadaeth dros gyhoeddi hen lenyddiaeth, ynghyd â swyn yr hynafgwr Iolo Morganwg, a oedd yn bresennol yn y cyfarfod ac a enwyd sawl gwaith yn yr argymhellion, yn amlwg ar y rhestr hon. Ond yn y cyfeiriad at lunio holiadur i'w anfon drwy Gymru er mwyn cywain alawon a phenillion, ymhlith pethau eraill, efallai y gallwn glywed llais y cerddor wrth fwrdd y dafarn y diwrnod hwnnw, sef Ifor Ceri.

Iolo Morganwg
(Casgliad Portreadau Llyfrgell Genedlaethol Cymru)

Wrth i gynlluniau cyhoeddi uchelgeisiol y cymdeithasau Cymroaidd ddechrau esblygu, rhoddwyd ar waith yn ogystal raglen o eisteddfodau taleithiol, y gyntaf i'w chynnal yng Nghaerfyrddin y flwyddyn ganlynol, ac eraill i ddilyn yn Wrecsam (Medi 1820), Caernarfon (1821), ac Aberhonddu (1822). Buan iawn y taflwyd y bwriad gwreiddiol i lunio mudiad trwyadl Gymreig ei ysbryd a'i genhadaeth oddi ar ei echel gan ddwndwr cyfarfodydd eisteddfodol cynyddol Seisnig eu naws, fodd bynnag. I Ifor Ceri, yr arlwy cerddorol oedd y siom. Yn yr ail eisteddfod, yn Wrecsam, gadawyd trefniadau'r elfen gerddorol yn nwylo'r telynor a'r cyfansoddwr John Parry 'Bardd Alaw', a aeth ati fel corwynt i logi band pres milwrol Syr Watkin Williams Wynn ynghyd â chyflogi rhyw 'Mr. Randles of Wrexham ... a very fin[e] Harp player (Pedal)' a'i ferch dalentog, ac i lunio trefniannau cerddorol llawn amrywiaeth ar gyfer ei 'newly invented Flageolet, Double Flute, Clarinet, Voice &c &c'.[21] Prin oedd y lle i gerddoriaeth draddodiadol Gymreig yn y trobwll hwn o frwdfrydedd anghytsain lle y disodlwyd y delyn deires gan y delyn bedal a lle nad oedd i Edward Jones 'Bardd y Brenin', telynor Cymreig enwocaf ei ddydd, ond lle ar y cyrion ('Mr Jones will assist, but if Miss Randles will play the Harp we need not hear any other ...'). Cwbl wahanol oedd y prosiectau lluosog er diogelu a defnyddio alawon Cymreig a roesai

Ifor Ceri ar waith o tua 1812 ymlaen ac a ddadansoddwyd yn fanwl gan Daniel Huws mewn ysgrifau yn *Canu Gwerin* yn 1985 ac 1986. Arddelodd Jenkins y safonau cerddoregol uchaf wrth gasglu'r alawon a gynhwyswyd yn ei gasgliad cynharaf, 'Melus-geingciau Deheubarth Cymru' (1812–20), gan eu nodi o berfformiadau lleisiol byw yn hytrach na rhai offerynnol llai dilys. Yn ddiweddarach, cychwynnodd ar gasgliad pellach o 'Hen Donau, Marwnadau, Carolau &c Cymru' a'i enwi 'Melus-seiniau Cymru' (1817–25). Yr ysgogiad y tro hwn oedd darllen *Blodeu-gerdd Cymry* (1759, 1779) Dafydd Jones, Trefriw, ynghyd â'i ymwybyddiaeth ei hun o dwf diarbed Methodistiaeth a'i thrac sain o emynau, 'in my opinion of very inferior quality'.[22] Er bod y rhan fwyaf o'r alawon yn 'Melus-seiniau' yn cynnwys geiriau o ffynonellau print (fel y gellid disgwyl, o ystyried ei symbyliad), roedd rhai hefyd yn nodi cysylltiad ag ardal benodol ynghyd â geiriau digydnabyddiaeth—arwydd o darddiad mewn cyd-destun byw. Trydydd cam yng ngweithgarwch Ifor Ceri fel casglwr oedd 'Per-seiniau Cymru' (1824–5), lle y daeth geiriau argraffedig yn ganolog ac y ffurfiolwyd agweddau eraill ar y deunydd. Awgrymodd Daniel Huws y gallasai fod yn fwriad gan Ifor Ceri gyhoeddi'r gwaith hwn fel casgliad ond iddo fethu â chwblhau'r gwaith a phenderfynu, ysywaeth, ei drosglwyddo i ofal seren ffurfafen gerddorol yr eisteddfodau taleithiol, John Parry, a gyhoeddodd dros gant ohonynt

'Ffarwel Prydain' yng nghasgliad Ifor Ceri 'Melus-seiniau Cymru'
(Trwy ganiatâd Llyfrgell Genedlaethol Cymru)

ond gan hepgor unrhyw eiriau na manylion ynghylch eu tarddiad.[23] Dyna frad hollgynhwysol, felly, o ddelfryd un o brif sylfaenwyr y mudiad taleithiol dros gerddoriaeth ei wlad, a byd y casglwr alawon a'r llwyfan cyhoeddus eisteddfodol fel ei gilydd wedi eu goresgyn gan ŵr pur wahanol ei gymhellion iddo ef.

Fe gaed mesur o lwyddiant ym maes cyhoeddi, er nad digymysg ydoedd. Nid yw'n syndod yng nghyd-destun y bennod hon weld anawsterau'n codi yn sgil y penderfyniad i gynnwys Iolo Morganwg yn y ffrwd hon ar waith y mudiad; bu'r ymdrech i gael fersiwn barod o'r llyfr gramadeg a honasai a oedd yn ei ddwylo, 'Cyfrinach Beirdd Ynys Prydain', yn boendod i Ifor Ceri am flynyddoedd ac erbyn ei gyhoeddi, flwyddyn wedi marwolaeth Iolo, roedd yr amheuon ynghylch ei ddilysrwydd yn drwch.[24] Bu llwyddiannau eraill, yn nodedig yn eu plith gan eu bod yn ateb ysbryd ac amcanion y cyfarfod cyntaf hwnnw yn y Llew Gwyn yng Nghaerfyrddin, gellir enwi catalogau Angharad Llwyd ac Aneurin Owen o lawysgrifau ym meddiant perchenogion ystadau yng ngogledd Cymru a'r Gororau a luniwyd ar gyfer cystadleuaeth yn eisteddfod Y Trallwng, 1824.[25] Er bod cnùl y mudiad wedi ei ganu i raddau gan lythyr cyhuddgar Evan Evans 'Ieuan Glan Geirionydd' i'r *Gwladgarwr* yn 1834, hynny wedi marwolaeth Ifor Ceri, lle y gresynwyd nad argraffwyd 'gwaith ein hen feirdd' ac na fu ''n holl hen lyfrgelloedd gael eu holrhain a'u chwilio', daeth haul ar fryn pan ymddangosodd golygiad Gwallter Mechain a John Jones 'Ioan Tegid', *Gwaith Lewis Glyn Cothi*, bedair blynedd yn ddiweddarach, gwaith a ystyrid yn barhad o'r *Myvyrian Archaiology of Wales*.[26]

Fe gloir y bennod hon ag enghraifft sy'n dod â'i dau wrthrych ynghyd drwy gerdd a chân ac, at hynny, mewn cyswllt sy'n cyfuno eu diddordebau diwylliannol a'u dyletswyddau bugeiliol, a hynny o dan lygad yr Esgob hollbresennol Burgess. Pan ysbeiliwyd llong yn dilyn llongddrylliad ar arfordiroedd Ceredigion a Sir Benfro ym mis Rhagfyr 1816, taranodd Burgess yn erbyn yr arfer creulon ac anghristnogol hwn mewn rhifyn o'r *Cambrian*.[27] Ymateb Ifor Ceri i anfadwaith dryllio arfordirol oedd gofyn i'w gyfaill, Gwallter, ganu cerdd ar fesur 'Diniweidrwydd' yn mynegi ei ofid ynglŷn ag ymddygiad o'r fath. Fe'i gosododd yntau hi ar fersiwn a gasglasai o'r dôn 'Ffarwel Prydain', a'i chynnwys mewn dau o'i gasgliadau, 'Melus-seiniau Cymru' a'r casgliad mwyaf diweddar, 'Per-seiniau Cymru'. Boddhaus yng nghyswllt y gyfrol hon yw gweld doniau Ifor Ceri a Gwallter yn cael eu harfer yn ymarferol er lles, a cherddoriaeth draddodiadol, waeth beth am gymlethdodau cerddoregol, arferion eisteddfodol, neu ragoriaeth farddonol, yn ateb diben cyfoes ac yn dod yn fyw er lles trigolion cyffredin, Cymraeg-eu-hiaith eu hardaloedd.

DARLLEN PELLACH

Gwaith y Parch. Walter Davies (Gwallter Mechain), gol. D. Silvan Evans, 3 cyfrol (Caerfyrddin, 1868).

Daniel Huws, 'Melus-seiniau Cymru', *Canu Gwerin*, 8 (1985), 32-51; 'Melus-seiniau Cymru: Atodiadau', *Canu Gwerin*, 9 (1986), 47-57.

Bedwyr Lewis Jones, '*Yr Hen Bersoniaid Llengar*' (n.p.: Gwasg yr Eglwys yng Nghymru, [1963]).

David Ceri Jones, 'The Board of Agriculture, Walter Davies ('Gwallter Mechain') and Cardiganshire, c.1794-1815', *Ceredigion*, 14 (2001-4), 79-100.

Ffion Mair Jones, ' "To know him is to esteem him": John Jenkins, Ifor Ceri 1770-1829', *Casgliadau Maldwyn*, 99 (2011), 53-82.

Geraint Phillips, *Dyn Heb ei Gyffelyb yn y Byd: Owain Jones a'i gysylltiadau llenyddol* (Caerdydd: Gwasg Prifysgol Cymru, 2010).

G.J. Williams, 'Llythyrau ynglŷn ag Eisteddfodau'r Gwyneddigion', *Llên Cymru*, 1 (1950-1), 29-47, 113-25.

Stephen J. Williams, *Ifor Ceri – Noddwr Cerdd (1770-1829)* (Abertawe: Coleg y Brifysgol Abertawe, 1954).

---

[1] Iolo Morganwg at Gwallter Mechain, 1 Mehefin 1802, yn *The Correspondence of Iolo Morganwg*, ed. Geraint H. Jenkins, Ffion Mair Jones and David Ceri Jones, 3 volumes (Cardiff: University of Wales Press, 2007), II, tt. 416-17.

[2] David Ceri Jones, 'The Board of Agriculture, Walter Davies ('Gwallter Mechain') and Cardiganshire, c.1794-1815', *Ceredigion*, 14 (2001-4), 79-100, yn enwedig t. 83; Geraint Phillips, *Dyn Heb ei Gyffelyb yn y Byd: Owain Jones a'i gysylltiadau llenyddol* (Caerdydd: Gwasg Prifysgol Cymru, 2010), t. 205.

[3] Joseph Foster, *Alumni Oxoniensis: The Members of the University of Oxford, 1715-1886* (Oxford, 1891), II, t. 748.

[4] Ibid., t. 351.

[5] *Y Bywgraffiadur Cymreig* d.e. Davies, Walter ('Gwallter Mechain'; 1761-1849).

[6] Phillips, *Dyn Heb ei Gyffelyb yn y Byd*, t. 133.

[7] Bedwyr Lewis Jones, '*Yr Hen Bersoniaid Llengar*' (n.p.: Gwasg yr Eglwys yng Nghymru, [1963]), t. 15.

[8] G.J. Williams, 'Llythyrau ynglŷn ag Eisteddfodau'r Gwyneddigion', *Llên Cymru*, 1 (1950-1), 29-47, yn enwedig t. 44 n. 12.

[9] Ibid., 34, 46.

[10] Ibid., 46.

[11] Phillips, *Dyn Heb ei Gyffelyb yn y Byd*, t. 119.

12 Williams, 'Llythyrau ynglŷn ag Eisteddfodau'r Gwyneddigion', 38 n. 6.
13 Phillips, *Dyn Heb ei Gyffelyb yn y Byd*, tt. 134-7.
14 G.J. Williams, 'Llythyrau at Ddafydd Jones o Drefriw', *Cylchgrawn Llyfrgell Genedlaethol Cymru*, Atodiad, Cyfres III, Rhif 2 (1943), 31; dyfynnir yn Phillips, *Dyn Heb ei Gyffelyb yn y Byd*, t. 136.
15 *The Oxford Dictionary of National Biography* d.e. Sinclair, John, first baronet (1754-1835).
16 Phillips, *Dyn Heb ei Gyffelyb yn y Byd*, tt. 205, 213.
17 Jones, 'Yr Hen Bersoniaid Llengar', t. 15; E.G. Millward, *Yr Arwrgerdd Gymraeg: Ei thwf a'i thranc* (Caerdydd: Gwasg Prifysgol Cymru, 1998), t. 82; Geraint H. Jenkins, *Y Digymar Iolo Morganwg* (Talybont: Y Lolfa, 2018), tt. 183-4.
18 Jones, 'The Board of Agriculture, Walter Davies ('Gwallter Mechain') and Cardiganshire, c.1794-1815', 95-6; Mary-Ann Constantine, *Curious Travellers: Writing the Welsh Tour 1760-1820* (i ymddangos; Oxford: Oxford University Press, 2024), 'Introduction'.
19 Jones, 'Yr Hen Bersoniaid Llengar', tt. 18-19.
20 Ibid., t. 20.
21 John Parry at John Jenkins, 4 Mai 1820; dyfynnir yn Ffion Mair Jones, ' "To know him is to esteem him": John Jenkins, Ifor Ceri 1770-1829', *Casgliadau Maldwyn*, 99 (2011), 53-82, yn enwedig t. 79.
22 John Jenkins at John Parry, 11 Chwefror 1826; dyfynnir yn Daniel Huws 'Melus-seiniau Cymru: Atodiadau', *Canu Gwerin*, 9 (1986), 47-57, yn enwedig tt. 47-8.
23 Huws, 'Melus-seiniau Cymru', *Canu Gwerin*, 8 (1985), 32-51, yn enwedig tt. 40, 42-3.
24 Jones, ' "To know him is to esteem him" ', 66-7.
25 Angharad Llwyd, 'Catalogue of Welsh Manuscripts, etc. in North Wales', *Transactions of the Cymmrodorion, or Metropolitan Cambrian Institution*, II (1828), 36-58; Aneurin Owen, 'Catalogue of Welsh Manuscripts, etc. in North Wales. No II.', ibid., 400-18.
26 Jones, 'Yr Hen Bersoniaid Llengar', t. 31; E.D. Jones, *Gwaith Lewis Glyn Cothi 1837-39: Darlith goffa G. J. Williams a draddodwyd yng Ngholeg y Brifysgol, Caerdydd, Mawrth 12, 1971* (Caerdydd: Gwasg Prifysgol Cymru, 1973); dyfynnir yn Phillips, *Dyn Heb ei Gyffelyb yn y Byd*, t. 249.
27 *The Cambrian*, 28 Rhagfyr 1816.
28 Llawysgrif LlGC 1940A i (Melus-seiniau Cymru), 57^r; llawysgrif LlGC 1940A ii (Per-seiniau Cymru), 6^v-8^v. Nodir 'deisyfiad Ioan Ceri' am y gerdd yn ibid., 8^v.

9

Meg Elis

**TEULU ANGHOFIEDIG?
W.J. REES, CASGOB, A THEULU'R TON,
LLANYMDDYFRI**

'Teulu enwog y Ton', meddai fy mam, Dr Mari Ellis, mewn ysgrif ar W.J. Rees, Casgob. Treigl amser, mae'n debyg, sy'n cyfrif am y ffaith fod yr enwogrwydd hwnnw wedi pylu erbyn heddiw. Ond roedd yna reswm dros enwogrwydd y teulu ac mae yna reswm i ddal i goffáu cyfraniad y teulu hwn, nid yn unig i lenyddiaeth Cymru ond i hanes yr Eglwys, a hanes y Gymraeg yn yr Eglwys yn niwedd y ddeunawfed ganrif a dechrau'r bedwaredd ganrif ar bymtheg. Roeddent yn deulu â thipyn o fodd ac yn falch o'u tras: yn olrhain eu hachau yn ôl i Frychan Brycheiniog ac arglwyddi Llanymddyfri, a'u cartref, y Ton ger Llanymddyfri, yn stad helaeth. Ac er bod y cartref ei hun wedi hen ddiflannu, mae'r enw yn parhau yng Nghasgliad Ton yn Llyfrgell Rydd Caerdydd: y casgliad enfawr o lawysgrifau a brynodd y llyfrgell ac sy'n dal yn drysorfa ac yn gloddfa i haneswyr hyd heddiw.

Gydag un o deulu'r Reesiaid, W.J. Rees, y byddaf yn delio yn bennaf, ond mi neidiaf ymlaen mewn amser gan ymdrin yn gyntaf â'i neiaint, y brodyr Rice Rees a William Rees. Cyfeiriwyd mewn penodau eraill at Rice Rees, Athro Cymraeg cyntaf Coleg Llanbedr Pont Steffan. Mab i Sarah, chwaer ieuengaf W.J. Rees a'i gŵr David Rees, oedd Rice a ganed ef yn 1804. Bu'n ddisgybl yn Ysgol Ramadeg Llanbedr Pont Steffan pan oedd Eliezer Williams yn brifathro, gŵr a gredai mewn rhoi sylfaen dda o addysg i'r bechgyn. Roedd Rice wrth ei fodd yno. Pan fu farw Eliezer yn ddisymwth yn Ionawr 1820, gadawyd yr ysgol yng ngofal athro cynorthwyol aneffeithiol a diflasodd Rice. Aeth ei dad ag ef i Gasgob gan obeithio y gallai fanteisio ar lyfrgell glasurol W.J. Rees. Dywedodd Rice iddo ddysgu mwy gyda'i ewythr nag yn yr un ysgol y bu ynddi. Canmolodd W.J. Rees ef am ymroi i'w waith 'with commendable diligence' a phan adawodd Gasgob dywedodd, 'it was ... a pleasing employment to prepare him for his launch into the wide waters'.

Graddiodd Rice yn 1826 yng Ngholeg Iesu, Rhydychen; ei diwtor oedd Llewelyn Lewellin, pennaeth Coleg Llanbedr Pont Steffan yn ddiweddarach. Gwnaeth Rice gystal argraff arno fel y cynigiodd swydd iddo yn y coleg fel Tiwtor y Clasuron ac Athro Cymraeg. Unwaith eto daeth Rice i Gasgob, y tro hwn i loywi ei Gymraeg ac i ymgyfarwyddo â hen lenyddiaeth Gymraeg. Ymunodd â staff y coleg cyn cael ei urddo'n ddiacon. Ym mis Awst 1828 urddwyd ef yn offeiriad yn Llanbedr, ac yn fuan wedi iddo ddechrau ei yrfa yn y coleg penodwyd ef yn arholwr yr offeiriaid a benodid i eglwysi Cymraeg. Golygodd ran fechan o *Canwyll y*

Cymry y Ficer Prichard a bwriadai lunio gramadeg Cymraeg a chyfrol ar hanes cynnar Cymru. Ond bu farw trwy ddamwain: yn 1839 syrthiodd oddi ar ei geffyl, ar ei ffordd yn ôl o Gasgob, cyn medru cyflawni ei fwriad.

Am William Rees, dilyn gyrfa ei ewythr, David Rice Rees, a wnaeth ef fel argraffydd, ac i ddechrau adwaenid hwy fel 'D.R. and W. Rees, Printers and Publishers'. Yn dilyn ymddeoliad ei ewythr yn 1835, William a ddaeth yn gyfrifol am y gwaith ac mae'n nodedig fel argraffydd y cylchgronau *Yr Efangylydd* a'r *Haul* dan olygyddiaeth Brutus, dau gylchgrawn a fynnai amddiffyn yr Eglwys rhag ymosodiadau'r Ymneilltuwyr. Buasai adrodd hanes llawn ymwneud William Rees â'r *Haul* a'i olygydd yn ormod o goflaid yn hyn o lith ond teg nodi rhan allweddol William Rees yn natblygiad y wasg a llenyddiaeth Gymraeg, ac yn bwysicaf oll, efallai, yn ffurfio'r 'Welsh Manuscripts Society'.

Awn yn ôl mewn amser yn awr at yr ewythr, W.J. Rees, a gweld sut y cyfrannodd y gŵr rhyfeddol hwn hefyd at y diddordeb yn ein hen lenyddiaeth; sut yr oedd yn ffigwr blaenllaw yn yr eisteddfodau taleithiol; gŵr yn sicr o flaen ei oes a siaradai'n ddi-flewyn-ar-dafod yn erbyn Seisnigrwydd rhai Cymry—a'r Eglwys hefyd; a thrwy hyn oll, yn berson gwlad cydwybodol a gweithgar. Ganed William Jenkins Rees yn Llanymddyfri yn 1772; graddiodd o Goleg Wadham, Rhydychen, a'i urddo'n ddiacon yn Swydd Henffordd yn 1796. Wedi pedair blynedd fel curad mewn plwyfi yn Swydd Henffordd cafodd ei ddyrchafu'n rheithor Casgob yn Sir Faesyfed yn 1806 ac yno y bu weddill ei oes. Cyhoeddasai lyfrynnau a phregethau eisoes, ac ni ddaeth hyn i ben wedi iddo symud i Gasgob. Ym mis Gorffennaf 1815 pregethodd yng ngwasanaeth yr SPCK a'r Undeb Eglwysig yn Eglwys Sant Pedr, Caerfyrddin, a chyhoeddwyd y bregeth y flwyddyn ganlynol. Mae'r Gymdeithas Undeb Eglwysig, neu 'Church Union', yn ganolog i hanes y personiaid llengar. Dyma'r gymdeithas a sefydlwyd gan Thomas Burgess yn fuan wedi iddo ddyfod i'r esgobaeth. Nid undeb eglwysig yn yr ystyr fodern mohono o gwbl; cael holl aelodau Eglwys Loegr yn yr esgobaeth i uno â'i gilydd yn erbyn Pabyddiaeth ac

W. J. Ress, Casgob
(Casgliad Portreadau Llyfrgell Genedlaethol Cymru)

Anghydffurfiaeth oedd ei nod. Er mwyn sicrhau Eglwys gref, bwriadai hyrwyddo ysgolion dyddiol ac Ysgolion Sul, creu llyfrgell ar gyfer y clerigwyr, rhannu Beiblau, Llyfrau Gweddi a thraethodau (*tracts*) a cheisio helpu curadiaid tlawd. Yn y pen draw gobeithiai fedru codi coleg i roi addysg i ddarpar offeiriaid. Rhaid fod Thomas Burgess wedi rhagweld y gallai dyn egnïol fel W.J. Rees fod o gymorth i ddwyn yr holl amcanion hyn i ben. Dyna un rheswm paham y gwahoddwyd ef i bregethu gerbron y gymdeithas. Rheswm arall oedd iddo weld cystal graen ar y cyfarfodydd clerigol yn neoniaeth Maelienydd lle y gweithredai W.J. Rees yn ddeon gwlad. Cyfarfodydd oedd y rhain lle y pregethai un aelod ar destun arbennig ac yna byddai'n ofynnol i'r gwrandawyr ymateb ac ysgrifennu sylwadau perthnasol.

Penodwyd W.J. Rees yn ddeon gwlad Maelienydd-Is-Ithon yn 1812 ac yng nghwrs ei ddyletswyddau bu'n gohebu â deon gwlad Maelienydd-Uwch-Ithon, John Jenkins sy'n fwy adnabyddus fel Ifor Ceri. Pan gyfarfu'r ddau, dyma gychwyn cyfeillgarwch hynod ffrwythlon ac arwyddocaol. 'I will thank you to inform me in what the duty of a Rural Dean consists relating to the fabric of the churches', meddai W.J. Rees mewn llythyr ato ar ôl ymweliad croesawgar â Cheri. Yn gymysg â materion fel Ysgol Elusennol Ceri a *parish fences*, caent gyfle i gymdeithasu. Teimlai W.J. Rees iddo fod 'in the company of no everyday characters … I have to thank you for introducing me to the Welsh Bard, and should you anywhere meet him, please to signify my respect for him.' Cyfeiria hefyd at 'our next clerical Eisteddfod at Kerry, whenever it may take place', a hynny mor gynnar â 1813. Dengys hyn fod y cynulliadau clerigol yn nhŷ Ifor Ceri yn cyfarfod yn rheolaidd ymhell cyn bod sôn am y cymdeithasau Cymroaidd a'r eisteddfodau taleithiol.

Arferai W.J. Rees fynd i Lundain ym mis Mai bob blwyddyn. Dyna ei gyfle i weld y siopau llyfrau oherwydd roedd yn ddarllenwr mawr. Derbyniai gatalogau ac astudiai hwy'n fanwl cyn mynd. Bu'r ymweliadau â Llundain yn bwysig mewn ffordd arall. Daeth Cymdeithas y Cymmrodorion i ben yn 1787 ond roedd yna rai yn dal i hiraethu amdani. Wedi cael eisteddfod lwyddiannus yng Nghaerfyrddin yn 1819, a golwg am un arall ym Mhowys yn 1820, ac un ar y gorwel yng Ngwynedd, teimlai Ifor Ceri'n ddigon hyderus i geisio cael pethau i symud tua Llundain. Roedd eisoes yn gohebu â John Parry 'Bardd Alaw' ac yn un o'i lythyrau ato holodd ef am y posibilrwydd o gael cymdeithas

Gymroaidd yn Llundain yn y dyfodol agos. Awgrymodd mai'r ffordd orau fyddai ailgodi'r Cymmrodorion gan y gallai weithredu fel cymdeithas ganolog yn well na cheisio sefydlu un hollol newydd i'r pwrpas. Cydiodd Bardd Alaw yn y syniad ac ysgrifennodd at William Owen Pughe i gael ei farn ef. Croesawodd hwnnw'r bwriad ac awgrymodd y dylid ymgynghori â 'the Noblemen and leading Gentlemen of Wales'. Wrth hyn golygai yr aelodau seneddol a'r boneddigion â chanddynt dai yn Llundain yn ogystal ag yng Nghymru. Pe baent hwy'n galw cyfarfod, byddent yn sicr o gynulliad teilwng. Gyrrodd Bardd Alaw gopi o'r llythyr hwn at Ifor Ceri, gan ychwanegu iddo ofyn i Pughe fod yn ysgrifennydd dros dro. Gwyddai fod Syr Watkin Williams Wynn, Wynnstay, a'i frawd Charles Williams Wynn A.S. yn barod eu cymorth a byddai aelodau'r Gwyneddigion hefyd yn debyg o ymuno. Yr hyn a oedd yn angenrheidiol oedd cael 'some active Gentleman, a member of either of the Societies in the Principality, to start the thing'.

Wynnstay
(Casgliad Tirluniau Llyfrgell Genedlaethol Cymru)

Gwyddai Ifor Ceri am yr union 'active Gentleman'. Wrth i W.J. Rees gychwyn am Lundain ym mis Mai 1820, cariai bapur ac arno orchmynion

Ifor Ceri. Heblaw am y gorchwylion ynglŷn ag eisteddfod Wrecsam y flwyddyn honno—ymweld â Bardd Alaw a Bardd y Brenin a galw gyda'r gof arian i drefnu pa fath o fedalau i'w cael yn wobrwyon—roedd hefyd i fynd i weld Syr Watkin. Ysgrifenasai Gwallter Mechain eisoes at Syr Watkin yn mynegi bwriad W.J. Rees i alw arno—'prepared him' oedd ymadrodd Ifor Ceri fel pe bai W.J. Rees yn rhyw anghenfil i'w ofni. Gofynnodd Gwallter Mechain i Syr Watkin feddwl o ddifrif am ailgodi'r Cymmrodorion a dywedodd mai W.J. Rees oedd yr union ddyn a allai wneud hynny. Gwelai Ifor Ceri fanteision eraill o atgyfodi'r Cymmrodorion. Roedd llyfrgell gan y gymdeithas yn yr Ysgol Gymraeg a gallai hon fod yn gartref i'r llyfrau a'r llawysgrifau y bwriedid eu casglu. O ganlyniad i ymdrechion W.J. Rees ailgodwyd Cymdeithas y Cymmrodorion mewn cyfarfod yn y Freemason's Tavern ar 24 Mehefin 1820. Ychwanegwyd 'The Metropolitan Cambrian Institution' at yr enw er mwyn arddel perthynas â'r cymdeithasau taleithiol a oedd wedi eu codi yn ôl yng Nghymru a dangos mai'r un oedd yr amcanion: meithrin iaith a llenyddiaeth Cymru ac ymroi i gasglu a chyhoeddi llawysgrifau Cymraeg.

Yn ystod ei arhosiad yn Llundain ymroes W.J. Rees i ddilyn y cyfarwyddiadau a gafodd gan Ifor Ceri. Yn gyntaf roedd am i W.J. Rees gael gan Syr Watkin benodi dyddiad yr eisteddfod yn Wrecsam gan ofalu peidio â chyd-daro â'r frawdlys a'r *field sports*, chwedl yntau. Pan ymwelai â'r gof arian, roedd yn ofynnol iddo gofnodi beth a oedd i ymddangos ar bob medal. Gallai ymgynghori â'i gyfeillion yn Llundain am hynny. O ddarllen y llythyrau sydd wedi eu diogelu, ceir yr argraff mai gŵr ffyslyd, gorfanwl oedd Ifor Ceri. Eithr i'w ofal ef dros y manylion y mae'r diolch i bethau redeg mor esmwyth yn Wrecsam. Ac wrth gwrs, cydweithiai ef a W.J. Rees mewn cytgord hapus.

Syr Watkin ei hun, mae'n bur debyg, a gafodd y weledigaeth i gynnal yr eisteddfod ar 13–14 Medi gan fod sioe amaethyddol Wynnstay i'w chynnal yn union wedyn. Dim rhyfedd i'r *North Wales Gazette* adrodd yn gynffonllyd, '... the principal nobility and gentry of the Principality and of the surrounding counties were assembled together, and the town wore the aspect of holiday splendour'.

Gallwn fod yn feirniadol heddiw wrth ddarllen sylwadau fel hyn ond ar y boneddigion y dibynnai'r pwyllgor lleol bryd hynny; dyma'r unig rai ag arian dros ben i'w gwario ac roedd gan y teuluoedd hyn draddodiad hir o noddi beirdd a llenorion. Rhedeg yn bur denau a wnâi ffrwd y traddodiad mewn ambell deulu, mae'n wir, a rhai eraill yn estroniaid pur. Ond nid oedd dim arall amdani os oedd yr eisteddfod i ennyn cefnogaeth a pharch. Un o hoff eiriau W.J. Rees oedd *respectable* ac oni haeddai'r mudiad yr ansoddair hwn ofer ceisio cefnogaeth urddasolion yr Eglwys.

Yr eisteddfod nesaf i'w threfnu oedd yr un yn nhalaith Gwent. Dychwelodd W.J. Rees yn lluddedig o eisteddfod Caernarfon ym mis Medi 1821 a theimlai'r baich o ysgrifennu llythyrau eisteddfodol yn drwm. At hynny, sŵn digalon a oedd yn llythyrau Thomas Beynon ac esgob Tyddewi. Ond cafodd y mwynhad o'u hysbysu bod Syr Charles Morgan, yn unol â'i addewid, wedi gweld amryw o foneddigion yn ardal Aberhonddu a'u cael i gyd yn bleidiol i gynnal eisteddfod yno. Ysgrifennodd W.J. Rees at yr Archddiacon Davies, ficer Aberhonddu, i ofyn iddo alw cyfarfod bychan o gefnogwyr i bennu dyddiad cyfarfod cyhoeddus a rhoes iddo batrwm o hysbyseb i'w osod yn y papur lleol. Cytunodd Thomas Burgess a Thomas Beynon ar Aberhonddu gan nad oedd Caerdydd na'r Fenni yn barod i weithredu. Yn y cyfarfod darllenodd W.J. Rees neges oddi wrth Gymdeithas Talaith Powys yn dymuno'n dda i bobl Aberhonddu cyn traddodi araith y bu'n ei pharatoi'n ofalus. Dechreuodd trwy ddatgan beth oedd diben y cyfarfod ac amlinellu prif amcanion y cymdeithasau Cymroaidd. Atgoffodd ei wrandawyr am ymdrechion eu cyndadau i noddi llenyddiaeth mewn gwlad mor fechan â Chymru, a'u dyletswydd hwythau i'w hefelychu. Tua deunaw canrif cyn hyn siaradai pobl ar gyfandir Ewrop iaith o'r un dras â'r Gymraeg, eithr diflannodd olion honno o bob man ac eithrio Cymru, Iwerddon, Yr Alban a Llydaw. Eto, gwrthsafodd y Gymraeg oresgyniad y Sacsoniaid, y Daniaid a'r Normaniaid. Yna rhestrodd awduron cynnar Cymru, Gildas, Tysilio, Nennius ac ymlaen trwy Aneirin, Taliesin, Meilyr, Gwalchmai, Cynddelw a Hywel Dda a roes gyfreithiau i'r Cymry. Collwyd llawer o'r llenyddiaeth gynnar a chanoloesol ond rhag i hynny ddigwydd eto roedd hi'n bwysig casglu a diogelu llawysgrifau—un o amcanion clodwiw y gymdeithas. Ond roedd llawer eto i'w gyflawni. Cynigiai'r eisteddfod wobrau am draethodau yn yr iaith Saesneg gan roi cyfle i awduron; dull arall oedd tanysgrifio tuag at gyhoeddi llyfrau a rhoi cyhoeddusrwydd i gyfrolau arbennig. Troes wedyn at y rhai a wrthwynebai ddysgu'r Gymraeg a deliodd â'u dadleuon. Iaith ar dranc ydoedd, a'r Saesneg ar gynnydd; rhwystro'r cynnydd a wnâi'r cymdeithasau Cymroaidd a llesteirio dysgu Saesneg.

Un iaith a oedd yn briodol i bobl o dan yr un llywodraeth. Ond, mynnodd, gwnaed honiadau am dranc y Gymraeg ers canrifoedd, eto yr oedd yma o hyd. Rhybuddiodd ei wrandawyr fod newid iaith gwasanaethau eglwysig er mwyn ychydig o Saeson yn gyrru'r werin bobl i'r capeli lle y caent addoli yn eu hiaith eu hunain, a'r Methodistiaid a oedd yn elwa. Paham na ddysgai'r Saeson hyn Gymraeg?

Dadl arall dros ddileu'r Gymraeg oedd fod y llysoedd barn yn gwbl Saesneg. Eto, dadl dros i'r barnwyr a'r twrneiod ddysgu Cymraeg oedd hyn. Pwysleisiodd mor fanteisiol i bawb mewn uchel swydd ydoedd gwybodaeth o'r iaith, y clerigwyr, y meddygon, y masnachwyr a'r tirfeddianwyr.

Pa faint mwy o gefnogaeth y mae'r iaith Saesneg ei hangen yng Nghymru, gofynnodd. Eisoes mae'n orfodol ym mhob sefydliad addysgol; trwy'r Saesneg y mae ennill ffafr a safleoedd uchel mewn byd ac Eglwys. Er hyn i gyd, honnodd yn hyderus, fe ddeil y Gymraeg yn fyw am genedlaethau i ddod. Nid gwaith y cymdeithasau Cymraeg oedd llesteirio dysgu Saesneg ond hyrwyddo'r iaith Gymraeg ymhlith y boneddigion a drigai yng Nghymru.

Dywed W.J. Rees i'w araith gael gwrandawiad astud a derbyn cymeradwyaeth. A ninnau, dros ddwy ganrif yn ddiweddarach yn gorfod gwrth-ddweud yr un dadleuon, gwelwn pa mor nerthol a beiddgar oedd sylwadau'r person gwlad hwn. Meiddiodd sefyll o flaen cynulleidfa o wŷr bonheddig a oedd naill ai wedi colli eu Cymraeg neu'n prysuro'r ffordd i'w plant wneud hynny trwy eu haddysgu yn Lloegr, ac a edrychai i lawr ar y werin fel *lower orders* a'r Gymraeg fel iaith addas i'w safle mewn cymdeithas—dyma'r gwron hwn yn argymell eu bod i gyd yn dysgu Cymraeg. Dangosodd iddynt mor uchel fu tras yr iaith ac mor gyfoethog ei llenyddiaeth. Syniad newydd sbon i'r bobl hyn, ac yn wir i'r mwyafrif yn yr oes honno oedd edrych ar yr iaith Gymraeg fel rhywbeth i ymfalchïo ynddi. Dim ond gŵr a garai ei wlad a'i ddiwylliant yn angerddol a fyddai'n ddigon dewr i annerch cynulleidfa fel un Aberhonddu yn 1821, gyda'r sylwadau uchod.

Gartref unwaith eto yn nhawelwch Casgob, cafodd hamdden i ystyried y rhwydwaith eisteddfodau. Tybed a sylweddolai'r cyfeillion yng Nghaerfyrddin eu bod i gynnal eisteddfod yn 1823? Sut yr oedd pethau'n edrych yn Aberhonddu? Ni allai fod yn segur; rhaid oedd mynd i weld drosto'i hun. Aeth i Gaerfyrddin ym mis Gorffennaf 1822 i roddi proc i'r swyddogion yno ac ar ei ffordd adref galwodd yn Aberhonddu. Cafodd ei blesio gan yr hyn a ganfu yno. Beirniaid y farddoniaeth oedd Iolo Morganwg, Gwallter Mechain a John Hughes. Petai wedi digwydd gweld sylw deifiol Iolo am ei gyd-feirniad mewn llythyr at Wallter Mechain, efallai nad 'plesio' fyddai'r gair priodol: 'What demon of the bottomless pit appointed Mr. Hughes one of the Judges?' Ym mis Awst 1827 roedd W.J. Rees yn Llanbedr Pont Steffan pan gynhaliwyd gwasanaeth cysegru capel y coleg. Oddi yno aeth i Lanybydder gyda'r ficer, aros noson a marchogaeth i Gaerfyrddin drannoeth. Bu wrthi am oriau yn ysgrifennu adroddiad am y cysegru. Pregethodd ddwywaith ddydd Sul yn Eglwys Sant Pedr a sylwi bod yno gynulleidfa helaethach na'r un yr arferai ef ei chael yn Sir Faesyfed. Ymhen yr wythnos roedd ar y ffordd drachefn, yn teithio trwy Abertawe a Chastell-nedd i Ferthyr Tudful, taith o 36 milltir. Yno roedd am alw ar Daliesin ab Iolo, ar gais Ifor Ceri, i ofyn iddo edrych trwy lawysgrifau ei dad, gweld beth oedd eu cyflwr a chynnig ei gynorthwyo i'w cyhoeddi, os yn bosibl. Wedi iddo gyrraedd, agorwyd cist ar ôl cist yn llawn o bapurau Iolo, y cyfan blith draphlith. Ofnai Taliesin fod rhywrai wedi benthyca rhai o lawysgrifau ei dad a heb eu dychwelyd. Edrychodd W.J. Rees yn syfrdan ar y gybolfa a gweld y cymerai fisoedd i gael trefn ar y cyfan. Holodd am y llyfr *Cyfrinach y Beirdd* a dywedodd Taliesin ei fod wedi ei argraffu, ar wahân i'r rhagymadroddion, ond ni allai ddyfod o hyd i'r deunydd ymhlith y cawdel papurau.

Yn unol â'r bwriad i noddi awduron, cyhoeddai'r eisteddfodau taleithiol restr o lyfrau a oedd un ai newydd eu cyhoeddi neu ar fin ymddangos, ac anogid yr eisteddfodwyr i'w prynu. Yng Nghaerfyrddin rhestrwyd pum cyhoeddiad, a'r cyntaf oedd 'Hanes Cymru' gan Iolo Morganwg. Llwyddodd Iolo i argyhoeddi aelodau'r pwyllgor fod ganddo ymysg ei lawysgrifau ddigon o ddeunydd i wneud cyfrol o'r fath. Yr ail lyfr ar y rhestr oedd 'Cywydd y Dilyw' gan Ddafydd Ionawr a'r trydydd oedd 'Gweithiau Huw Morus' yr oedd Gwallter Mechain wrthi'n eu golygu ar y pryd. Yn 1823 ymddangosodd dwy gyfrol *Eos Ceiriog*. Yn bedwerydd tynnwyd sylw at 'A Welsh Grammar, Dr. J. David Rees, now publishing at Carmarthen'. Gramadeg Siôn Dafydd Rhys oedd hwn, gwaith a gyhoeddwyd yn Lladin yn 1592. Ni ddywedir pwy a fyddai'n ei olygu ac nis cyhoeddwyd. Yn olaf, enwyd *The Cambro-Briton* fel cyhoeddiad newydd a deilyngai nawdd caredigion yr eisteddfod.

THE

LIBER LANDAVENSIS,

Llyfr Teilo,

OR THE ANCIENT REGISTER OF THE CATHEDRAL CHURCH
OF LLANDAFF; FROM MSS. IN THE LIBRARIES OF
HENGWRT, AND OF JESUS COLLEGE,
OXFORD: WITH AN ENGLISH
TRANSLATION AND
EXPLANATORY
NOTES,

BY THE REV. W. J. REES, M.A. F.S.A.
RECTOR OF CASCOB, RADNORSHIRE, PREBENDARY OF BRECKNOCK, AND HONORARY
MEMBER OF THE ROYAL CAMBRIAN INSTITUTION.

PUBLISHED FOR
The Welsh MSS. Society.

LLANDOVERY:
PRINTED AND PUBLISHED BY WILLIAM REES: SOLD ALSO BY
LONGMAN AND CO., D. WILLIAMS, AND H. HUGHES,
LONDON; AND E. PARRY, CHESTER.
MDCCCXL.

W.J. Rees, The Liber Landavensis
(Trwy ganiatâd Llyfrgell Genedlaethol Cymru)

Ym mis Tachwedd 1836 roedd W.J. Rees yn bresennol yng nghyfarfod blynyddol Cymdeithas Cymreigyddion Y Fenni. Dichon mai Carnhuanawc a'i gwahoddodd yno a hwyrach mai Carnhuanawc hefyd a berswadiodd Daliesin ab Iolo i ailgyhoeddi ysgrif ei dad 'A short review of the present state of Welsh manuscripts' yn bamffled. Trafodwyd cynnwys yr ysgrif ac arweiniodd y drafodaeth at ffurfio mudiad pwysig. Ar gefn y pamffled cofnododd W.J. Rees y penderfyniad a ganlyn: '… a proposal was made by William Williams Esq. of Aberpergwm, seconded by Benjamin Hall of Llanover, Esq., M.P. that a Society should be formed for the purpose of printing ancient Welsh MSS. after which a provisional Commitee was appointed'. Roedd W.J. Rees yn aelod o'r pwyllgor, a rhwng hynny a 1837, pan sefydlwyd y gymdeithas yn ffurfiol, casglwyd enwau nifer dda o noddwyr, a'r Brenin William y Pedwerydd ar ben y rhestr.

O ystyried cynifer o enwogion a restrwyd fel gohebwyr a golygyddion, mae'n arwyddocaol mai W.J. Rees a olygodd y gyfrol gyntaf a ymddangosodd yn 1840, sef *The Liber Landavensis, Llyfr Teilo, or the ancient register of the cathedral church of Llandaff*. Ym mis Mawrth 1839 ysgrifennodd William Rees at Daliesin ab Iolo, 'The Liber Landavensis is not yet in the press; it was only last week that the transcriber sent a portion of the work to my Brother and he will take some time in editing and translating it'. Ei frawd oedd Rice Rees, a fu farw'n ddisymwth y mis Mai canlynol. Ef, felly, oedd i olygu'r gwaith ond ni chrybwyllodd W.J. Rees hyn yn ei argraffiad. Aeth W.J. Rees ati'n gydwybodol i baratoi argraffiad teilwng o'r *Liber Landavensis*. Argraffwyd dros bedwar can tudalen o'r gwaith ac roedd effaith ei lafur yn dechrau dweud arno. 'I suffered … from Lumbago in the Spring so that when I sat down I could not get up without great difficulty and pain. I attributed it to cold and prolonged sedentary employment, the transcribing of matter for a volume of upwards of 600 pages requiring close application.'

Roedd yr ail gyfrol a olygodd W.J. Rees i'r gymdeithas eto yn waith a ddechreuwyd gan Rice Rees. Yn eisteddfod Caerdydd 1834 enillodd Rice am draethawd 'An essay on the Welsh saints'. Fe'i cyhoeddwyd yn 1836. Ymddangosodd *Lives of the Cambro-British Saints* yn 1853 ac yn y rhagair hyderai W.J. Rees y byddai'r llyfr 'would form an appropriate sequel to the Essay of the late Professor Rees on the Welsh Saints'. Cafodd y gyfrol groeso mawr. Erbyn hyn disodlwyd yr argraffiad gan waith ysgolheigion diweddar a fedrai fanteisio ar gynhorthwy arbenigwyr mewn gwahanol lyfrgelloedd. Di-alw-amdanynt yw sylwadau dirmygus J. Gwenogvryn Evans yn y rhagair i argraffiad 1893 o'r testun: ac yntau'n gorffen trwy ddiolch i'w gyd-weithwyr yn Llyfrgell Bodley am ddehongli darlleniadau amheus, 'If there is safety in a multitude of counsels, this book ought to be pre-eminently safe.' Sut y buasai hi arno pe gweithiai ar ei ben ei hun mewn ficerdy anghysbell a dyletswyddau eglwysig yn galw?

Wrth ddarllen llythyrau W.J. Rees, cawn ein hatgoffa'n barhaus ei fod yn berson a deon gwlad cydwybodol. Yn gymysg â materion eisteddfodol a llenyddol, traetha yn ei lythyrau am drefniadau eglwysig, ymweld â phlwyfi, cynnal cyfarfodydd clerigol, a phwysigrwydd gwasanaethau gweddus a rheolaidd ar y Sul. Wrth lenwi adysgrifau'r esgob am wasanaethau bedydd, priodas a chladdu yn 1807, disgrifia ei blwyf fel hyn: 'Casgob in the counties of Radnor and Hereford, Diocese of St. David's'. Plwy tenau ei boblogaeth ydoedd ac yn 1813 daeth plwyf Llanddewi yn Heiob i'w ofal. Rhannai ei ddyletswyddau rhwng y ddau blwyf ar y Sul ond ar gyfer angladdau a gwasanaethau achlysurol byddai'n cael cymorth ei gymdogion offeiriadol. Deuai'r rhain i'r adwy yng Nghasgob hefyd pan âi'r rheithor ar ei fynych deithiau. Yn aml iawn cwyna fod ei ddyletswyddau ar y Sul yn dreth arno, wedi iddo fod ar daith hir neu mewn cyfarfodydd eisteddfodol.

Fel deon gwlad rhoes W.J. Rees lawer o'i amser a'i feddwl i drefnu'r cyfarfodydd clerigol. Hawdd iawn i berson plwyf gwledig, heb odid neb yn y gymdogaeth i gynnal ymgom ddeallus ag ef, hawdd iawn i berson felly ddisgyn i gyflwr o ddiogi neu syrthni meddyliol a rhoi ei amser i gyd i weithgarwch seciwlar. Yn Sir Faesyfed wasgarog, rhyw saith neu wyth a ddeuai at ei gilydd i gyfarfod clerigol unwaith y mis ac weithiau bob deufis, gan fod teithio'n anodd ar dywydd garw. Lluniodd W.J. Rees reolau ar gyfer y cyfarfodydd ac roedd am i bob aelod eu harwyddo. Ni ddylai neb fod yn absennol heb reswm da. Roedd yr aelodau i gymryd rhan yn y drafodaeth heb edrych ar eu papurau am y byddai hyn yn ymarferiad da iddynt. Yn naturiol cododd gwrthwynebiad; roedd un person am roi ei amser i gyd i'w ysgol ond heb gyfaddef hynny. Roedd eraill yn agored elyniaethus a gofidiai W.J. Rees am yr anghydfod rhwng aelodau'r Eglwys tra gwelai'r Ymneilltuwyr yn cyd-dynnu'n hapus ddigon. Cafodd ei blesio, fodd bynnag, yn adwaith Thomas Burgess pan roes wybod iddo am reolau deoniaeth Maeliennydd.

Bu W.J. Rees farw ar 18 Ionawr 1855 o ganlyniad i strôc ac fe'i claddwyd ym mynwent Casgob. Roedd yn 85 mlwydd oed ac yn rheithor y plwyf er 1806. Ar y goflech nodir iddo fod yn ynad heddwch yn Swydd Henffordd ac mae'r frawddeg olaf yn cydnabod ei lafur dros y Gymraeg: 'He was a very distinguished member of a Band of Patriotic Welsh Scholars who associated with Bishop Burgess of St. David's in the revival of the Welsh National Eisteddfod and promoting the study of Welsh literature. Gwyn ei fyd.' Rhychwantodd ei oes ddau fudiad dylanwadol yn yr Eglwys. Yn ei flynyddoedd cynnar roedd Howell Harris, Daniel Rowland a William Williams yn fyw, a'r ddau olaf yn dal yn weithgar. Yn ei flynyddoedd olaf gwelodd ddylanwad Mudiad Rhydychen ar yr Eglwys a chlerigwyr ifanc o Gymry, megis Nicander ac ab Ithel yn gwneud deunydd helaeth o'r wasg. Ni chyfrifwyd Rees gyda'r 'personiaid Methodus' ac yn sicr nid oedd yn un o'r Tractariaid; eto prin y gallai'r cyntaf ei gyhuddo o esgeuluso ei eglwys na'i braidd, na'r ail o esgeuluso ei fywyd ysbrydol. Cynhaliai ddyletswydd nos a bore yn ei gartref ac roedd ei synnwyr dyletswydd yn ddiarhebol. Nid arbedai ei hun: 'when public business interfere, I deem it my duty to forgo individual comfort', meddai yn un o'i lythyrau. Bu'n byw heb lawer o gysuron ei gyfoeswyr mwy bydol yn ei reithordy gwledig.

Yn ei ieuenctid beirdd a thelynorion yn cyfarfod mewn tafarnau oedd yr eisteddfodau a chaent eu hysbysebu yn yr almanaciau. Yn ystod ei oes ef, ac yn rhannol trwy ei ymroddiad, datblygodd yr eisteddfod yn gynulliad mawreddog o dan nawdd yr Eglwys gan ddenu sylw yn y papurau newydd a'r cylchgronau. Ei nod mawr ef, fel Ifor Ceri, oedd gweld cyhoeddi hen lenyddiaeth Cymru; at hynny y gweithiodd hyd ddiwedd ei oes.

Goroesodd W.J. Rees lawer o'i gyd-weithwyr, Ifor Ceri, Gwallter Mechain, Carnhuanawc, Bardd Alaw, William Owen Pughe a'r Esgob Burgess. Er bod ysgolheigion diweddar wedi canolbwyntio ar ddiffygion cynhyrchion y gwŷr hyn, rhaid rhoi clod iddynt am eu hymroddiad a'u mawr sêl dros Gymreictod yr Eglwys pan oedd hynny'n aml yn destun gwawd a dirmyg.

DARLLEN PELLACH

T.L. Bowen, 'Reesiaid y Tonn a Gwasg Llanymddyfri', *Journal of the Welsh Bibliographical Society,* 10 (1966-71), 269–79.

Mary Ellis, 'W.J. Rees, 1772–1855: A portrait', *The Transactions of the Radnorshire Society,* 39 (1969), 24–35; 40 (1970), 21–8; 41 (1971), 76–85.

10

J. Wyn Evans

YR ESGOB THOMAS BURGESS, YR ARCHDDIACON THOMAS BEYNON A'R YMGYRCH I SEFYDLU COLEG DEWI SANT LLANBEDR PONT STEFFAN

> Cofiaf y dydd, mwynddydd mâd,
> Sywdeg, y bu gosodiad
> Dy faen-sylfaen—maen glwys mawr,
> Têr iesin a llawn trysawr ...
> Yr Esgob yn wir wisgi
> Y garreg (hoffdeg oedd hi)
> Curai â morthwyl cywrain
> A siriol y swynol sain ...
> ... Y da Sant, dewis yw,
> Burgess ein hyles hael-lyw.
> Tŵr yw i'n mâd dirfwlad dêr,—
> Haul a gem i hil Gomer ...
> Beynon, i tithau beunydd
> Yn ddidawl gwir fawl a fydd,—
> Rhiwiogwych fu'th anrhegion,
> Da frawd, a thwym fu dy fron.[1]

Gwelodd 2022 ddathlu daucanmlwyddiant gosod carreg sylfaen Coleg Dewi Sant, Llanbedr Pont Steffan, sefydliad hynaf addysg uwch Cymru sydd erbyn hyn yn rhan o Brifysgol Cymru y Drindod Dewi Sant. Pan osodwyd y garreg sylfaen ar 12 Awst 1822, canodd Daniel Ddu o Geredigion awdl yn coffáu'r achlysur. Ynddi mae'n moli noddwyr a chymwynaswyr y Coleg, yn eu plith Thomas Burgess, esgob Tyddewi, a Thomas Beynon, archddiacon Ceredigion.[2] Cofnodwyd yr achlysur mewn adroddiad Saesneg hefyd.[3]

Mae'r ysgrif yn sôn yn fanwl am y digwyddiad: y gwasanaeth yn eglwys y plwyf a'r bregeth a'i thestun, sef Malachi 2:7 'Y mae gwefusau offeiriaid yn diogelu gwybodaeth', a draethwyd gan John Williams, offeiriad y plwyf a phrifathro ysgol ramadeg enwog y dref; a'r seremoni lle y trosglwyddodd arglwyddi'r faenor, J.S. Harford a'i frawd, y weithred drawsgludiad i'r esgob. Yn ei ateb mae Burgess yn cydnabod haelioni'r rhodd o dir ac ar yr un pryd yn cydnabod na allasai fod wedi sefydlu'r Coleg heb gefnogaeth effeithiol clerigwyr a boneddigion yr esgobaeth. Bu gweddïau gan y Parchg Charles Philipps, caplan yr esgob, bendith gan yr esgob, gwledd yn neuadd y dref a chyfres o lwncdestunau, gan gynnwys un i gymwynaswr nad oedd yn bresennol, ond a oedd, yn ôl yr esgob, wedi cyfrannu mwy i'r coleg arfaethedig na neb; gŵr a oedd yn enwog am ei wladgarwch ac a fynnai weld cynnydd yn ei wlad o safbwynt llenyddiaeth, moeseg a chrefydd. Thomas Beynon oedd hwnnw.[4]

Mae cyfosod Thomas Beynon a Thomas Burgess yn annisgwyl ar un ystyr. Ar yr olwg gyntaf, nid oes dim i gysylltu'r ddau ŵr ond eu henwau bedydd, llythrennau blaen eu henwau a'r ffaith nad oedd y naill na'r llall yn disgyn o dras aristocrataidd, yn wahanol i gymaint o esgobion ac archddiaconiaid eu cyfnod. Roedd Burgess, Sais o Hampshire, yn fab i groser cefnog a Thomas Beynon yn fab i ffermwr da ei fyd a hanai o Lansadwrn yn Sir Gaerfyrddin ac a berthynai i ddosbarth y mân ysgwieriaid. Bu'r ddau'n gwasanaethu yn esgobaeth Tyddewi gyda'i gilydd o 1803 hyd 1825; yn wir, Burgess a benododd Beynon yn archddiacon Ceredigion yn 1814. Cadwodd y ddau mewn cysylltiad ar ôl i Burgess symud i esgobaeth Caersallog yn 1825. Yn y cyfnod hwnnw roedd y ddau mewn gwahanol ffyrdd yn gefnogol i'r Gymraeg a diwylliant Cymru ac am weld ffyniant yr Eglwys Anglicanaidd. Yr hyn sy'n cysylltu Beynon a Burgess yn fwyaf arbennig yw eu diddordeb mewn addysg ac addysg i glerigwyr. Nodwedd arall yw eu gweledigaeth, eu dyfalbarhad a'u brwdfrydedd dros sefydlu coleg i addysgu a hyfforddi ymgeiswyr am urddau sanctaidd yn esgobaeth Tyddewi. Yr hyn a symbylodd Burgess o leiaf—nid aeth Beynon i brifysgol—oedd anallu cymaint o ymgeiswyr i gwrdd â'r gost o astudio yn Rhydychen neu Gaer-grawnt.

Ganed Burgess yn Odiham yn Hampshire ar 18 Tachwedd 1756.[5] Aeth i Goleg Caer-wynt ac oddi yno cafodd ysgoloriaeth i Goleg Corff Crist, Rhydychen, gan fatriciwleiddio yn 1775. Astudio Groeg oedd ei brif ddiddordeb pan oedd yn fyfyriwr a chyhoeddodd lyfr ar bum trasiedi Groeg—y cyntaf o dros gant o gyhoeddiadau yn ystod ei fywyd. Graddiodd yn BA yn 1778 ac yn MA yn 1782 a gwnaed ef yn diwtor a chymrawd ei goleg yn 1787. Roedd bywyd o'r math hwn yn gweddu i'r dim i'r dyn swil a thawel hwn. Daeth tro ar fyd yn 1785 pan ddaeth yn gaplan teuluol ac arholiadol i Shute Barrington, esgob Caersallog. Cynnig annisgwyl oedd hwn am nad oedd y ddau yn adnabod ei gilydd ond roedd un o gyfeillion Burgess, Thomas Tyrwhitt, wedi ei gymeradwyo ac roedd hynny—ac enw da Burgess fel ysgolhaig—wedi cymell Barrington i gynnig y swydd iddo.

Roedd hwn yn apwyntiad allweddol a daeth yr Esgob Shute Barrington yn noddwr cadarn i Burgess. Roedd gan Barrington, a fu'n esgob Llandaf rhwng 1769 ac 1782, ddiddordeb yn yr Ysgolion Sul a lluniodd Burgess ddeunydd ar eu cyfer. Yn 1785 cyfarfu Burgess â Hannah More, yr awdur, y dramodydd a'r addysgwraig a oedd hefyd yn gefnogol i'r Ysgolion Sul a daeth y ddau yn gyfeillion. Bu hi hefyd yn ymgyrchu dros adfer moesau ac yn erbyn caethwasiaeth. Ysgrifennodd Burgess bamffled yn 1789 yn condemnio'r fasnach mewn caethweision. Pan sefydlwyd Coleg Dewi Sant, gwaddolodd Hannah More ysgoloriaeth er cof am ei chwaer Martha.

Yr Esgob Thomas Burgess
(Casgliad Portreadau Llyfrgell Genedlaethol Cymru)

Pan symudodd Barrington i fod yn esgob Durham yn 1791, symudodd Burgess gydag ef i fod yn gaplan iddo gan adael Rhydychen ar ôl derbyn gradd BD. Rhoddwyd sedd brebendaidd iddo yn yr eglwys gadeiriol. Yn y cyfnod hwn ymddengys fod Burgess yn dechrau teimlo y byddai'n hapusach mewn gweinidogaeth blwyfol ac yn 1795 apwyntiodd yr esgob ef yn rheithor Winston yn Swydd Durham. Treuliodd fywyd tawel ac encilgar yn ei blwyf tan fis Mehefin 1803. Rhai diwrnodau wedi iddo dderbyn ei radd DD yn Rhydychen, cafodd lythyr gan Henry Addington, un o'i gyfoedion yng Nghaer-wynt a Rhydychen, ac a oedd erbyn hynny yn brif weinidog, yn cynnig iddo esgobaeth Tyddewi.[6] Fe'i gwnaed yn glir i Burgess y byddai wedi cael cynnig esgobaeth Caer-wysg pe byddai'n oedi cyn derbyn Tyddewi. Ond mae'n debyg y byddai'r lleoliad gwledig yn Abergwili ger Caerfyrddin lle yr oedd llys esgobion Tyddewi wedi apelio ato. Dylid pwysleisio nad oedd Burgess wedi bod yng Nghymru ond unwaith, a hynny pan fu ar daith i'r gogledd. Teg sylwi hefyd nad oedd ar y pryd yn gweld gwerth i'r Gymraeg fel cyfrwng addysg.

Roedd gwahaniaeth sylfaenol rhwng plwyf tawel Winston ac esgobaeth Tyddewi. Hon oedd yr ail esgobaeth fwyaf o ran maint yn y Deyrnas Unedig. Pan ddaeth Burgess yn esgob yn 1803, roedd yn ymestyn dros siroedd Aberteifi, Caerfyrddin, Penfro, Brycheiniog a Maesyfed ac yn cynnwys rhannau o siroedd Morgannwg, Mynwy a Threfaldwyn heb sôn am rai plwyfi dros y ffin yn Swydd Henffordd. Ni ellir dweud ychwaith fod strwythurau trefn a gweinyddu'r esgobaeth anferth hon yn foddhaol. I'r gwrthwyneb. Ni fuasai'r gyfundrefn archddiaconol, a ddylai fod yn gofalu am ranbarthau'r esgobaeth ac yn cadw trefn ar ran yr esgob, wedi bod yn weithredol er 1665.

Nid tasg hawdd oedd bod yn ben ar yr esgobaeth estynedig hon. Er bod llawer o wŷr disglair a deallus wedi bod wrth y llyw yn ystod y ddeunawfed ganrif, ni lwyddwyd i arwain ac i newid yr esgobaeth ac i ddiwygio'r strwythurau plwyfol ac eglwysig canoloesol. Y prif reswm am hynny oedd y cyfnod byr a gafodd y rhan fwyaf ohonynt yn eu swyddi; adar teithiol ac ymfudol oeddynt yn wir. Tlodi'r esgobaeth sy'n esbonio hynny. Roedd incwm yr esgob gyda'r isaf ym Mhrydain a rhaid oedd i Burgess, fel ei ragflaenwyr, ddal swyddi eglwysig eraill er mwyn chwyddo ei incwm fel y gallai gyflawni ei ddyletswyddau fel esgob, nid yn unig oddi mewn i'w esgobaeth ond hefyd yn Nhŷ'r Arglwyddi.

Roedd anhawster arall. Ar sail ystyriaethau gwleidyddol y penodid esgobion Tyddewi, naill ai fel rhodd am wasanaeth i noddwr neu er mwyn cynnal mwyafrif y llywodraeth yn Nhŷ'r Arglwyddi. Canlyniad hyn oedd na chymerwyd unrhyw sylw o anghenion arbennig yr Eglwys yng Nghymru nac o anghenion Tyddewi lle yr oedd yr iaith Gymraeg a'r diwylliant yn gwbl angenrheidiol i lwyddiant cenhadaeth yr Eglwys. Cyfres o esgyb Eingl, chwedl Ieuan Fardd, a osodwyd ar esgobaethau Cymru. Ni ddyrchafwyd Cymro Cymraeg i esgobaeth yng Nghymru tan ddiwedd y bedwaredd ganrif ar bymtheg. At hyn, byddai'r esgobion estron yn cynnig bywoliaethau a swyddi oddi mewn i'r Eglwys i aelodau o'u teuluoedd a'u cyfeillion gan amddifadu'r clerigwyr brodorol haeddiannus o gyfleoedd ac o unrhyw bosibilrwydd o ddyrchafiad i swydd uwch. Ac roedd tlodi'r offeiriaid plwyf yn yr esgobaeth yn ddiarhebol. Roeddent yn dlawd am fod cymaint o eiddo eglwysig wedi ei arallu ac wedi dod i feddiant lleygwyr ar ôl diddymu'r mynachlogydd. Roedd y tâl a roddid am ofal eneidiau yn gwbl annigonol i gynnal gwraig a theulu. Canlyniad hynny oedd y rheidrwydd i wasanaethu mwy nag un fywoliaeth a byddai hynny yn ei dro yn arwain at brinder gwasanaethau yn yr eglwysi ar y Sul. Nid rhyfedd fod Ymneilltuaeth a Methodistiaeth yn ffynnu yn yr esgobaeth pan ddaeth Burgess iddi.[7]

Eglwys Gadeiriol Tyddewi
(Casgliad Tirluniau Llyfrgell Genedlaethol Cymru)

Er mai prin oedd yr addysg a gawsai llawer o'r clerigwyr, roedd nifer o'r ymgeiswyr am urddau eglwysig wedi mynychu un o'r ysgolion gramadeg neu'r ysgol enwog yn Ystradmeurig neu'r Academi Ymneilltuol yng Nghaerfyrddin ac roedd eu haddysg hwy o safon uchel. Ysywaeth, oherwydd tlodi'r esgobaeth ni lwyddai'r Eglwys bob tro i ddenu'r ymgeiswyr gorau a'r rhai mwyaf cymwys.

Dyna'r sefyllfa a wynebai Burgess pan gyrhaeddodd esgobaeth Tyddewi. Gan gofio iddo fod yn gaplan arholiadol i Barrington, a chanddo gyfrifoldeb dros arholi ymgeiswyr ar gyfer y weinidogaeth cyn eu derbyn ar gyfer eu hordeinio, nid rhyfedd iddo ganolbwyntio ar y mater hwn ar ddechrau ei waith esgobol. Ac nid ef yn unig ymhlith esgobion yr Eglwys Anglicanaidd a oedd yn pryderu ynglŷn â safonau ac ansawdd y clerigwyr. Mae tystiolaeth i Burgess osod safonau uchel i'r ymgeiswyr pan oedd yn gaplan.

Roedd Burgess yn ymwybodol iawn fod esgobaeth Tyddewi yn dlawd yn ariannol; fod ei bywyd ysbrydol yn farwaidd, fod Ymneilltuaeth ar gynnydd a bod llawer gormod o'r clerigwyr yn derbyn tâl rhy isel am eu dyletswyddau plwyfol. Aeth ati yn ei siars i glerigwyr esgobaeth Tyddewi yn ei ofwy cyntaf yn 1804, a hynny rai misoedd yn unig wedi iddo ddechrau ar ei swydd. Mae'r gofwy yn mynegi ei benderfyniad i ddiwygio a gwella cyflwr ei esgobaeth. Teitl y siars yn Gymraeg yw: 'Breintiau arbennig sy'n perthyn i'r weinidogaeth Gristnogol'.[8] Mae ganddo awgrymiadau o dan bum pennawd: darparu llenyddiaeth grefyddol, Beiblau a phamffledi yn Saesneg a Chymraeg yn rhad ac am ddim neu am bris gostyngol i'r cynulleidfaoedd; sefydlu llyfrgelloedd er budd y clerigwyr; sefydlu ysgolion dyddiol Saesneg ar gyfer y tlawd ac Ysgolion Sul; ac yn anad dim gwella safonau addysgiadol drwy hwyluso cyfryngau addysg gwŷr ieuainc a oedd yn bwriadu eu cynnig eu hunain i weinidogaeth Eglwys Loegr. Nid geiriau yn unig sydd yma. Yn fuan wedyn galwodd Burgess ddeoniaid gwlad yr esgobaeth at ei gilydd yn Abergwili er mwyn symud y cynlluniau yn eu blaen.

Roedd galw'r deoniaid gwlad ynghyd yn ddigwyddiad pur arwyddocaol. Os nad oedd yr archddiaconiaethau yn weithredol er 1665, roedd rhai o esgobion Tyddewi yn y ddeunawfed ganrif, er mwyn gwella strwythurau'r esgobaeth, wedi adfer swydd a oedd islaw swydd yr archddiacon, hynny yw, swydd y deon gwlad. Dyma'r clerig a oedd â gofal grŵp o blwyfi o fewn archddiaconiaeth ac a oedd yn cael ei benodi gan yr esgob ac yn atebol iddo; ac oherwydd nad oedd y swydd wedi ei diffinio mewn statud roedd gan yr esgob gyfle i'w defnyddio at ei amcanion diwygiol ei hun. A dyna a wnaeth Burgess yn 1804. Mae lle i gredu mai'r Esgob Edward Smallwell (1783-8) oedd y cyntaf i wneud hyn cyn iddo symud i esgobaeth Rhydychen bum mlynedd yn ddiweddarach. Ei olynydd oedd Samuel Horsley, yntau hefyd yn esgob am ysbaid fer rhwng 1788 ac 1793. Defnyddiai Horsley y deoniaid gwlad fel sianel gyfathrebu rhyngddo a chlerigwyr yr esgobaeth: i gyfleu ei gyfarwyddiadau ac i baratoi adroddiadau ar ran yr esgob ar nifer o bynciau gan gynnwys preswyliad clerigwyr yn eu bywoliaethau.

Galwodd Burgess y deoniaid gwlad i Abergwili ar 10 Hydref 1804. Daeth 11 ynghyd, ac o dan gadeiryddiaeth yr esgob penderfynwyd ffurfio Cymdeithas er mwyn Hybu Gwybodaeth Gristnogol ac Undeb Eglwysig yn Esgobaeth Tyddewi. Byddai'r gymdeithas yn agored i bob aelod o'r Eglwys, yn glerigwyr ac yn lleygwyr, a fyddai'n tanysgrifio. Derbynnid rhoddion o lyfrau ac arian; yr esgob i lywyddu, yr archddiaconiaid i fod yn is-lywyddion a'r deoniaid gwlad i ffurfio'r pwyllgor sefydlog. Roedd y deoniaid gwlad i gwrdd yng Nghaerfyrddin bob blwyddyn er mwyn archebu llyfrau ac archwilio'r cyfrifon; deoniaid gwlad pob archddiaconiaeth i gwrdd bob chwarter er mwyn dosbarthu llyfrau; a phob offeiriad plwyf i geisio a chasglu tanysgrifiadau.[9]

Anfonodd yr esgob lythyr ar 23 Hydref at holl glerigwyr yr esgobaeth gan eu hatgoffa iddo, ar derfyn ei ofwy, grybwyll sefydlu cymdeithas grefyddol a llenyddol er mwyn tryledu gwybodaeth grefyddol ymhlith y tlawd; er mwyn hyrwyddo cariad ac undeb ymhlith pob dosbarth o Gristnogion yn yr esgobaeth. Amlinellodd hyn yn y pum pennawd y cyfeiriwyd atynt uchod. Rhoddodd bwyslais arbennig ar sefydlu llyfrgelloedd yn yr esgobaeth. Rhoddodd bwyslais mwy ar yr angen i addysgu gwŷr ieuainc a fwriadai eu cynnig eu hunain ar gyfer y weinidogaeth—gwŷr ieuainc a oedd yn derbyn eu haddysg yn yr esgobaeth. Mae'r cymal hwn yn bwysig. Aeth Burgess rhagddo i gydnabod bod yr ysgolion gramadeg yn yr esgobaeth yn hollol gymwys i wneud hyn—ond gan ychwanegu 'dan reolaeth briodol ac yn cynnig dulliau *addas* o astudio'—addas mewn llythrennau italig.

Gresyna Burgess fod tri choleg canoloesol yn yr esgobaeth—a dylid nodi yn y fan hon nad sefydliadau addysgiadol oedd y colegau hyn—wedi eu diddymu adeg y Diwygiad Protestannaidd a heb eu hailsefydlu ar egwyddorion Protestannaidd. Ar yr un pryd, nid yw'n ffyddiog fod yr un a ailsefydlwyd, sef Coleg Crist Aberhonddu, yn ddigonol i ateb y galw, sef darparu cyfle i'r sawl a fwriadai dderbyn urddau sanctaidd, ond heb fanteision addysg prifysgol, dreulio ei amser yn astudio dros gyfnod o bedair blynedd cyn ei ordeinio.

Pwysleisia hefyd mor ddymunol fuasai darparu o leiaf un sefydliad addysgol addas ar gyfer gweinidogaeth yr Eglwys. Gwyddai am ymgais i wneud hynny yng Nghaerfyrddin a diddorol yw sylw Burgess nad oedd tref sirol boblog yn lle delfrydol ar gyfer sefydliad o'r fath. Ond yn y llythyr hwn at ei glerigwyr mae'r esgob yn addunedu y bydd yn y dyfodol agos yn trafod cynlluniau i greu sefydliad o'r fath. Yn y cyfamser, meddai, byddai'r gymdeithas yn darparu llyfrau a chymorth ariannol i efrydwyr ieuainc mewn Diwinyddiaeth a gwnaeth apêl i bob curad newydd gyfrannu degwm o dâl blwyddyn tuag at yr achos. Addawodd Burgess ei hun gyfrannu cant ac ugain o bunnoedd.

Coleg Dewi Sant Llanbedr Pont Steffan
(Casgliad Tirluniau Llyfrgell Genedlaethol Cymru)

Felly nid siop siarad oedd y cyfarfod. Roedd disgwyl i'r deoniaid gwlad weithredu a gwireddu cynlluniau'r esgob. Os 1804 oedd dyddiad y llythyr a'r cyfarfod, nid tan 1822 y gosodwyd carreg sylfaen y sefydliad arfaethedig ac nid tan 1827 yr agorwyd y drysau. Yn y cyfamser roedd cynlluniau eraill ar waith megis codi llety i fyfyrwyr a staff yn Ystradmeurig gerllaw'r ysgol a oedd eisoes wedi ei thrwyddedu gan yr Esgob Horsley i hyfforddi myfyrwyr ar gyfer y weinidogaeth Anglicanaidd. Aeth Burgess gam ymhellach trwy drwyddedu pedair ysgol ramadeg yn ei esgobaeth a mynnu bod y cyrsiau hyfforddi o saith mlynedd a gynigient i'w dilyn cyn ordinasiwn. A chan ei fod ef yn gweithredu fel ei gaplan arholiadol ei hun, gwyddai yn iawn am ansawdd yr ordinandiaid diraddedig yn yr esgobaeth. Nid rhyfedd, felly, iddo geisio sicrhau llety i'r ymgeiswyr yn Ystradmeurig. Pan fethodd y cynllun hwn, penderfynwyd codi coleg yn Llanddewibrefi lle yr oedd yr esgob yn arglwydd y faenor. Dyma leoliad un o'r colegau canoloesol y gresynai'r esgob eu bod wedi eu diddymu ac roedd yma eglwys urddasol a sylweddol. Yn 1809 dosbarthodd Burgess ymysg y deoniaid gwlad restr brintiedig fanwl o reoliadau ar gyfer sefydlu a llywodraethu coleg yn Llanddewibrefi a gofynnodd iddynt wneud sylwadau a'u dychwelyd cyn diwedd y mis. Rydym yn ffodus fod copi o'r holiadur ar glawr a bod ateb un o'r deoniaid gwlad hefyd wedi goroesi. Thomas Beynon oedd hwnnw, deon gwlad Emlyn.[10]

Dyma'r lle i droi at Thomas Beynon, un o arwyr y stori hon.[11] Ganed ef yng Nghae Glas (*Green Meadow*), ystad fechan yn Llansadwrn, yn 1745 yn ôl ei dystiolaeth ei hun yn ei lyfr lloffion, a bu farw yn 1833.[12] Roedd yn aelod o deulu o fân ysgwieriaid cefnog—amcangyfrifwyd bod yr ystad yn werth £3,000 y flwyddyn pan etifeddodd Beynon hi ar farwolaeth ei dad yn 1776. Rhwng 1783 ac 1810 bu'n asiant effeithiol i stad gyfagos Gelli Aur. Roedd yn amlwg yn ddyn busnes da ac yn barod â'i gyngor di-flewyn-ar-dafod i'r ysgwieriaid. Roedd hefyd yn glerigwr. Penodwyd ef yn ddiacon yn 1768 a'i ordeinio'n offeiriad yn 1769 gan esgob Henffordd.[13] Gwasanaethodd ei deitl yn Llanfihangel Cathedine, Sir Frycheiniog. Yn 1770 apwyntiwyd ef yn rheithor Llanfihangel Cilfargen, yn giwrad ac wedyn yn giwrad parhaol Llanfihangel Aberbythig ac yn giwrad parhaol Llandyfeisant, y tri dan nawdd teulu'r Fychaniaid a roddodd iddo yn ychwanegol reithoriaeth Pen-boyr yn 1784. Yn ôl W.T. Morgan, roedd y rhain i gyd yn werth £561 iddo—£388 ar ôl talu'r ciwradiaid. Daliodd y swyddi hyn tan ei farwolaeth yn 1833.[14] Roedd yn brebendari Caer-fai yn Eglwys Gadeiriol Tyddewi yn 1796 ond am flwyddyn y daliodd y swydd; cafodd brebend Cleirwy yng Ngholeg Crist Aberhonddu yn 1796 a daliodd honno hyd ei farwolaeth. Penododd Burgess ef yn archddiacon Ceredigion yn 1814.

Pliwralydd, felly, ac ar raddfa ddiwydiannol. Dyma un sy'n cynrychioli nodweddion gwaethaf yr hen gyfundrefn Hanoferaidd. Ac nid ciwrad bach tlawd y mynydd a chanddo wraig a theulu lluosog oedd Beynon ond tirfeddiannwr cefnog heb sôn am y bywoliaethau moethus yr oedd yn eu mwynhau; hen lanc a chanddo gysylltiadau eang ymhlith boneddigion ei fro. Er y gellid disgwyl y byddai wedi mynychu un o'r prifysgolion, o ystyried cyfoeth y teulu, nid oedd yn ŵr graddedig; fel clerc y disgrifir ef yng nghofrestri'r esgob adeg ei wneud yn ddiacon yn 1768. Yn arwyddocaol, roedd yr eglwysi y bu'n eu gwasanaethu mewn cyflwr gweddol. Ailadeiladodd eglwysi Pen-boyr (1809) a Llanfihangel Cilfargen (1822) ar ei draul ei hun. Roedd ganddo ddiddordebau hynafiaethol hefyd ac mae ei lyfr lloffion yn atgyfnerthu'r argraff hon. Gwyddys iddo ddarllen llyfr Browne Willis ar Eglwys Gadeiriol Tyddewi, er enghraifft.[15]

Byddai'n cadw ysgol ac Ysgolion Sul yn ei blwyfi a byddai'n cateceisio plant. Dosbarthai draethodau a chopïau o'r Beibl a'r Llyfr Gweddi Gyffredin ac roedd wedi sefydlu ysgol yn rhan ogleddol Llandyfeisant lle y gosodwyd Morgan Rhys yn ysgolfeistr. Cymeradwyodd Beynon ef i Madam Bevan pan oedd hi yn ystyried sefydlu ysgol yn rhan ddeheuol y plwyf. Ar y naill law, felly, ymddengys fod Beynon yn hollol gartrefol yn yr Eglwys Hanoferaidd anniwygiedig. Ond ar yr un pryd mae tystiolaeth ei fod ar flaen y gad yn y broses o drawsnewid a diwygio'r Eglwys honno.

Un agwedd bwysig ar yr osgo arloesol hon yw ei ddiddordeb mewn addysg, ac addysg a hyfforddiant clerigwyr yn benodol. Ac yn y cyd-destun hwnnw mae ei addysg gynnar ei hun yn arwyddocaol. Nid mewn ysgol ramadeg y cafodd ei addysg ond yn yr academi Bresbyteraidd yng Nghaerfyrddin. Ymaelododd yn 1763 pan oedd yn ddeunaw oed ac roedd yno, felly, yr un pryd â David Davis, Castellhywel, yn ystod prifathrawiaeth Dr Jenkin Jenkins, addysgwr, ysgolhaig ac athro da, ond Ariad. Yn ôl y sôn, nid oedd cadw disgyblaeth yn un o'i rinweddau. Roedd esgobion Tyddewi yn cydnabod gwerth ac ansawdd addysg yr Academi a dywedir i'r Esgob Burgess ei hun fynegi'r gobaith y byddai ei goleg ef yn gallu cynhyrchu cystal ysgolheigion. Fel y mae hi'n digwydd, mae maes llafur yr Academi yng nghyfnod Beynon wedi goroesi. Roedd yn cynnwys pwyslais ar y Gwyddorau a'u cysylltiad â Chrefydd Naturiol a Moeseg, y Clasuron, Mathemateg, Seryddiaeth, Gronoleg, Rhesymeg a Diwinyddiaeth. Yn anad dim, pwrpas yr Academi oedd meithrin pregethwyr. Hoffwn wybod a oedd y myfyrwyr Anglicanaidd yn gorfod pregethu o flaen eu cyd-fyfyrwyr a'r staff, yn Saesneg ac yn y Gymraeg.

Roedd gan Beynon ddiddordeb ym mywyd a diwylliant Cymru hefyd; yn ei llenyddiaeth ac yn y cymdeithasau a oedd yn blodeuo yng Nghymru yn y ddeunawfed ganrif a dechrau'r bedwaredd ganrif ar bymtheg. Yn wir, yr oedd, fel yr atgoffodd Mari Ellis ni, yn un o'r hen offeiriaid llengar.[16] Nid oedd, hyd y gwn, yn barddoni ond roedd y mesurau caeth a'r gynghanedd yn wrthun yn ei olwg. Roedd yn noddwr beirdd ac eisteddfodau. Er enghraifft, mae Daniel Ddu o Geredigion yn datgan ei ddiolch a'i werthfawrogiad am nawdd Beynon tuag at ei gyfrol *Gwinllan y Bardd*: 'Colofn sefydlog yr Eglwys, prif-noddwr yr awen, a hael gynnorthwywr pob peth ag sydd yn tueddu at anrhydedd hen wlad y Cymro'.[17] Tybed a wyddai Daniel fod Beynon wedi datgan y farn y byddai Daniel Ddu yn cael ei gyfrif yn un o brif feirdd Cymru pe bai yn ei ryddhau ei hun o lyffethair y canu caeth? Amlygodd Beynon ei gefnogaeth yn ymarferol, nid yn unig drwy danysgrifio i lyfrau ond hefyd drwy brynu pedwar neu bump neu fwy ar y tro. Bu i Iolo Morganwg yn ogystal â Daniel Ddu elwa ar ei haelioni a chysylltodd Ifor Ceri â Beynon fwy nag unwaith er mwyn ei gael i danysgrifio i lyfrau—llawer o'r gweithiau hyn yn draethodau buddugol neu yn gynnyrch yr eisteddfodau a gynhaliwyd o dan nawdd y cymdeithasau Cymroaidd.

I'R
PARCH. THOMAS BEYNON, M.A.,
ARCH-DDIACON CEREDIGION,
COLOFN SEFYDLOG YR EGLWYS,
PRIF-NODDWR YR AWEN,
A
HAEL GYNNORTHWYWR POB PETH AG SYDD
YN TUEDDU AT ANRHYDEDD
HEN WLAD Y CYMRO,
A GWELLHAD TYMHOROL AC YSPRYDOL
EI GYD-GENEDL,
Y CYFLWYNIR
Y GWAITH HWN,
FEL ARWYDD O BARCH DIFFUANT,
GAN EI UFUDDAF
WASANAETHYDD,
YR AWDWR.

Daniel Evans 'Daniel Ddu o Geredigion': Gwinllan y Bardd
Y cyflwyniad i Thomas Beynon

Nid rhyfedd, felly, fod Beynon yn un o'r offeiriadon llengar a ddaeth ynghyd yng Nghaerfyrddin ar 28 Hydref 1818 er mwyn sefydlu Cymdeithas Gymroaidd Dyfed 'The Cambrian Society in Dyfed'. Un o ddibenion y gymdeithas oedd gwneud clerigwyr Cymru yn ymwybodol o draddodiad hir llenyddiaeth Cymru; y gobaith oedd y byddai hynny yn ei dro yn arwain at gyhoeddi peth o gynnwys gwerthfawr y llawysgrifau. Ffordd ddelfrydol o wneud hynny oedd cynnal eisteddfodau. Y freuddwyd oedd sefydlu pedair cymdeithas, un i bob esgobaeth ond o dan enwau'r taleithiau hanesyddol: Dyfed, Powys, Gwynedd a Gwent. Mae sôn am esgobaethau yn ein hatgoffa mai menter eglwysig oedd hon yn ei hanfod. Clerigwyr a wahoddwyd i Gaerfyrddin ynghyd â boneddigion a lleygwyr amlwg. Rhaid cofio hefyd mai rhan o'r ymgyrch i addysgu'r clerigwyr oedd y datblygiad hwn. Burgess ei hun a fathodd yr enw 'Cambrian Society'.

Yr hyn sy'n ddadlennol yw fod rhywun neu rywrai wedi llwyddo i argyhoeddi Burgess fod lle a gwerth i'r Gymraeg yn y broses addysgiadol. Yn ôl ei fab, Eliezer Williams, ficer Llanbedr Pont Steffan oedd hwnnw[18] ond mae lle i gredu bod Beynon hefyd wedi dylanwadu ar Burgess heb sôn am yr offeiriadon llengar eraill megis Ifor Ceri a W.J. Rees, Casgob, a berthynai i'r cylch llenyddol hwn.

Un o ganlyniadau'r eisteddfod oedd sefydlu Cymdeithas Cymreigyddion Caerfyrddin, a Beynon yn un o'r aelodau. Daeth yn llywydd yn 1823. Daliodd ar y cyfle gan daranu yn erbyn y mesurau caeth a phan heriwyd ef gan un o diwtoriaid Academi Caerfyrddin, pwdodd Beynon ac ymddiswyddodd cyn i rywun ddwyn perswâd arno a'i gymell i ddychwelyd i'w swydd.

Dyna'r gŵr a welwn yn bresennol yn y cyfarfod o ddeoniaid gwlad yn 1804, un o'r cyfeillion y danfonodd Burgess y rheoliadau atynt yn 1809 a'r amlinelliad manwl o'r hyn a oedd gan yr esgob mewn golwg ar gyfer Coleg Llanddewibrefi (a oedd i'w alw yn Goleg Dewi Sant neu Goleg Tyddewi) ac i fod yn agored i unrhyw un o Gymru. Ym marn Beynon, byddai gosod y coleg mewn tref fel Caerfyrddin yn fwy manteisiol, ac yn wir yn ôl yn 1797 roedd ef ac eraill wedi dechrau meddwl am goleg o'r fath a hyd yn oed wedi cael John Nash, a oedd yn gweithio yn y dref ar y pryd, i baratoi cynlluniau. Ar yr un pryd mae Caerfyrddin yn ddewis od oherwydd yn ystod yr adeg y bu Beynon yno bu'n rhaid symud y coleg allan o'r dref am fod gormod yno i demtio'r myfyrwyr.

Mae'r sylwadau a anfonodd Beynon at Burgess yn graff a phroffwydol. Hola, er enghraifft, a fyddai'n briodol rhoi pensiwn i'r prifathro pe na bai'n gallu cyflawni gofynion ei swydd. Bu Llewelyn Lewellin, y prifathro cyntaf, yn ei swydd am 51 mlynedd. Mynnai Beynon weld Gronoleg, Daearyddiaeth a Hanes yn y maes llafur yn ogystal â Gwyddoniaeth a Seryddiaeth. Roedd angen pwyslais ar bastoralia a darllen pregethau yn ogystal â chateceisio. Dylai'r sawl a fyddai'n penodi'r prifathro gynnwys clerigwyr a oedd yn hyddysg yn y Gymraeg gan mai prif ddiben y sefydliad fyddai darparu clerigwyr ar gyfer y rhannau Cymraeg o'r esgobaeth. Un peth trawiadol yn y rheoliadau: dim ond 30 myfyriwr a'r rheini i'w galw yn sgolorion.[19]

Fel y gwyddom, siomwyd Beynon yn 1830 pan glywodd am fwriad y prifathro i gynnig ysgoloriaeth i'r myfyrwyr o Loegr yn ogystal â'r rhai o Gymru. Yn ei lythyr at Burgess (nid at ei olynydd, yr Esgob Jenkinson) dywed Beynon iddo fwriadu rhoi plwyf Talyllychau, gwerth £500; dwy neu dair mil o arian yn ei ewyllys er mwyn sefydlu cadair mewn Mathemateg; a rhoi pum cant neu fil o lyfrau i lyfrgell y Coleg. Ond am ei fod yn barnu bod yr awdurdodau am droi'r Coleg yn goleg Seisnig, ni fyddent yn derbyn na phlwyf nac arian na llyfrau.[20] A oedd Beynon yn siomedig fod breuddwyd Iolo Morganwg o goleg neu brifysgol i Gymru wedi ei chwalu? Y tro hwn ni lwyddodd neb i ddod â Beynon allan o'i bwd.

DARLLEN PELLACH

Mari Ellis, 'Thomas Beynon, Archddiacon Ceredigion 1745-1833', *Ceredigion*, 13 (1997-2000), 44-66.

D.T.W. Price, *A History of St David's College, Lampeter, volume one: to 1898* (Cardiff: University of Wales Press, 1977).

D.T.W. Price, *Yr Esgob Burgess a Choleg Llanbedr* (Caerdydd: Gwasg Prifysgol Cymru, 1987).

---

[1] Daniel Evans 'Daniel Ddu o Geredigion', *Gwinllan y Bardd* 3^{ydd} argraffiad (Lampeter: Cwmni y Wasg Eglwysig Gymreig, 1906), tt. 14-19.

[2] 'Beynon, i tithau beunydd / Yn ddidawl gwir fawl a fydd', gweler ibid., t. 19.

[3] R.J. Tree 'Laying the foundation stone of St David's College, Lampeter', *Cylchgrawn Cymdeithas Hanes yr Eglwys yng Nghymru*, iv, rhif 9, (1954), 89-111 (tt. 90-1).

[4] Tree, *passim*, ac am Beynon a gafodd lwncdestun er nad oedd yn bresennol, 102.

[5] D.T.W. Price, *A History of St David's College, Lampeter, volume one: to 1898* (Cardiff: University of Wales Press, 1977), tt. 1-6. Gweler hefyd D.T.W. Price, *Yr Esgob Burgess a Choleg Llanbedr* (Caerdydd: Gwasg Prifysgol Cymru, 1987), *passim*.

[6] Price, *A History of St David's College, Lampeter*, t. 2.

[7] Gweler pennod Eryn White, 'Religious revivals in the eighteenth, nineteenth and twentieth centuries', yn *Religion and Society in the Diocese of St. Davids 1485-2011*, ed. William Gibson and John Morgan-Guy (Burlington: Ashgate, 2015), tt. 128-56.

[8] Thomas Burgess, *Peculiar privileges of the Christian Ministry: considered in a charge delivered to the clegy of the Diocese of St. David's* (London, 1810), tt. 34-5.

[9] Price, *Yr Esgob Burgess a Choleg Llanbedr*, t. 30.

[10] Gweler ei sylwadau, ynghyd â rhai John Jones (?1740-1820), canon trigiannol a chyn-ysgolfeistr Ysgol Ramadeg Eglwys Gadeiriol Tyddewi a'i gyd-ddeon gwlad, yn Prifysgol y Drindod Dewi Sant [= PYDDS] UA/D/1-4.

[11] Mari Ellis, 'Thomas Beynon, Archddiacon Ceredigion 1745-1833', *Ceredigion*, 13 (1997-2000), 44-66. Clywais Dr Ellis yn rhoi yr un ddarlith yn Saesneg i Gyfeillion Eglwys Gadeiriol Tyddewi yn 1993 ac 1994. Mae'r hyn sydd gennyf i'w ddweud am Beynon yn seiliedig ar yr erthygl wych a chynhwysfawr hon.

[12] Nid offeiriad oedd ei dad, fel y dywed John E. Davies yn ei astudiaeth werthfawr o deulu Campbell, *The Changing Fortunes of a British Aristocratic Family, 1689-1976* (Woodbridge: Boydell Press, 2019), t. 35.

[13] A, *pace* Davies, op.cit., t. 35, nid fel 'deacon of Abergwili' yr ordeiniwyd ef. Fel unrhyw ymgeisydd am y weinidogaeth, gwnaethpwyd ef yn ddiacon, gradd gyntaf y weinidogaeth Anglicanaidd, gan yr esgob yn ei gapel yn Abergwili ym mis Awst 1768.

[14] W.T. Morgan, 'The Diocese of St David's in the nineteenth century: The unreformed Church', *Cylchgrawn Cymdeithas Hanes yr Eglwys yng Nghymru*, xxi, rhif 26 (1971), 5–50 (tt. 17–18 ar Thomas Beynon).

[15] Mae ei lyfr lloffion yn awr yn Llyfrgell Genedlaethol Cymru: llawysgrif Cwrtmawr 496.

[16] Bedwyr Lewis Jones, 'Yr *Hen Bersoniaid Llengar*' (n.p.: Gwasg yr Eglwys yng Nghymru, [1963]).

[17] Daw'r geiriau o gyflwyniad Daniel Ddu i Beynon ar ddechrau *Gwinllan y Bardd*, t. [i].

[18] St George Armstrong Williams, *The English works of the late Rev. Eliezer Williams, M.A. Vicar of Lampeter, and Caio* (London, 1840), t. lxvi.

[19] PYDDS UA/D/1/4 (2).

[20] PYDDS UA/D/1/43.

11

Gwendraeth Morgan

'FE SPWYLIWYD Y SPELIAN': JOHN ROBERTS, TREMEIRCHION, W. BRUCE KNIGHT A HELYNT YR ORGRAFF

Ar ddechrau llythyr yn *Seren Gomer* yn 1821[1] y dyfynnwyd y geiriau uchod ac fe'u cynhwyswyd yno er mwyn nodi gwrthwynebiad lliaws o'r Cymry i'r hyn a oedd yn digwydd i'r iaith ysgrifenedig. Yn sgil yr ymgais i 'adluniaw yr iaith,'[2] a ddechreuodd o ddifrif yn 1793, roedd rhai mathau o eiriau'n cael eu sillafu'n wahanol i'r hen arfer, a'r ffurfiau anhanesyddol hynny a godai wrychyn y gwrthwynebwyr. Nid peth newydd oedd ceisio cymhennu'r iaith ysgrifenedig oherwydd diffygion tybiedig, ond ni chafwyd ymdrech ymosodol i wireddu'r amcan tan ddechrau degawd olaf y ddeunawfed ganrif wrth i'r Chwyldro yn Ffrainc brofi y gellid ymryddhau o hen hualau a herio hen drefn. Rhaid bod y naws anturus, feiddgar a gerddai'r tir wedi sbarduno'r penderfyniad i gyflwyno cyfundrefn ieithyddol anghyfarwydd i'r Cymry[3] ond mae'n fwy na thebyg mai ymddangosiad cyhoeddiad radical a gynigiai lwyfan i arddangos system orgraffyddol ddiwygiedig oedd yr ysgogiad penodol.

Ar ddechrau rhifyn cyntaf y cyfnodolyn newydd, *Cylch-grawn Cynmraeg*, a gyhoeddwyd ym mis Chwefror 1793 gan y Bedyddiwr, Morgan John Rhys, caed y pennawd canlynol sy'n arfer llythyren nad oedd yn perthyn i wyddor Gymraeg y cyfnod ac sy'n cyflwyno ffurf ddieithr ar yr ansoddair dilynol: AT ORUÇWYLWYR Y CYLÇ-GRAWN CYNMRAEG. Ceir eglurhad am y llythyren estron yn y llythyr annerch sy'n dilyn wrth i'r awdur fynegi ei obaith y byddai'r cylchgrawn yn 'oferyn ynmhlith pethau llesawl eraill, i zwyn i ben y diwygiad y syz eisiau yn yr EGWYZAWR Gynmreig'; a cheir enghreifftiau pellach o lythrennau y dymunai eu mabwysiadu yn lle'r rhai arferol: 'Yn lle *ch* gellid arver *ç* ... Yn lle *dd*, cymhwys vyzai rhozi *z* ... Yn lle *ff*, iawn fyzai arfer *f*, ... ac adveryd *v* ... yn lle *f*.'

Ac nid deugraffau'r wyddor a'r graffem 'f' oedd yr unig dargedau; anelai at newid sillafiad geiriau hefyd drwy ddiosg llythrennau nad oeddent, yn ei dyb ef, 'yn tarzu yn rhywiawg o wreizyn y ... gair'. O ganlyniad, ymyrrwyd ag 'nn' ac 'rr' yn y goben acennog gan darfu ar ffurfiau hanesyddol, tarddiadol. Nid yw Rhys yn ymhelaethu rhagor yn y rhifyn hwn ond roedd ei ddiwygio yn newid orgraff y rhan fwyaf o'r rhannau ymadrodd; er enghraifft, mynnai mai cywir oedd arfer 'dy-' ar draul 'di-' lle y tybiai mai cadarnhaol oedd swydd y rhagddodiad ac arfer 'an-' rhagddodiadol ac 'yn' arddodiadol bob tro heb gymathu â'r gytsain ddilynol. Erbyn y flwyddyn 1814 roedd ffurfiau'r gyfundrefn hon yn frith yn yr iaith ysgrifenedig, mewn sawl cyfrwng, a hynny a oedd yn peri diflastod i'r gŵr a gwynodd am y sbelian.

'Fe spwyliwyd y spelian'

Pwy oedd awdur y llythyr annerch yng nghyfnodolyn 1793? G. OWAIN O VEIRION yw'r enw sydd ar waelod y cyfraniad, sef William Owen Pughe, aelod o Gymdeithas y Gwyneddigion yn Llundain, nythaid o radicaliaid a gefnogai'r Chwyldro yn Ffrainc, a Pughe ei hunan yn gefnogwr brwd am gyfnod. Syniasai y byddai'r cylchgrawn radical hwn yn gyfrwng campus i ddechrau cyhoeddi'r gyfundrefn a roes at ei gilydd

Y Cylchgrawn Cynmraeg
(Casgliad Cylchgronau Llyfrgell Genedlaethol Cymru)

a chymeradwywyd ei fwriad gan Rys a hysbysodd y darllenwyr y byddai rhifynnau nesaf y cyfnodolyn yn arfer orgraff Pughe. Ond cododd cymaint o dwrw ynghylch y ffurfiau fel y bu rhaid i'r golygydd gefnu ar ei fwriad[4] a chynnwys 'Ymddiddan' o waith Dafydd Ddu Eryri a dau o'i gyfeillion yn dirmygu cyfundrefn Pughe yn y trydydd rhifyn ym mis Awst.[5] Ond hyd yn oed cyn hynny, a chyn i'r ail rifyn ddod o'r wasg, roedd twrw arall wedi codi o ganlyniad i'r orgraff ddieithr.

Ar 1 Chwefror 1793 cyhoeddodd Ffrainc ryfel yn erbyn Prydain ac, yn ôl hen arfer, penodwyd diwrnod o ympryd, gweddi a phenyd i ddigwydd ddydd Gwener 19 Ebrill. Roedd pob eglwys a chapel yn Lloegr a Chymru i gynnal y Foreol Weddi a'r cyn-Gymun ynghyd â'r Gosber yn yr hwyr, a cheid taflenni arbennig am geiniog yr un yn nodi trefn y gwasanaeth ac yn cynnwys gweddïau arbennig a gyfansoddwyd ar gyfer yr achlysur. Byddai rhaid defnyddio'r taflenni penodol hyn ochr yn ochr â gwasanaethau'r bore a'r hwyr o'r Llyfr Gweddi Gyffredin. Pan droes clerigwyr Cymru at y daflen wrth ddechrau gwasanaeth y bore, daethant wyneb yn wyneb â llythrennau a ffurfiau geiriol hollol estron, a dim i esbonio beth oeddent. Roedd y pennawd ei hun yn ddigon i'w drysu:

> FURV GWEDDI I'W HARVER yn mhob eglwys a chapel o vewn y rhan o Brydain Vawr à elwir Lloegyr, Tywysogaeth Cynmru a Threv Berwic-ar-Dwid ... ger bron yr Hollalluawg Dduw ... trwy dderchavu ein Gweddïau a'n Hervyniadau at y Dwyvawl Vawrhydi ... er troi ymaith y Barnedigaethau trymion hỳny ... ac er adveru a hir barâu Tangnevedd, Diogelwch a Fŷniant.[6]

A doedd dim esboniad i'w gael ychwaith yn y cyfarwyddiadau ynghylch trefn y gwasanaeth gan eu bod hwythau yn y diwyg rhyfedd hwn, a'r gweddïau arbennig, hefyd, yn yr un orgraff ddieithr. Cymaint oedd eu penbleth fel na lwyddodd ond ychydig iawn o'r clerigwyr i lefaru'r testun a oedd ar y daflen[7] ac aethant yn gynddeiriog wyllt at yr esgobion i achwyn ac i esbonio pam y bu rhaid hepgor y deunydd a luniwyd yn arbennig gan bwyllgor o esgobion a chlerigwyr ar gyfer y diwrnod. Pryderent, nid yn unig fod yr addoliad wedi ei andwyo, ond bod hepgor y darlleniadau yn agored i'w ddehongli yn weithred fradwrus mewn cyfnod mor ansicr a drwgdybus.

Saeson oedd pob un o'r pedwar esgob: Warren (Bangor), Horsley (Tyddewi), Bagot (Llanelwy) a Watson (Llandaf) ac ni fyddent wedi deall y manylion ieithyddol ond byddent hwythau'n pryderu y gellid eu cyhuddo o weithredu yn erbyn y sefydliad wrth glywed bod rhyw gyfieithydd wedi arfer orgraff nas gwelwyd yn y Beibl na'r Llyfr Gweddi[8] ac na ddarllenwyd y gweddïau penodedig o ganlyniad.

Pwy oedd y cyfieithydd a roesai'r clerigwyr yn y fath sefyllfa beryglus? Os oedd Peter Bailey Williams, ficer newydd Llanrug, eisoes wedi cyfarfod â Dafydd Ddu Eryri, gŵr a ddaeth yn gyfaill mynwesol iddo, byddai wedi cael hanes y llythrennau a'r ffurfiau rhyfedd a welwyd yn rhifyn cyntaf y *Cylch-grawn Cynmraeg* ym mis Chwefror, ac wedi dirnad ar unwaith pwy a fu wrthi'n cyfieithu'r ffurfweddi. Ond cyn hir roedd pawb yn gwybod mai un o'r Gwyneddigion yn Llundain oedd y cyfieithydd, neb llai na William Owen Pughe, a dyma'r cyhuddo'n dechrau. Mae John Williams, ysgolfeistr Ysgol Rad Llanrwst, yn cysylltu'n uniongyrchol â Pughe er mwyn datgan ei anfodlonrwydd a chyfleu digofaint y clerigwyr:

> The infamous translation, as it is stiled [sic], of the Prayers for the Last Fast the clergy of this country attribute to you; and they are indignant to a high degree on the occasion. And so am I.[9]

A dyma Henry Parry, offeiriad Treffynnon, yn ysgrifennu at Walter Davies 'Gwallter Mechain', y darpar glerigwr:

> Wm Owen has broke his shins with the Welsh Clergy by his introduction of new Orthography to the W. Language in the Form of Prayer for the late General Fast.[10]

Tawelu a wnaeth y storm yn raddol er bod cof am y digwyddiad yn ddigon byw yn 1811 i John Roberts, ficer Tremeirchion, ddatgan:

> The occasional Prayers ... Owing to the orthography and the obsoleteness of the language in which the translation appeared, their effect, as forms of devotion, was much impaired, and these impediments to a devout use of them were felt by the Clergy as a serious grievance.[11]

Amharu ar yr addoli; dyna gyhuddiad y clerigwyr, a dyna achos gwaelodol eu dicter.

Byddai'n rhesymol credu na welid yr un o ffurfiau Pughe ar daflenni'r Eglwys byth wedyn, ac mae'n ymddangos na chafwyd y llythrennau dieithr yn Ffurfiau Gweddi'r blynyddoedd dilynol, ond cafwyd ffurfiau'n costrelu rhai nodweddion eraill. Dengys hyn nid yn unig fod argraffwyr y brenin, na chlywsent am y cynnwrf, wedi parhau i gyflogi Pughe ond, hefyd, fod Pughe yn barod i herio gwrthwynebiad, a'i anwybyddu, er mwyn hybu ei amcanion. Gwelir yn ogystal nad oedd clerigwyr Cymru yn ddigon cytûn i siarad ag un llais awdurdodol yn erbyn cyfundrefn Pughe er bod eu gwrthwynebiad i'r llythrennau wedi llwyddo i wahardd y rhan honno ohoni.

Deallodd Pughe na fyddai gobaith i'w system ledu os na châi fynediad i'r Beibl, deunydd darllen mwyafrif y Cymry yn y cyfnod hwn. Rhywbryd tua diwedd degawd olaf y ddeunawfed ganrif clywodd si fod yr SPCK yn anelu at gyhoeddi argraffiad Cymraeg o'r Beibl, ac mai'r bwriad oedd gofyn i Wallter Mechain, curad Meifod erbyn hyn, olygu'r testun. Gwelodd Pughe ei gyfle a dyma ohebu â Gwallter:

> If I thought you could be gained over ... to think it expedient to introduce an orthography like the Dictionary ... I would then draw up the plan to put into the hands of some who will be concerned in it, to be supported by you.[12]

Ond ni chafodd Gwallter ei big i mewn. John Roberts, y soniwyd eisoes amdano, a fu'n cywiro proflenni Beibl 1799[13] a hynny ar eirda Joseph Hoare, clerigwr a phrifathro Coleg Iesu, a hanai o Gaerdydd. Felly drylliwyd gobeithion Pughe. Ond yn ddisymwth ac yn annisgwyl dyma ddrws arall yn agor iddo pan hysbysodd Gwallter Mechain ef ar 20 Mehefin 1799:

> There is a Welsh magazine on foot again ... The Editors are the Rev[d]. Tho. Charles and the Rev[d]. Tho[s]. Jones, Dissenting Ministers, the one at Bala, the other at Mold. Yr ydym yn cyd-uno (they say) a'r Beirniad gwybodus, William Owen, mai nid iawn ysgrifennu ydyw digasog,

diben &c. – ond yn hytrach dygasog, dyben &c which they engage themselves to adopt in their Orthography for the future.[14]

Rhaid bod Pughe yn methu â chredu. Dyma'r Eglwyswyr Methodistaidd, a ddrwgdybiai'r Gwyneddigion oherwydd eu daliadau radical, yn bwriadu arfer orgraff aelod o'r gymdeithas honno; orgraff a oedd wedi cael ei chondemnio gan glerigwyr a lleygwyr. Ac erbyn i Pughe dderbyn llythyr Mechain roedd un rhifyn o'r cylchgrawn *Trysorfa Ysprydol* eisoes wedi ei gyhoeddi ac yn arddel ffurfiau megis 'dyben' yn lle 'diben', 'anmharchus' yn lle 'amharchus', 'yn Nghrist' yn lle 'yng Nghrist' ac un 'n' ac un 'r' mewn geiriau fel 'hynny' a 'torri'.

William Owen Pughe
(Casgliad Portreadau Llyfrgell Genedlaethol Cymru)

Ymddengys mai syniad Thomas Jones oedd dwyn orgraff Pughe i'r cylchgrawn. Mae hynny'n syndod oherwydd fe'i trwythwyd yn yr ieithoedd clasurol gan John Lloyd, ficer Caerwys a thad Angharad Llwyd, roedd yn gyfarwydd â llenyddiaeth Cymru, yn barddoni ac yn cyfansoddi emynau—ef yw awdur 'Mi wn fod fy Mhrynwr yn fyw'—a chynhyrchai ddeunydd diwinyddol o safon uchel mewn Cymraeg graenus, traddodiadol, fel *Gair yn ei Amser at Drigolion Cymru* (1798). Mae'n rhyfedd fod gŵr a chanddo'r fath grap ar ieithoedd, ac a oedd yn gyfarwydd â'r ffurfiau ieithyddol yn llenyddiaeth Cymru, wedi llyncu cynnyrch Pughe. Ond, mae'n bosibl mai honiadau'r gŵr hwnnw y byddai ei system yn ailfywiocáu'r 'bardic alphabet' a apeliodd at anian farddonol Thomas Jones ac a'i symbylodd i fabwysiadu'r ffurfiau dan sylw.

Ni fu'r *Drysorfa* gyntaf yn hir cyn dod i ben. Nid oedd yn talu ei ffordd ond awgrymwyd hefyd nad oedd Cymdeithasfaoedd y Methodistiaid yn hapus â'r orgraff am ei bod mor wahanol i orgraff y Beibl. Felly, dyma fynediad i lenyddiaeth grefyddol Cymru, a'i chynulleidfa o ddarllenwyr, yn cau yn wyneb Pughe. Roedd rhai geiriaduron yn cael eu cyhoeddi a oedd yn arddel ei ffurfiau ond cyfyng iawn fyddai eu cyrhaeddiad hwy ac nid oedd ganddynt yr un dylanwad â'r Beibl neu hyd yn oed gylchgrawn crefyddol. Ond dyma achubiaeth yn dod eto; y tro hwn ym mherson neb llai na Thomas Charles ei hun. Os oedd hi'n rhyfedd fod Thomas Jones wedi ei ddenu gan Pughe, roedd hi'n rhyfeddach fyth fod hynny wedi digwydd yn achos Charles nad oedd barddoniaeth yn ei ddiddori ac nad oedd ganddo'r un afael â Thomas Jones ar yr iaith, na'r un diddordeb ynddi ond fel offeryn i drosglwyddo'r ffydd.[15] At hynny, rhaid ei fod yn gwybod bod Pughe yn un o ddilynwyr Joanna Southcott a honnai mai hi oedd y wraig yn yr Apocalyps a esgorodd ar fab, ac a haerai y genid y Meseia newydd iddi hi yn y flwyddyn 1814. Rhyfedd na fyddai Charles wedi ei holi ei hunan ai dyn yn cofleidio eithafion a ffantasïau oedd Pughe. Ond, i'r gwrthwyneb; fe'i hudwyd yn llwyr gan yr honiadau am burdeb y Gymraeg pan nad oedd hi ond 'un gradd oddi wrth iaith wreiddiawl y byd', yr iaith Hebraeg, ac mai ei dwyn yn ôl i'r cyflwr dilwgr hwnnw oedd bwriad Pughe. Gan lwyr gredu hynny, pa ryfedd i Charles ddatgan bod y Gymraeg, yng ngwisg Pughe, 'yn neillduawl o addas i ymadroddi am bethau ysbrydawl'.[16] Ac fe egyr ddrws i orgraff Pughe ac estyn cyfle iddo wireddu ei freuddwyd o'i gweld yn y Beibl oherwydd yn 1804 sefydlwyd y Feibl Gymdeithas gan Charles ac eraill ac ar unwaith, i ateb y galw, penderfynwyd argraffu Beiblau Cymraeg. Cynigiodd Charles fod yn olygydd ac awgrymodd ef Pughe yn gywirwr y wasg: Gwasg y Brifysgol yng Nghaer-grawnt.[17]

A dyma ddechrau. Ym mis Tachwedd anfonodd Charles ddarnau wedi eu cywiro i bwyllgor y gymdeithas a nodi iddo ddiosg rhai cytseiniaid lle nad oedd eu hangen, ar sail dadleuon Pughe, a'i fod hefyd wedi gwneud 'diwygiadau' eraill yn null Pughe,[18] er enghraifft:

	Beibl 1799	**Cywiriad Charles**
Genesis 11:30	ammhlantadwy	anmhlantadwy
Genesis 26:6	yng Ngerar	yn Ngerar
Salm 52:5	Duw a'th ddistrywia	Duw a'th ddystrywia
Salm 61:6	estynni	estyni
Diarhebion 25:4	Tyn yr amhuredd	Tyn yr anmhuredd

A dyma Mr Tarn, ysgrifennydd y gymdeithas, heb ddeall dim o oblygiadau'r newidiadau, yn anfon ei ddiolch iddo. Ond roedd John Roberts[19] wedi cael ar ddeall bod Charles a Pughe wrthi yn newid yr orgraff ac ar ddiwrnod olaf Rhagfyr 1804 anfonodd lythyr at yr SPCK yn sôn am y newidiadau, yn cyfeirio at y rheol fod angen i esgobion awdurdodi newidiadau ac yn datgan mai 'two leading characters among the Methodists'[20] a oedd wrth y llyw. Dyma ddechrau llythyru gwyllt. Mae'r SPCK yn anfon at esgob Llundain, dirprwy gadeirydd y Feibl Gymdeithas, a hwnnw'n dechrau hysbysu swyddogion y gymdeithas honno, gan ddatgan y dylid atal y gwaith ar unwaith nes gwneud ymholiadau. Mae'r llywydd, Arglwydd Teignmouth, am i'r gwaith fynd yn ei flaen yn cynnwys y newidiadau, ond nid oedd yr esgobion a oedd ynghlwm wrth y ddwy gymdeithas yn cytuno. Roedd Deddf Unffurfiaeth 1662 yn berthnasol i'r Beibl Cymraeg, yn ogystal ag i'r Saesneg, meddent, a rhaid i argraffiad newydd gael ei awdurdodi gan bedwar esgob Cymru ac esgob Henffordd.

Pen draw y cwbl oedd bod aelodau o bwyllgor seneddol Prifysgol Caer-grawnt yn mynnu bod canolwr ac awgrymwyd Gwallter Mechain. Dyma Wallter yn datgan ar unwaith: 'by introducing innovations, verbal or literal, into the sacred code, the critic meddles with edge-tools', a dywed ymhellach, 'I am rather biassed [sic] against innovations in the translation of the Scriptures.'[21] Yn gyndyn iawn bodlonodd Charles gadw at yr orgraff draddodiadol ac ar ddechrau 1806, a'r Beibl yn dal heb ei gyhoeddi oherwydd y ffrwgwd am yr orgraff, enfyn y rhybudd canlynol at Pughe: 'Be sure not to alter a word; we are watched', ac eto 'You must remember that we are narrowly watched and deemed little better than heretics, and if we make any mutation in the orthography "escymmunir ni o fonwent ac eglwys" '.[22]

Ond mor ddiweddar â mis Awst mae Pughe yn ysgrifennu at Wallter Mechain ac yn pwyso arno i hepgor y sillgoll—un arall o nodweddion ei system. Byddai'n well iddo petai wedi talu sylw i'r gwaith cywiro oherwydd pan ddaeth y Beibl o'r wasg, o'r diwedd, roedd yr wythfed bennod o Lyfr y Barnwyr ar goll, roedd adnod 30 o Salm 105 wedi ei hailadrodd yn lle adnod 36, a darn o'r bedwaredd adnod o Jeremeia 35 ar goll.[23]

Un o ganlyniadau cynnwrf y blynyddoedd hyn oedd i'r SPCK ofalu bod y pedwar esgob ac esgob Henffordd yn awdurdodi eu hargraffiad o'r Beibl yn 1809; cyfrol yr oedd y Llyfr Gweddi Gyffredin ynghlwm wrthi.[24] Canlyniad arall oedd bod drwgdybiaeth rhwng aelodau'r rhengoedd crefyddol, rhwng Methodist a Methodist y tro hwn, oherwydd er mai John Roberts a ysgrifennodd y llythyr a sbardunodd y cynnwrf, John Humphreys, y Methodist, sy'n cael y bai gan Charles: 'maddeued yr Arglwydd iddo', meddai.[25]

Bu'r anghydfod yng nghof yr enwad am flynyddoedd oherwydd yn nhridegau'r ganrif dyma gyfrannwr i'r *Drysorfa* yn honni:

> Crybwyllodd y diweddar Barch. John Humphreys am y diwygiad hwn a fwriedid yn ... [y] Bibl Sanctaidd, (a hyny gydâ sirioldeb a llawn gymmeradwyad o'r amcan) wrth wr dysgedig a duwiol, ... sef y diweddar Barch. J. Roberts A.M. Periglor Tremeirchion ...[26]

gan bwysleisio nad oedd unrhyw falais yn erbyn Charles; ond fel arall y gwelodd Charles hi. Canlyniad arall oedd bod orgraff Pughe yn dechrau magu symbolaeth wrth-Eglwys Wladol. 'To pervert doctrine and favour dissent'[27] oedd yr honiad a wnaed adeg y ffrwgwd ynghylch orgraff Beibl 1804 a bu'r ymdeimlad hwnnw yn isorweddol ar hyd y degawd cyntaf gan fagu nerth gyda threigl amser.

Ond pwysicach na'r rhain i gyd oedd yr ofn y byddai dieithrwch yr orgraff yn troi pobl yn erbyn y Beibl. Fel hyn yr ysgrifennodd y Cymro gloyw, Thomas Beynon, archddiacon Ceredigion yn ddiweddarach, at esgob Tyddewi ym mis Mai, 1805:

> I believe that it is the general wish that no attempt may be made to introduce [into the Bible] the new orthography adopted by Mr Owen in his Welsh Dictionary [it] would be universally disliked and would operate almost as a prohibition to read the Bible.[28]

Nid yn y degawd hwn yn unig y lleisiwyd yr ofn hwnnw. Ond, am y tro, roedd y Beibl yn ddiogel rhag gafael orgraff Pughe. Eto i gyd, roedd honno'n dal i gael ei lledu yn *Y Drysorfa* newydd a ddechreuodd yn 1809 o dan olygiaeth Charles a chan lyfrau di-rif a arllwysai o wasg Y Bala, a'r rheini'n gyforiog o adnodau yn orgraff Pughe. Aeth y clerigwyr Methodistaidd a'u dilynwyr allan o'r Eglwys Wladol yn 1811 a bu Thomas Charles farw yn 1814, ond nid cyn iddo, yn ôl Gwallter Mechain, arfer y rhagddodiad 'an-' yn lle 'am-' yn y Beibl a olygodd y flwyddyn honno: 'Anmherffaith and its fellows compose the greatest among the few blemishes in Mr Charles's edition of 1814.'[29]

Bu pethau'n gymharol dawel ynghylch yr orgraff hyd nes i *Seren Gomer* ymddangos yn wythnos gyntaf Ionawr 1814 o dan olygiaeth y Bedyddiwr, Joseph Harris. Deellir ar unwaith mai orgraff Pughe fyddai yn yr wythnosolyn wrth ganfod ffurfiau fel 'dyben' a 'genyf'. Eto i gyd, bu gosteg tan y pedwerydd rhifyn pan geir rhyw Idris Fychan yn cyhuddo dilynwyr Pughe o 'wanhau yr iaith tan esgus ei harddu hi'.[30] Dyma'r llifddorau'n agor, a'r gohebydd J. J. B.l. yn clochdar rhagoriaethau orgraff Pughe ac Eliezer Williams, ficer Llanbedr Pont Steffan, yn ei chollfarnu. Beirniada Eliezer y diwygwyr ar dir eu hanwybodaeth o'r iaith, o'u cymharu â Dr John Davies, Mallwyd, ac â yn ei flaen i drin a thrafod cystrawen a gramadeg yr iaith yn ddeheuig iawn er mwyn gwrthbrofi Pughe gan dynnu ar yr hyn a ddysgodd am yr iaith Gymraeg a'i barddoniaeth gan Ieuan Fardd. Mae Eliezer yn haeru mai cynnwrf y Chwyldro Ffrengig a sbardunodd y newid yn yr orgraff, er mwyn torri â'r hen a sefydlu'r newydd; ac, wrth fynd heibio, mae'n gwawdio'r graffem 'ç' â'i chynffon Ffrengig. Pwysleisia newydd-deb y gyfundrefn a chynhyrfa hynny ei wrthwynebwyr a fynnai mai adfer hen gynsail yr iaith a wnâi Pughe.

Ond mwy grymus na'r holl themâu hyn yw ei sylwadau ynghylch y Beibl. Mewn un man lleisia ei bryder y byddai'r orgraff newydd, drwy fod yn rhwystr i ddarllenwyr, yn eu hamddifadu o fuddioldeb y Beibl. Yn wir, â mor bell ag awgrymu mai halogiad fyddai orgraff Pughe yn y testun cysegredig ac mai i osgoi hynny y gwrthododd y clerigwyr ddarllen y gwasanaeth yn 1793:

> iddynt hwy yr ydym ni'n rhwymedig, nad yw y ffieidd-dra anghyfaneddol, o gyfnewidiad anesgusodol, yn awr yn sefyll yn y lle sanctaidd.[31]

Ym mis Gorffennaf 1819 roedd Eliezer yng Nghaerfyrddin gyda'i gyd-feirniad Iolo Morganwg yn eisteddfod gyntaf Cymdeithas Gymroaidd Dyfed. Cytunwyd y byddai llunio traethawd ar yr orgraff yn un o gystadlaethau eisteddfod 1823, a John Roberts a fu'n fuddugol am 'Reasons for rejecting the Welsh orthography that is proposed and attempted to be introduced'. Yr un yw'r rhesymau a geir yn y traethawd â rhai Eliezer: mai rhywbeth newydd a glytiwyd at ei gilydd yw'r orgraff a phe treiddiai i'r Beibl y byddai'n rhwystr rhwng darllenydd, neu wrandäwr, a'r llyfr sanctaidd. Ond noda ddau beth pwysig arall, sef bod yr orgraff nid yn unig yn creu rhwyg rhwng Eglwyswyr ac Ymneilltuwyr gan fagu symbolaeth fel arf Ymneilltuol a oedd yn 'anti-church orthography', ond hefyd yn troi pobl yn erbyn yr iaith ac at y Saesneg. Roedd yn llygad ei le oherwydd dyma sylw'r gohebydd S.H.G. yn *Seren Gomer* yn 1822:

> Mr Gomer: Chwenychwn ofyn i chwi paham y mae cymaint amrywiaeth yn y dull o ysgrifenu Cymraeg wedi dyfod i'n mysg? ... gwell ydyw i ni dreulio hyny o amser a gaffom i ddysgu Saesonaeg; byddwn sicrach o lwyddo, a bydd yn fwy buddiol i ni yn y diwedd, at ein bywiolaeth, na'r hên Gymraeg, yr hon sydd, bellach, rhwng y naill ysgrifenydd a'r llall, wedi myned yn ddyryslyd ddigon, ac, yn mhen ychydig amser, yn ol pob golwg, ni bydd sôn am dani; canys fel y bu anghytundeb yn achos i'n hynafiaid golli y rhan oreu o'u gwlad, felly y bydd anghytundeb eto rhwng ysgrifenwyr ein hiaith yn achos iddi gael ei dileu oddiar wyneb y ddaear.

Mae'r un math o sylwadau yn cael eu gwneud yn y *Dysgedydd* Annibynnol yn yr un cyfnod.

Mae'r degawd sy'n dechrau yn 1820 yn dirwyn ymlaen, a'r *Gwyliedydd*, cylchgrawn rhagorol yr Eglwys o ran ei ddeunydd, yn tyfu'n llwyfan ymgecru wrth i glerigwyr a lleygwyr ddadlau â'i gilydd am yr orgraff, a hynny'n ei orfodi i gilio o'r tir am ysbaid, pan oedd y cyfnodolion Anghydffurfiol yn cynyddu yn eu nifer, ac ardaloedd eu dosbarthu yn lledu. Un o'r clerigwyr a oedd yn ceisio tanseilio'r orgraff darddiadol oedd y gohebydd J. J. B.l. a fu'n cyfrannu at *Seren Gomer* gynt. John Jones 'Ioan Tegid' o'r Bala oedd hwn ac ef a fu'n cyhoeddi rhagoriaethau orgraff Pughe wrth ddadlau ag Eliezer. Erbyn 1822 roedd Tegid yn gaplan yng Ngholeg Eglwys Crist, Rhydychen, ac yn ystod y flwyddyn honno dechreuodd ymgyrch lechwraidd, a barhaodd hyd ddiwedd y degawd, i ddwyn rhannau o orgraff Pughe i'r testunau a ddefnyddid yng ngwasanaethau'r Eglwys: y Llyfr Gweddi Gyffredin a'r Beibl. Ei weithred gyntaf oedd ceisio cyhoeddi argraffiad o'r Llyfr Gweddi, yn cynnwys orgraff Pughe, o argraffdy Gwasg Clarendon a, rywsut, er na chafodd ganiatâd swyddogion y Brifysgol, dechreuwyd ar y gwaith. Ond clywodd van Mildert, esgob Llandaf, am y fenter a chael gafael ar broflenni i'w rhoi i'r Parchg Bruce Knight, caplan arholiadol Llandaf, ficer Llandochau'r Bont-faen lle y bu John Walters, y geiriadurwr, yn ficer, canghellor yr Eglwys Gadeiriol ac esgobaeth Llandaf, ac ysgolhaig Cymraeg a Hebraeg rhagorol. Aeth hwnnw ati ar unwaith i'w cymharu â'r Llyfr Gweddi safonol a chael bod Jones wedi gwneud 223 o newidiadau yn unol â chyfundrefn Pughe; ataliwyd y gwaith yn union. Ond dyma ddrws yn agor iddo eto yn 1826 pan gafodd gyfle i olygu Testament dwyieithog a gomisiynwyd gan y Feibl Gymdeithas ac i'w argraffu gan Wasg Clarendon. Mae'n debyg iddo sicrhau'r argraffwyr y byddai'n dilyn testun Beibl 1809 ond yn cynnwys newidiadau Charles yn 1814, a chan fod hynny wrth fodd y gymdeithas archebwyd dwy fil o gopïau. Ond cyn dechrau ar y gwaith, roedd Tegid, a oedd erbyn hyn yn ganon prif gantor yng Ngholeg Eglwys Crist, wedi anfon llythyr at Wallter Mechain yn sôn am ei fwriad i arddel ffurfiau Pughe ond yn ei rybuddio i beidio â sôn wrth neb, yn enwedig 'the blind leader of the blind, the Polyphemus of the flock', John Roberts, awdur y traethawd ar 'anti-church orthography'.[32] Daeth y Testament dwyieithog, a oedd yn cynnwys ffurfiau Pughe, o'r wasg ac fe'i dosbarthwyd cyn i bawb ddeall bod y diwyg wedi ei newid. Gwrthododd yr SPCK brynu copïau.[33]

Ni ddaeth yr holl fanylion ynghylch y Testament dwyieithog i'r amlwg tan 1828, wedi i Tegid olygu argraffiad o'r Testament Newydd, a hwnnw eto yn cynnwys ffurfiau Pughe.[34] Erbyn hyn roedd Bruce Knight ar ei warthaf, hysbyswyd y Feibl Gymdeithas am yr orgraff a gwrthodwyd y copïau i gyd. Unwaith eto, dyma waith y ddwy gymdeithas yn cael ei lesteirio a Chymry darllengar, crefyddol yn cael eu hamddifadu o'r Beibl.

A'r drysau'n cau ar ei ddyhead i gynnwys ffurfiau Pughe yn y Beibl a'r Llyfr Gweddi, aeth Tegid ati i geisio tanseilio'r hen orgraff a'i chefnogwyr drwy gyhoeddi pamffled yn 1829 yn ymosod ar draethawd buddugol John Roberts. Ailadrodd dadleuon Pughe a wneir yma ond ni all Tegid ymgadw rhag mynegi sylwadau gwawdlyd pan gyfeiria at waith Roberts: 'this little work', 'futile arguments' a 'puerile passages', meddai, a chloi'r cwbl drwy fynnu y bydd yr anwybodaeth a'r rhagfarn sy'n nodweddu pleidwyr yr hen orgraff yn diflannu cyn hir: 'in a very short time ignorance must yield to knowledge and inveterate prejudice give way to conviction'.[35]

Cynddeiriogwyd Bruce Knight, a lluniodd druth ymfflamychol i ateb Tegid.[36] Dechreuodd â'r adnodau 'os na thraethwch air y gellir ei ddeall, pa fodd y gall neb wybod beth a ddywedir? Malu awyr y byddwch' (1 Corinthiaid 14:9). Sonia am hynafiaeth yr iaith a phwysleisio mai'r ffurfiau a geir gan John Davies, Mallwyd, yw'r rhai a ddatblygodd yn rheolaidd ar hyd y canrifoedd. Wedyn daw'r ymosodiad. Cyfeiria at bobl sy'n ceisio tanseilio, 'subvert the system', a gresyna fod y frwydr orgraffyddol wedi cael ei llusgo i mewn i'r tir cysegredig, lle yr oedd y Beibl a'r Llyfr Gweddi Gyffredin, a awdurdodwyd gan esgobion, yn cael eu dibrisio a'r cynulleidfaoedd yn cael eu drysu. Oherwydd hyn, meddai, daeth yr amser i ddatgan yn erbyn y system orgraffyddol ddianghenraid, afreolaidd a niweidiol. Wedi'r ymosodiad fe'i ceir yn talu teyrnged i John Roberts, Tremeirchion, a'i draethawd buddugol, cyn gorffen fel hyn:

> In taking my leave of this subject I trust Mr Jones can feel no pain that, in preference to him, I have chosen Dr Davies as my guide.

Ond ni allai Tegid ildio, ac yntau wedi ymffrostio cymaint ynghylch ei alluoedd ieithyddol a Pughe yn dal i ddisgwyl wrtho a chymdeithasau'r

William Bruce Knight, Deon Llandaf
(Casgliad Portreadau Llyfrgell Genedlaethol Cymru)

Cymreigyddion yn ei hysio ymlaen. Honnodd fod gwallau niferus ym Meiblau'r gorffennol,[37] heblaw am yr un a olygwyd gan Charles yn 1814, ac mae'n brolio'r Testament Newydd a olygodd ef yn 1828, er bod y Feibl Gymdeithas wedi ei wrthod! Ond roedd Bruce Knight wedi cael digon a dyma fe'n ymateb, a phennawd ei bamffled yn awgrymu naws y cynnwys: *A Critical Review*.[38] Amddiffynnodd destunau'r Beiblau a'r orgraff a awdurdodwyd gan esgobion Cymru a Henffordd a synnodd nad oedd Tegid, ac yntau'n glerigwr, yn gallu parchu awdurdod yr Eglwys y gwasanaethai ynddi. Beirniadodd ei ddichell a'i dwyll wrth geisio dwyn orgraff Pughe i'r Beibl a'r Llyfr Gweddi, nododd y gwallau niferus a oedd yn y Testamentau a olygwyd ganddo, yn anghyfreithlon, a'i gyhuddo o geisio gwneud drwg:

> He it is that for several years has been labouring to raise a cry against the Received Text. He alone it is that has given so much trouble and so much anxiety to the Principality.

Ceir nodyn ar ddiwedd y gwaith hwn gan Daliesin ab Iolo, mab Iolo Morganwg, yn dweud iddo ddarllen cyfraniad John Jones a dod i'r casgliad mai orgraff John Davies a oedd yn gywir, a'i bod yn tra rhagori ar gyfundrefn Pughe: geiriau addfwynach na rhai ei dad a alwodd yr orgraff yn 'anferthwch cywilyddus'. Ar ddiwedd y ganrif ceir John Morris Jones yn canmol Knight 'for saving the Welsh Bible from the vandalism of Pughe's followers'.[39]

Ofer, felly, fu'r ymdrechion i newid orgraff y Beibl a'r Llyfr Gweddi Gyffredin ond buont yn fodd i greu rhwystrau a rhwygiadau. Buont yn fodd i danseilio cylchgrawn Cymraeg yr Eglwys mewn amser tyngedfennus a pheri bod clerigwyr Cymraeg yn gwastraffu eu hamser ar ffantasi yn hytrach nag ar y realiti nad oedd digon o Gymreigrwydd yn yr Eglwys Wladol yng Nghymru. Yn waeth na dim, buont yn achos dryswch i ddarllenwyr Cymraeg ac yn sbardun iddynt gofleidio sicrwydd y Saesneg, a hynny'n atgyfnerthu'r meddylfryd—cynyddol boblogaidd— mai drwy'r Saesneg y dylai'r Cymry fyw eu bywyd.

1. Ieuan Ddu o Lan Tawy, 'Toli geiriau', *Seren Gomer*, Awst 1821, 235.
2. G. Owain o Feirion, *Cylç-grawn Cynmraeg neu Drysorfa Gwybodaeth*, Rhif 1, Chwefror 1793, 3.
3. Cafwyd manylion am y gyfundrefn newydd yn *The heroic elegies and other pieces of Llywarçh Hen ... with a literal translation, by William Owen* (1792), ond bach fyddai'r gynulleidfa a'i gwelsai.
4. Llawysgrif LlGC 13222C, 341.
5. [Dafydd Ddu Eryri et al], 'Ymddiddan Tudur Glustfain a Bleddyn Finpladur ym mherthynas i lythyr Owain o Feirion', *Cylç-grawn Cynmraeg neu Drysorfa Gwybodaeth*, Rhif 3, Awst 1793, 137–9.
6. LlGC W.c. 58, dan enw'r awdur sef 'Church of England.' Mae cyfeiriad at y ffurfweddi benodol hon yn *Libri Walliae*, t. 149, cofnod 1198. Diolch i Menna Evans sydd ar staff y Llyfrgell Genedlaethol am ailddarganfod y copi wedi gwaith ditectif manwl.
7. Llawysgrif LlGC 168-70E, 42.
8. D.E. Jenkins, *The life of the Rev. Thomas Charles, B.A. of Bala*, Volume 3 (Denbigh, 1908), t. 26. Mewn llythyr at Wallter Mechain roedd y Parchg Henry Parry wedi cyfeirio at y ddrwgdybiaeth a enynnid gan ddyfeisiadau: 'these days when innovations of any kind are much disliked'.
9. Llawysgrif LlGC 13224B, 115.
10. Jenkins, *The life of the Rev. Thomas Charles, B.A. of Bala*, t. 26.
11. John Roberts, *Welsh Bibles: A letter to the Rev. William Dealtry, M.A.* (Chester, 1811), t. 4.
12. Jenkins, *The life of the Rev. Thomas Charles, B.A. of Bala*, Volume 3, t. 29.
13. Y Parchg Robert Hughes o Goleg Iesu a gywirodd rannau cyntaf yr Hen Destament hyd at ddiwedd Deuteronomium ac wedi iddo ildio ymgymerodd John Roberts â'r gwaith, gweler *Y Gwyliedydd*, Awst 1830, [263]-7.
14. Llawysgrif LlGC 13224B, 175.
15. Idwal Jones, 'Thomas Jones o Ddinbych, awdur a chyhoeddwr', *Journal of the Welsh Bibliographical Society*, 5 (1937–42), 137–209.
16. Thomas Charles, *Y Geiriadur Ysgrythyrol, Y Trydydd Llyfr* (Bala, 1810), o dan 'Iaith, Ieithoedd'.
17. John Owen, *The history of the origin and first ten years of the British and Foreign Bible Society* (London, 1816); William Dealtry, *A vindication of the British and Foreign Bible Society* (London, 1810), Appendix C, no. 13, tt. xxi–xxii, Llythyr Gwallter Mechain at Mr Charles a amgaewyd mewn llythyr gan Charles at Mr Tarn, Bala, Aug 8, 1805: 'I hear Mr W.O. is now employed by the new Society to prepare the copy of 1746 for the Cambridge press. I hope he is not permitted to meddle with any thing in it save typographical errors &c.'

18 Dealtry, *A vindication of the British and Foreign Bible Society*, Appendix B, t. vi.
19 Gweler llythyrau John Roberts ar yr orgraff yn llawysgrif LlGC 1705B.
20 Dealtry, *A vindication of the British and Foreign Bible Society*, Appendix C, no. 3, t. x.
21 Llawysgrif LlGC 1322C, 75.
22 Ibid., 82 &c.
23 John Ballinger, *The Bible in Wales* (London: Henry Sotheran & Co., 1906), t. 61.
24 Ibid., t. 62. Anfonodd Pughe lythyr atynt yn collfarnu orgraff yr argraffiad, gweler llawysgrif W. Owen Pughe 2, 208. Ceir hanes y ffrwgwd o safbwynt y Feibl Gymdeithas yn Dealtry, *A vindication of the British and Foreign Bible Society* a rhoddir y safbwynt o'r ochr arall gan Roberts, *Welsh Bibles*.
25 Jenkins, *The Life of the Rev. Thomas Charles, B.A. of Bala*, Volume 2, t. 578. 'Cefais Sicrwydd wedi cymdeithasfa Llanrwst mai J: Humphreys oedd yr achos dechreuol o'r cwbl, maddeued yr Arglwydd iddo.'
26 *Y Drysorfa*, 1837, 306.
27 Dealtry, *A vindication of the British and Foreign Bible Society*, t. 13.
28 Ibid., Appendix C, no. 14, t. xxiii.
29 *Gwaith y Parch. Walter Davies*, gol. D. Silvan Evans, Cyfrol 3 (Caerfyrddin, 1866), t. 226.
30 *Seren Gomer*, 22 Ionawr 1814, 4.
31 *Seren Gomer*, 16 Ebrill 1814, 4.
32 *Gwaith y Parch. Walter Davies*, t. 220.
33 Ballinger, *The Bible in Wales*, t. 63. Gwrthododd yr SPCK argraffiad 1826 er bod eu pwyllgor wedi cytuno i archebu copïau.
34 *Gwaith y Parch. Walter Davies*, t. 232, n. 6: 'This edition was suppressed after Bruce Knight's intervention.'
35 John Jones, *A defence of the reformed system of Welsh orthography being a reply to the Rev. John Roberts's reasons for rejecting the same and for adhering to that used in Bishop Parry's edition of the Welsh Bible, and that of 1630* (Oxford, 1829), t. 20.
36 W.B. Knight, *Remarks historical and philological on the Welsh language* (Cardiff, 1830). Ni allai John Roberts ei amddiffyn ei hun oherwydd bu farw ar 25 Gorffennaf 1829.
37 John Jones, *A reply to the Rev. W. B. Knight's 'Remarks' on Welsh orthography* (London, 1831).
38 W.B. Knight, *A critical review of the Rev. J. Jones' reply to the Rev. W. B. Knight's remarks on Welsh orthography* (Cardiff, 1831).
39 J. Morris Jones, *A Welsh Grammar* (Oxford: Clarendon Press, 1930), t. xviii. Mae maen coffa Bruce Knight uwchben drws gorllewinol Eglwys Gadeiriol Llandaf.

12

Rhidian Griffiths

TRI OFFEIRIAD LLENGAR: TEGID, DANIEL DDU AC ALUN

Mae'r tri offeiriad dan sylw yn rhan o rwydwaith y personiaid llengar, yr offeiriaid Anglicanaidd a gymerodd ddiddordeb mawr yn llenyddiaeth a thraddodiadau Cymru yn hanner cyntaf y bedwaredd ganrif ar bymtheg ac a wnaeth bob ymdrech i ddiogelu cymeriad Cymraeg yr Eglwys. Roedd y tri yn gyfoedion ac yn gyfeillion: John Jones 'Ioan Tegid', Daniel Evans 'Daniel Ddu o Geredigion' a John Blackwell 'Alun'.

Fel y mae ei enw barddol yn ei awgrymu, brodor o'r Bala oedd John Jones 'Ioan Tegid'. Cafodd ei eni ar 10 Chwefror 1792, yn fab i Henry a Catherine Jones, ac wedi ysgol yn Y Bala ac yng Nghaerfyrddin aeth yn 1814 i Goleg Iesu, Rhydychen, lle y graddiodd mewn Mathemateg. Cymerodd urddau eglwysig yn 1819 a chael gwahoddiad i fynd i ddysgu mewn coleg newydd yn Calcutta, ond dewisodd aros yn Rhydychen lle y cafodd ei benodi yn gantor (arweinydd y gân) yng Nghapel Coleg Eglwys Crist, sef Eglwys Gadeiriol esgobaeth Rhydychen. Gyda'i swydd o gantor cafodd ofal plwyf Sant Thomas y Merthyr, Rhydychen, yn Osney, yn ymyl yr afon. Yno gwnaeth nifer o welliannau, gan gynnwys agor ysgolion i blwyfolion tlawd, yn fechgyn a merched, cryfhau'r gynulleidfa a datblygu adeilad yr eglwys, ac ar ddiwedd ei gyfnod pwrcasodd gwch preswyl ar gyfer gwasanaethau i'r sawl a oedd yn gweithio ar yr afon a'r gamlas gyfagos. Mae'n amlwg ei fod yn ddyn o allu a dychymyg.

Roedd Ioan Tegid, neu Tegid fel y gelwid ef yn aml, hefyd yn gryn ysgolhaig. Cyfieithodd destun llyfr Eseia o'r Hebraeg i'r Saesneg— cyfieithiad safonol a ddenodd ganmoliaeth eang—ac i'r Gymraeg, ond ni chafodd y fersiwn Cymraeg ei gyhoeddi. Yn Rhydychen copïodd destun y Mabinogion yn Llyfr Coch Hergest ar ran Charlotte Guest, ac yn ei hargraffiad o'r Mabinogion mae'n cydnabod ei help. Gyda Gwallter Mechain bu'n paratoi argraffiad o waith Lewys Glyn Cothi. Lluniodd 'Traethawd ar gadwedigaeth yr iaith Gymraeg' ac yn 1828 paratôdd argraffiad o'r Testament Newydd ar ran yr SPCK: gwendid yr argraffiad hwnnw yw ei fod yn cofleidio syniadau orgraffyddol William Owen Pughe, rhywbeth a ddenodd gryn wrthwynebiad a thipyn o ddeisebu yn rhengoedd yr Eglwys.

Er pob llwyddiant yn ei blwyf yn Rhydychen, roedd awydd arno i ddychwelyd i Gymru, ac yn 1841, trwy ddylanwad Arglwyddes Llanofer, fe'i penodwyd i ficeriaeth plwyf Nanhyfer yn Sir Benfro. Cyflawnodd ei waith yn ddiwyd yno a dod yn boblogaidd ac yn annwyl iawn yng ngolwg ei blwyfolion. Yn ôl teyrnged iddo yn 1902, 'dyn byr, cryno, hawddgar ei wedd a charuaidd ei ysbryd oedd Ioan Tegid, heb unrhyw rodres na gwag-ogoniant yn perthyn iddo ...'; yn ddyn 'neilltuol radlon a hoffus' yng ngeiriau R.T. Jenkins yn *Y Bywgraffiadur Cymreig*; dyn llawn hiwmor a oedd yn daflwr lleisiau, ac yn mwynhau creu pob math o ddryswch mewn cwmni wrth wneud hynny. Mae un disgrifiad ohono'n mynd ar daith yng nghwmni cyfaill ac yn cyrraedd yn hwyr i'r angladd roedd i wasanaethu ynddo am ei fod yn siarad â chynifer ar y ffordd, a chynifer am siarad ag yntau.

Yn Nanhyfer ymddiddorodd yn hynafiaethau'r ardal a dal ati i astudio a barddoni, gan gefnogi eisteddfodau'r Fenni yn arbennig. Roedd hefyd yn un o gefnogwyr brwd y 'Welsh Manuscripts Society' a ffurfiwyd yn 1836 i ddiogelu llawysgrifau Cymreig hanesyddol. Am ei gynnyrch barddonol rhaid inni droi at y gyfrol o'i gerddi a gyhoeddwyd gan ei nai yn 1859, saith mlynedd wedi marw Tegid. Mae rhai o'i gerddi hefyd i'w gweld ar daflenni baled, yn enwedig 'Ymweliad y bardd â'i hen gartref' a 'Breuddwyd y bardd', sy'n awgrymu eu bod yn cael eu canu a'u gwerthu yn y ffeiriau. Er mai'r caneuon sentimental hyn a oedd yn boblogaidd, roedd Tegid yn gallu canu â hiwmor hefyd. Yn un o'i gerddi, 'Bardd Nanhyfer', mae'n disgrifio siwrnai a wnaeth ef a'i boni, Bunyan, trwy eira mawr dros y bryn ac yn ôl i Nanhyfer, ac yn null un o'r hen garolwyr mae'n rhoi'r dyddiad (1847) inni ar ddiwedd y gân y gallech yn hawdd ei chanu ar alaw 'Y mochyn du'. Mae mwy o fywyd a naturioldeb yn y cerddi ysgafn hyn—barddoniaeth at iws gwlad—nag yn ei gerddi mwy difrifol, ond ymhlith y rheini cawn farwnad i Thomas Charles, gŵr a fu'n ddylanwad mawr arno.

Byddai Tegid wedi hoffi cael plwyf yn ei annwyl Feirionnydd, ac roedd rhyw elfen o siom ynddo na fyddai wedi cael rhywbeth a oedd yn dwyn iddo well incwm na phlwyf cymharol dlawd Nanhyfer. Yr unig ddyrchafiad a gafodd oedd lle prebendur yn Eglwys Gadeiriol Tyddewi, nad oedd yn ychwanegu at ei incwm, ac yn Nanhyfer y daeth i ddiwedd ei rawd yn drigain oed yn 1852. Yng nghylchgrawn *Yr Haul* yn 1855 ceir cyfres o atgofion amdano sy'n cynnwys disgrifiad braidd yn drist o'r ffordd y chwalwyd ei lyfrgell a gwasgaru ei bapurau mewn ocsiwn yn ficerdy Nanhyfer.

Soniwyd uchod am y cynnig a gafodd Tegid i fynd i Calcutta. Beth bynnag oedd ei wir reswm dros wrthod y cynnig, un dylanwad cyhoeddus arno oedd cerdd gan ei gyfaill agos, Daniel Ddu o Geredigion, cerdd arall

Bedd Tegid ym mynwent Eglwys Nanhyfer

a ymddangosodd droeon ar daflenni baled. Roedd Daniel Ddu yn un o gyfoedion Tegid yng Ngholeg Iesu, Rhydychen, a ffurfiwyd cwlwm clòs rhwng y ddau. Yn haf 1819, pan oedd Tegid yn ystyried y gwahoddiad i fynd i India, cyfansoddodd Daniel gyfres o benillion dan y teitl 'Gwlad fy ngenedigaeth', 'pan oedd IOAN TEGYD, Brawd awenyddol i'r Awdwr, yn bwriadu gadael *Gwlad ei enedigaeth*, a myned i ymsefydlu yn yr India Ddwyreiniol. Yr amcan oedd denu y Bardd godidog hwnnw i beidio ymadael â *Gwlad ei enedigaeth*, trwy ei ddarlunio fel yn cwynfan yn y modd canlynol, yn y fro estronawl honno':

> Trwm yw f'enaid, trwm yw f'yspryd,
> Trom yw 'nghalon fach bob ennyd,
> Gan ryw alar oer a hiraeth,
> Am hen Wlad fy Ngenedigaeth.

Ac felly ymlaen am 26 o benillion, pob un yn cloi â'r geiriau 'Gwlad fy ngenedigaeth'. Yn null y cywyddwyr gynt lluniodd Tegid ei benillion ei hun ar yr un patrwm yn ateb i Ddaniel Ddu, eto â phob pennill yn cloi â'r geiriau 'Gwlad fy ngenedigaeth':

> Daniel, Daniel! paid a'th gynghor,
> Nid oes achos d'wedyd rhagor;
> Byth ni wel yr INDIA helaeth
> Fi o Wlad fy Ngenedigaeth.

Mae'n ddiddorol mai mesur hen benillion telyn sydd yma eto, mesur roedd y ddau fardd yn hoff ohono.

Un o gefn gwlad Ceredigion oedd Daniel Evans 'Daniel Ddu o Geredigion'. Cafodd ei eni ar 5 Mawrth 1792, ychydig wythnosau ar ôl Ioan Tegid, ar fferm Maesmynach ym mhlwyf Llanfihangel Ystrad, rhwng Aberaeron a Llanbedr Pont Steffan, gwlad gyfoethog ei thraddodiadau llenyddol ac addysgol, yn ôl G.J. Williams. Addysgwyd ef yn yr ysgol ramadeg yn Llanbedr Pont Steffan a gedwid gan Eliezer Williams, mab yr esboniwr Beiblaidd Peter Williams, ac aeth oddi yno yn 1810 i Goleg Iesu, Rhydychen, lle y graddiodd yn BA yn 1814, a lle y daeth i adnabod Tegid. Yn 1817 derbyniodd ei MA a chael ei ethol yn gymrawd yn y coleg. Am gyfnod wedyn bu'n gaplan yn y 'Royal Military Asylum' yn Northampton, ond oherwydd cyflwr ei iechyd dychwelodd i fro ei enedigaeth, ac ni fu mewn swydd nac yn dal bywoliaeth eglwysig wedi hynny, er cadw ei gymrodoriaeth yng Ngholeg Iesu a dychwelyd yno unwaith y flwyddyn i'w sicrhau hi. Bu'n byw yn ei hen gartref, Maesmynach, ac mewn tŷ cyfagos, Maesnewydd, dros weddill ei oes. Yno byddai'n mwynhau bywyd y wlad, yn hoff o bysgota ac o hela yng nghwmni'r sgweier lleol, ond yn dal yn frwd ei Gymreictod: roedd ganddo oriawr hela a'r geiriau 'Eu hiaith a gadwant' wedi eu hengrafio arni. Ac roedd hefyd yn barod ei wasanaeth yn eglwysi'r ardal pan fyddai galw, yn offeiriad at iws gwlad. Dyma a ddywedir yn y byrgofiant a baratowyd gan ei or-nith, Elizabeth Morgan:

> Pregethai hefyd ar droion yn Eglwys Pencarreg. Bu yn wasanaethgar iawn mewn angladdau yn y gymydogaeth, a bu hefyd yn gweinyddu mewn priodasau a bedyddiadau fel y gwelir oddiwrth gof-restri Eglwysi Llanfihangel Ystrad a Dihewid.

Cymerodd Daniel Ddu ddiddordeb mewn barddoniaeth o'i gyfnod yn Rhydychen ymlaen. Daeth dan ddylanwad Tegid ac ymgysylltodd â Dafydd Ddu Eryri i ofyn am gymorth barddol. Cystadlodd yn eisteddfodau taleithiol yr 1820au—mudiad a arweiniwyd gan Eglwyswyr ymroddgar, Ifor Ceri a Gwallter Mechain yn eu plith—ac yn eisteddfod Dyfed yn 1823 enillodd gadair am awdl ar sefydlu Coleg Dewi Sant yn Llanbedr Pont Steffan. Cerdd anghofiadwy ac anghofiedig yw'r awdl, ond mae iddi ei diddordeb. Mae'r ffaith fod sefydlu'r coleg yn destun cadair eisteddfodol yn awgrymu pa mor arwyddocaol oedd y symudiad i bobl yr oes honno, fel y gwelir o eiriau'r crynodeb uwchben yr awdl cyhoeddedig: 'Ieuenctyd Cymru ddim yn hwy o dan yr angenrheidrwydd o gyrchu tua gwledydd estronol am addysg'— arwydd o natur arloesol sefydlu'r coleg a bwriadau Cymreig y sawl a'i sefydlodd. Ond er ennill y gadair hon a chadeiriau eraill, go brin y gellir cyfrif Daniel Ddu yn fardd o bwys. Mae dyfarniad G.J. Williams arno yn bur hallt: 'Nid oes odid gerdd trwy ei waith i gyd nas andwyir gan ryw ddiffyg ymdeimlad rhyfedd ag urddas barddoniaeth,' ac fe'i cyhudda o fod yn rhy drwm dan ddylanwad beirdd Saesneg ac Albanaidd. Eto i gyd, mae'n cydnabod bod rhinwedd yn ei emynau, a bod yn ei ddarnau gorau ryw 'brudd-der melys'.

A hwyrach taw yn ei ganu rhydd, fel yn achos Tegid, y daw gwir gymeriad Daniel Ddu i'r golwg. Dydd Gŵyl Ddewi yn 1827, pan agorodd Coleg Llanbedr ei ddrysau am y tro cyntaf, fe'i cyfarchodd yn ysgafnach nag yn ei awdl, ac fel y sylwodd Gwenallt, gyda rhyw adlais o Edward Richard yn ei waith:

> I'r Coleg, fy awen, moes etto fwyn gân,
> Y testun a driniaist i'm mawrglod o'r bla'n;
> Mewn "Caethion Fesurau" 'r pryd hynny'n lled brudd,
> Yr awron am ennyd cei d'aden yn rhydd.

Ac mae'n cloi'r gerdd fel hyn:

> Tra Teifi diriondeg yn rhedeg yn rhydd,
> A'r adar o'i ddeutu'n llon ganu'n y gwŷdd,
> Byth, byth, o ogoniant a llwyddiant yn llawn,
> Bo Coleg Sant Dewi'n blodeuo mewn dawn.

Daniel Ddu o Geredigion

Ymddangosodd casgliad o'i gerddi, *Gwinllan y Bardd*, yn 1831, a'i ailgyhoeddi yn 1872 ac eto yn 1906, sy'n awgrymu bod diddordeb yn y dyn wedi parhau. Lleol yw pwyslais ei ganu yn amlach na heb. Mae llawer o gynnwys argraffiad 1906 yn gerddi i gyfarch cyfeillion a chydnabod: englynion cyfarch, englynion beddargraff, ac emynau—cerddi at iws gwlad a'r gymdeithas o'i amgylch, yn ddigon tebyg i gynnyrch Tegid. Ac fel yn achos Tegid, diogelwyd rhai o'i gerddi rhydd ar daflenni baled, sy'n awgrymu eu bod yn boblogaidd yn eu dydd ac yn cael eu canu mewn ffeiriau ac ar ben heol. Enghraifft o'r 'prudd-der melys' honedig yw un o'r cerddi baledol hynny, 'Yr eneth ffyddlon':

> Ar dorriad y wawrddydd ar foreu o Fai,
> A'r adar yn neidio trwy'r coedydd yn chwai,
> Wrth deithio trwy fynwent, wrth Eglwys rhyw blwy'
> Mewn ardal o Gymru – 'n ei enwi nid wy', –
>
> Mi welwn lân eneth mewn gwisgoedd yn wych,
> Yn ail i angyles mewn agwedd a drych,
> Yn fuain ei chamrau yn nesu o draw,
> A blodau amryliw yn llenwi ei llaw …

Â'r gerdd yn ei blaen i ddisgrifio'r ferch yn gosod blodau ar fedd ei chariad ac yn siarad yn dawel ag ef. Mae un o'i emynau wedi para yn ei werth, sef ei 'Hymn i'w chanu ar Ddydd Nadolig Crist':

> Dyma'r dydd y ganed Iesu,
> Dyma'r dydd i lawenhau;
> Arglwydd nef a ddaeth i brynu
> Dynol-ryw a'u llwyr ryddhau.

Ceir hefyd yn argraffiad 1906 o *Gwinllan y Bardd* englyn beddargraff wedi ei briodoli i Ddaniel Ddu:

> Achos sydd it' mewn iechyd—ystyried
>   Na's dewrwych dy nerthyd:
> Duw biau edau bywyd
> A'r hawl i fesur ei hyd.

Bu Daniel Ddu yn brae i iselder ar hyd ei oes, ac o graffu ar esgyll yr englyn, ingol o drist yw cofnodi mai trwy ei law ei hun y bu farw ar 28 Mawrth 1846, yn 54 oed.

Sir Benfro yw man gorffwys ein trydydd bardd-offeiriad, sef John Blackwell 'Alun', ond nid yn Sir Benfro y ganwyd ef. Un o Bonterwyl, ger Yr Wyddgrug oedd Alun (a'i enw barddol yn adleisio Afon Alun yn yr ardal honno), ac o'r triwyr hyn ef yw'r bardd gorau a hwyrach y cymeriad mwyaf adnabyddus. Mab Peter a Mary Blackwell ydoedd, ei hynafiaid o ochr ei dad wedi dod i Gymru o Swydd Derby ac wedi ymgymreigio. Ni chafodd y nesaf peth i ddim addysg ffurfiol, ond yn 11 oed cafodd ei brentisio'n grydd i ŵr o'r enw William Kirkham a oedd yn ymddiddori mewn barddoniaeth, ac fe gafodd Alun ysgol farddol mewn siop waith. Roedd hefyd yn ddarllenwr awchus, yn llyncu pob llyfr y gallai gael gafael arno. Meistrolodd y cynganeddion a dechrau cystadlu mewn eisteddfodau, gan ddod i'r amlwg yn 1823 mewn eisteddfodau yn Yr Wyddgrug, lle yr enillodd am awdl i Faes Garmon, ac yn Rhuthun lle yr enillodd am awdl ar enedigaeth Iorwerth II. Roedd ei lythyrau i'r cylchgrawn eglwysig *Y Gwyliedydd* hefyd yn tynnu sylw, ac yn sgil hyn i gyd trefnodd nifer o offeiriaid a phobl gefnog yr ardal i godi arian er mwyn darparu addysg ar ei gyfer. Canlyniad hynny fu iddo fynd at Thomas Richards, Aberriw—mab Thomas Richards, Darowen—i'w baratoi i fynd i'r brifysgol, ac yn 1824 aeth i Goleg Iesu, Rhydychen. Graddiodd bedair blynedd yn ddiweddarach a chael ei benodi'n gurad Eglwys St Martin, Treffynnon. Yn 1833 urddwyd ef yn rheithor Maenordeifi yng ngogledd Sir Benfro—lle y buasai Ifor Ceri yn rheithor ryw ugain mlynedd ynghynt—ac yno y treuliodd weddill ei yrfa.

Cafodd gryn lwyddiant yn ei blwyf. Atgyweiriwyd Eglwys Maenordeifi a chodwyd rheithordy newydd. Cynhaliwyd gwasanaethau Cymraeg rheolaidd a sefydlwyd gwasanaethau Saesneg ar gyfer teuluoedd bonheddig yr ardal, a chafodd y rheithor y pleser o weld yr eglwys fach anghysbell yn llawn i'r ymylon ar sawl achlysur. Codwyd pont newydd i hwyluso'r ffordd at yr eglwys, ond cadwyd cwrwgl yn y cyntedd rhag ofn y byddai angen dianc rhag llifogydd. Ac er nad oedd yn barddoni rhyw lawer wedi mynd i Faenordeifi, fe gadwod at ei waith ysgrifennu. Yn 1834-5 golygodd *Y Cylchgrawn* ar gais yr SPCK—cylchgrawn y mae tôn ei ragymadrodd yn frawychus: 'Y mae dynion yn fynych yn camdreulio eu hamser am na wyddant yn iawn pa fodd i'w ddefnyddio yn well …

Byddai llawer gwell trefn ar y byd pe gwyddai dynion yn gyffredin pa fodd i dreulio eu horiau segur.' Ond mae'r *Cylchgrawn* yn nodedig yn ei gyfnod am amrywiaeth difyr ei gynnwys ac ansawdd ei ddeunydd darluniadol. Gwaetha'r modd, ni chafodd y cyhoeddiad gefnogaeth eang, a daeth i ben wedi deunaw rhifyn, yn rhannol am nad oedd ganddo gynulleidfa enwadol barod fel roedd i lawer o gylchgronau Cymraeg eraill. Ond roedd iechyd Alun hefyd yn dirywio erbyn diwedd yr 1830au. Er iddo briodi yn 1839 â merch o Dreffynnon o'r enw Matilda Dear, rhai misoedd yn unig o fywyd priodasol a gawsant cyn ei farwolaeth ar 19 Mai 1840, yn 42 oed.

Alun

Roedd Alun, fel Ioan Tegid a Daniel Ddu, yn glerigwr o Gymro ymroddgar a gredai mewn Cymreigio'r Eglwys. Hefyd fel Ioan Tegid a Daniel Ddu, roedd yn adnabod Ifor Ceri ac wedi profi o'i letygarwch. Pan oedd yn fyfyriwr yn Rhydychen, soniai'n hiraethus am y cwmni difyr yng Ngheri, 'among whom the long winter evening would be charmed away in national melodies and the tales of other days'. Fel bardd roedd ar y blaen i'r ddau arall o gryn dipyn. Dywed Thomas Parry yn werthfawrogol amdano: 'Y peth cyntaf a dery ddyn yn ei gerddi ef yw coethder syml ei iaith a'i arddull, a hynny ynghanol rhwysg ymfflamychol yr awdlau', sef yr awdlau eisteddfodol y bu Alun fel y ddau arall yn eu cyfansoddi. Mae canu telynegol Alun yn raenus naturiol, fel ei gerdd gyfarwydd, swynol a osodwyd ar gân gan fwy nag un cyfansoddwr Cymreig, 'Cathl i'r eos':

> Pan guddio nos ein daear gu
>   O dan ei du adenydd
> Y clywir dy delori mwyn,
>   A chôr y llwyn yn llonydd;
> Ac os bydd pigyn dan dy fron
>   Yn peri i'th galon guro,
> Ni wnei, nes torro'r wawrddydd hael,
>   Ond canu, a gadael iddo.

Dan ddylanwad Ifor Ceri mae'n siŵr, lluniodd eiriau ar alawon adnabyddus megis 'Ar hyd y nos' ac 'Auld lang syne', a chafodd cerddi Alun fel y ddau arall eu lle ar daflenni baled, yn arbennig felly ei 'Cân gwraig y pysgotwr'. Ond efallai mai'r deyrnged uchaf i Alun fel bardd yw bod dwy o'i gerddi, sef 'Doli' ('A welsoch chi, 'dwaenoch chi Doli?') a 'Rhywun' ar dafod leferydd y werin, ac wedi cael eu casglu fel alawon gwerin yn Sir Feirionnydd a mannau eraill, ddwy genhedlaeth wedi marw Alun ei hun. Mae geiriau 'Rhywun' yn gadarn yn nhraddodiad y penillion telyn, a gallent yn hawdd gael eu labelu yn 'benillion traddodiadol':

> Clywais lawer sôn a siarad
> Fod rhyw boen yn dilyn cariad,
> Ar y sôn gwnawn innau chwerthin
> Nes y gwelais wyneb Rhywun.

> Ni wna cyngor, ni wna cysur,
> Ni wna canmil mwy o ddolur,
> Ac ni wna ceryddon undyn
> Beri im beidio â charu Rhywun.

Hwyrach nad yw'r tri offeiriad hyn yn y rheng flaenaf o enwogion Cymru, ac nid hwy yw'r amlycaf o blith yr hen bersoniaid llengar, ond gellir tynnu sylw at rai pethau sy'n gyffredin iddynt. Yn gyntaf, cafodd y tri eu haddysg yng Ngholeg Iesu, Rhydychen. Yn y cyfnod cyn sefydlu addysg uwch yng Nghymru, chwaraeodd Coleg Iesu ran bwysig mewn cyfrannu addysg i fyfyrwyr Cymru, a honno yn addysg i glerigwyr yr Eglwys Sefydledig yn bennaf, gan na châi Anghydffurfwyr fynediad i Rydychen tan 1871. Ond roedd y tri hefyd yn dystion i symudiad arwyddocaol iawn i'w cenedl, sef sefydlu Coleg Dewi Sant yn Llanbedr yn 1822. Athrofa eglwysig oedd hon, y bwriadwyd iddi (o leiaf yn ei dechreuad) ddarparu ar gyfer anghenion Cymraeg yr Eglwys Anglicanaidd, mewn ffordd na allai Coleg Iesu ei wneud; dyna pam y penodwyd Rice Rees, nai W.J. Rees, Casgob, un arall o'r personiaid llengar, yn Athro'r Gymraeg pan sefydlwyd y coleg. Hon hefyd oedd athrofa addysg uwch gyntaf Cymru, cam ar y ffordd i sefydlu addysg brifysgol hanner canrif yn ddiweddarach, a'r symudiad hwnnw yn ei dro yn graddol newid perthynas Coleg Iesu â'r hen wlad.

Yn ail, roedd y tri yn rhan o'r mudiad eisteddfodol yn yr 1820au ac eisteddfodau'r Fenni yn y degawd dilynol. Beth bynnag y farn heddiw am iaith chwyddedig awdlau annarllenadwy y cyfnod, ni ellir gwadu pwysigrwydd mudiad yr eisteddfodau taleithiol, a gefnogwyd ac a hyrwyddwyd gan nifer o glerigwyr yr Eglwys Wladol: dyma flaenffrwyth mudiad yr Eisteddfod Genedlaethol yn y bedwaredd ganrif ar bymtheg. Yn ystod y ganrif honno tyfodd yr eisteddfod i fod yn sefydliad cenedlaethol i'r Cymry, yn ei ffordd ei hun yn sefydliad cenedlaethol yr un mor bwysig â'r Brifysgol genedlaethol o ran ailddiffinio hunaniaeth y Cymry. Yn drydydd, roedd y tri yn rhan o gylch ehangach yr hen bersoniaid llengar. Gair ein hoes ni yw 'rhwydweithio'; ond ym mhob cyfnod mae'n drawiadol pa mor rymus, pa mor bwysig a pha mor ddylanwadol yw rhwydweithiau o bobl o gyffelyb anian. Dyma'r hyn sydd yn aml yn diogelu traddodiad ac yn creu newid mewn cymdeithas. Diolch yn arbennig i ymdrechion y ddiweddar Ddr Mari Ellis gwyddom fwy am yr hen bersoniaid llengar nag a wyddem gynt, ond tybed a ydym eto wedi llwyr werthfawrogi helaethrwydd eu cyfraniad gyda'i gilydd? Edrychwn ar Thomas Richards, Mair Richards, Ifor Ceri, Gwallter Mechain ac eraill yn unigol, ond gyda'i gilydd roeddent yn ffurfio rhwydwaith o bobl adnabyddus a llai adnabyddus a oedd yn cefnogi ei gilydd, yn bwydo ei gilydd â gwybodaeth, ac yn dylanwadu ar ei gilydd. A gellir tybio bod i Ifor Ceri ran ganolog yn y rhwydwaith, fel corryn yng nghanol y we. Soniai Alun a Ioan Tegid am hyfrydwch cwmni Ifor Ceri a'r rhannu alawon traddodiadol, penillion a storïau ar ei aelwyd ddiwylliedig, a lluniodd Ioan Tegid a Daniel Ddu gerddi coffa iddo. Ac roedd y tri, Ioan Tegid, Daniel Ddu ac Alun, hwyrach dan ddylanwad Ifor Ceri, yn llunio penillion ar y mesurau traddodiadol, penillion a gafodd le ar daflenni baled, a rhai ohonynt yn ddigon naturiol eu harddull a'u hieithwedd i fynd yn rhan o gof gwerin gwlad. Os yw cysgod Brad y Llyfrau Gleision ar ein dirnadaeth o fywyd a gwaith yr Eglwys Anglicanaidd yng Nghymru yn y bedwaredd ganrif ar bymtheg, dylem yn hytrach droi ein golygon at yr agweddau eraill hyn, gan ddathlu'r ffaith fod o fewn yr Eglwys honno nifer o offeiriaid ymroddgar a oedd yn ddwfn eu parch a'u serch at y Gymraeg ac yn barod i'w defnyddio a'i hyrwyddo.

DARLLEN PELLACH

Ceinion Alun, gol. G. Edwards 'Gutyn Padarn' (Rhuthyn, 1851).

Mari Ellis, 'Detholiad o lythyrau John Jones, ('Tegid'; 1792–1852)', *Cylchgrawn Cymdeithas Hanes Sir Feirionnydd*, 13 (2001), 355–71; 14 (2002), 40–54.

Gwendoline Guest, 'Bywyd a Gwaith John Blackwell (Alun) 1797–1840' (M.A. Prifysgol Cymru [Bangor], 1971).

Gwaith Barddonawl y Diweddar Barch. John Jones, M.A. Tegid, gol. Henry Roberts (Llanymddyfri, 1859).

Gwinllan y Bardd (Lampeter: Cwmni y Wasg Eglwysig Gymreig, 1906).

Hywel, 'Fy ymweliad olaf a Ioan Tegid', *Yr Haul*, Cyfres newydd 6 (1855), 339–41, 376–7; 7 (1856), 12–14, 42–4.

G.J. Williams, 'Daniel Ddu o Geredigion a'i gyfnod', *Y Llenor*, 5 (1926), 48–59.

13

Siôn Aled

EVAN EVANS 'IEUAN GLAN GEIRIONYDD'

Deuthum yn ymwybodol o waith Evan Evans 'Ieuan Glan Geirionydd' (1797–1855) yn ifanc iawn.[1] Yr emyn cyntaf i mi gofio ei hoffi yn blentyn oedd, na, nid 'Iesu tirion' nac 'I orwedd mewn preseb' na dim byd a luniwyd ar gyfer plant ond yr emyn angladd 'Mae 'nghyfeillion adre'n myned' yr arferid ei ganu ar y dôn 'Lausanne'.[2] Mae'n amlwg fod fy nhueddiadau pruddglwyfus wedi eu hamlygu eu hunain yn gynnar. Dychwelaf at Ieuan yr emynydd yn nes ymlaen ond dechreuwn gyda hanes ei febyd a'i fagwraeth.

Roeddwn yn synhwyro'r rhamant yn enw barddol Evan Evans yn gynnar hefyd ond bu raid aros nes oeddwn ymhell yn fy arddegau cyn i mi ymweld am y tro cyntaf â'r llyn a ddewisodd ar gyfer yr enw hwnnw, ac yn ystod cyfnod y pla diweddar y cerddais o gwmpas glannau Geirionydd am y tro cyntaf. Yn Nhrefriw, y pentref yn nyffryn Conwy islaw y bryniau sy'n ceseilio'r llyn, y ganwyd Evan ar 20 Ebrill 1795, yn fab i Elizabeth, gwraig a oedd yn llythrennog yn y Gymraeg a'r Saesneg, a Robert Evans, bardd gwlad y bu i'w fab yn amlwg etifeddu ei ddawn. Dysgodd Evan ganu'r delyn dan law'r telynor medrus o'r ardal, Ifan Owen, a derbyniodd addysg elfennol mewn ysgol a gynhelid yn eglwys y plwyf. Roedd ei rieni'n Fethodistiaid brwd, yn perthyn i garfan a oedd, y pryd hynny, wrth gwrs, yn parhau'n aelodau o'r Eglwys Wladol.

Yn nes ymlaen bu Evan yn ddisgybl yn Ysgol Rad Llanrwst, 'Lle pyncid cerddi Homer / A Virgil geinber gynt' fel y'i coffâi yn ei delyneg enwog iddi.[3] Clywir yma dinc y canu gwlad sy'n nodweddu gwaith gorau Ieuan, yn hytrach na thrymder canu eisteddfodol y bedwaredd ganrif ar bymtheg, ond bu hefyd yn llwyddiannus mewn eisteddfodau, gan gynnwys cael ei gadeirio ddwywaith yn yr un eisteddfod—ond dychwelwn at yr hanes rhyfedd hwnnw maes o law.

Daeth i gysylltiad yn ddyn ifanc â'r pregethwr Methodistaidd, ac awdur *Rhodd Mam*, John Parry, Caer. Cadwai John siop lyfrau a chyflogodd Ieuan i gyfieithu testunau diwinyddol ac yn nes ymlaen yn olygydd cynorthwyol y cylchgrawn dylanwadol *Goleuad Gwynedd*. Bu Ieuan yn byw yng Nghaer am oddeutu dwy flynedd. Y pryd hynny, cyn i laid dagu Afon Dyfrdwy, roedd yn dal yn bosibl i longau o gryn faint gyrraedd hyd at furiau'r ddinas, a diddorol meddwl tybed ai dyma'r adeg y datblygodd diddordeb y bardd yn y môr a ysbrydolodd gymaint o ddelweddau grymus yn ei farddoniaeth yn ddiweddarach? Fodd bynnag, bu raid iddo adael Caer oherwydd cael ei daro'n wael, mae'n debyg â phliwrisi—un o sawl tro yr ymyrrodd gwaeledd â'i yrfa. Serch hynny, yn y cyfnod byr a dreuliodd yno, yng ngeiriau Mari Ellis, 'Cawsai gyfle i ddyfod i adnabod Cymry Caer a chael blas ar fod yng nghanol berw llenyddol.'[4] Ac nid dyma ddiwedd ei ymwneud â'r ddinas, fel y gwelwn.

Yn fuan ar ôl ei gyfnod cyntaf yng Nghaer, yn sgil ei orchestion eisteddfodol, daeth i sylw nifer o'r cwmni y daethpwyd i'w hadnabod fel y personiaid llengar a oedd yn poeni am Gymreictod, neu ddiffyg Cymreictod, yr Eglwys. Ymddengys iddynt ganfod, bron ar y cyfarfyddiad cyntaf, yn y dyn ifanc dawnus ond diymhongar hwn, ddeunydd offeiriad. Gwallter Mechain oedd un o'r clerigion hynny, a daeth Angharad Llwyd, y lleygwraig ddylanwadol, yn noddwr iddo; yn wir, roedd mewn dygn angen am nawdd ariannol, yn ogystal â chefnogaeth mewn ystyr ehangach, drwy ran helaeth o'i oes. Un o'r rhai y llwyddodd Angharad i'w perswadio i gyfrannu tuag at gynhaliaeth ariannol Evan oedd Reginald Heber, un o ganoniaid Llanelwy, a ddaeth yn ddiweddarach yn esgob Kolkata (Calcutta fel y'i sillefid y pryd hynny) ac yn enwog fel emynydd Saesneg. Addawodd yntau bum punt y flwyddyn o nawdd.

Byddai angen mwy o astudio sylfaenol cyn y gallai Evan Evans gamu ymlaen i goleg hyfforddi ar gyfer y weinidogaeth, a phenderfynodd ei noddwyr mai ysgol y Parchg Thomas Richards yn Aberriw fyddai'r lle gorau ar gyfer hynny, ysgol y bu John Blackwell 'Alun' yn ddisgybl ynddi hefyd. Cyrhaeddodd Evan yno yn haf 1821. Roedd chwaer Thomas Richards, Jane, yn cadw tŷ i'w brawd ac ymddengys i Evan ddod yn hoff iawn ohoni. Fel hyn mae'n ysgrifennu at 'Sian' pan oedd hi wedi dychwelyd am gyfnod at ei theulu yn Narowen, ger Machynlleth:

>Dyred y Fenyw dirion
>Rho frys hynt i'r fro fras hon,
>Tyred a gad Ddarowen
>Ymwêl â'r Berriw wiw wen ...
>I'r warthol a'th droed heb oedi
>Dere nawr i'n daear ni ...[5]

A dyma enghraifft nodweddiadol o farddoni, a chynganeddu, rhwydd a hwyliog Ieuan Glan Geirionydd. Derbyniodd wahoddiad i dreulio Pasg 1822 a'r Nadolig canlynol yn Narowen, gan ddathlu'r croeso a'r hwyl a brofodd ar gân:

> Yno ceir pob rhyw ddiddanwch
> Heb ddiferyn bach o dristwch,
> Ni thraidd dicter na chenfigen
> Byth dros riniog Ficer D'rowen.[6]

Gwaetha'r modd, ni pharhaodd ei gyswllt â'i Siân mor rhwydd a hwyliog. Ymddengys i Jane ymbellhau oddi wrtho yn nes ymlaen, gan ei gyhuddo o chwedleua'n amharchus am deulu Darowen er iddo yntau wadu hynny. Nid welais unrhyw dystiolaeth arall am wir achos y rhwyg.

Yn dilyn ei hyfforddiant cychwynnol dan Thomas Richards, daeth adeg penderfynu i ba goleg y byddai'n mynd am hyfforddiant diwinyddol penodol ar gyfer y weinidogaeth Anglicanaidd. Ymddengys mai'r dewis oedd rhwng un o golegau Rhydychen a St Bees, y coleg diwinyddol annibynnol cyntaf ar gyfer hyfforddi offeiriadon i wasanaethu yn Eglwys Loegr, a sefydlwyd yn 1816 gan esgob Caer, a hynny yn Cumbria, ym mhen draw ei esgobaeth, fel yr oedd y pryd hynny. Wrth wneud ei benderfyniad, eglurodd Ieuan mai callach fyddai iddo fynd i Cumberland nag i Rydychen am ei fod yn iachach lle; roedd gwarchod ei iechyd bregus yn flaenoriaeth.

Nid profiad dedwydd iddo fu ei arhosiad yng Ngholeg St Bees. Teimlai na fedrai gyfrannu'n effeithiol at y trafodaethau diwinyddol yno oherwydd gwendid ei Saesneg: 'I find this very much against me almost in everything. I could do as well as any only for my backwardness in English.'[7] Ac nid annhebyg fu profiad yr awdur presennol yn ei wythnosau cyntaf mewn coleg diwinyddol yn Lloegr yn dilyn blynyddoedd o fyw a gweithio mwy neu lai yn gyfan gwbl drwy gyfrwng y Gymraeg. Roedd y gwaith academaidd yn y Coleg yn

Ieuan Glan Geirionydd
(Casgliad Portreadau Llyfrgell Genedlaethol Cymru)

drwm, ei arian yn brin, ac ymddengys nad oedd Ieuan yn gysurus ar y cwmni yn ei lety. Bu raid iddo, yn wahanol i'r rhan fwyaf o'i gydfyfyrwyr, aros yn St Bees dros y Nadolig, a chanodd am ei hiraeth am fod ar aelwyd hwyliog Darowen. Ond er mor anesmwyth oedd y darpar offeiriad yn ei alltudiaeth, ac er ei ddiffyg hyder yn y Saesneg wrth ysgrifennu traethodau yn ogystal ag ar lafar, roedd y prifathro, y Parchg William Ainger, yn fwy na bodlon ar ei waith, a llwyddodd yn anrhydeddus yn yr arholiadau terfynol, er iddo gael ei daro'n wael, unwaith eto, rai wythnosau ynghynt. Ac nid ymddengys i'r ffaith fod Mrs Ainger wedi sylwi ar ei ddillad *shabby* daflu cysgod dros ei yrfa.

Fodd bynnag, gallai bellach edrych ymlaen at wireddu dymuniad ei galon, a'r môr, a oedd yn agos yn St Bees, wrth gwrs, yn ei ysbrydoli unwaith eto:

>Rwy fel llong ar frig y tonnau
>>Yn dyrchafu ei llawn hwyliau;
>
>Tyred awel, chwyth fi eilwaith
>>Yn ôl i wlad fy ngenedigaeth.
>
>Boed i Sais ei rwysg a'i fawredd
>>Ei wlad fras a phob anrhydedd;
>
>Boed i mi gael gwasanaethu
>>Fy nghyd-genedl draw yng Nghymru.

Gadawodd St Bees yng ngwanwyn 1824 ond roedd cyfnod anodd o'i flaen ar y daith i'w ordeinio, a dyma'r adeg y sylweddolodd fod pethau wedi oeri rhyngddo a Jane. Gallai dystio erbyn hynny: 'All other ties and attachments which I formerly felt to other denominations are now entirely irradicated [*sic*] from my mind, and I know no other religion in the world but that of the Church of England.' Ac ychwanega ar gân:

>Nid am y byd ei dda na'i werth
>>Y mae fy nidor lef,
>
>Ond am gael gweithio ddyddiau'm hoes
>>Yn ei lân Eglwys ef.

Ond bid a fo am ei ddaliadau eglwysig, nid oedd esgobion Bangor a Llanelwy yn awyddus i ordeinio dynion heb radd prifysgol, felly awgrymwyd y dylai droi at esgob Caer, Charles James Blomfield, gan fod y Cymry blaenllaw a thra dylanwadol yno (er enghraifft Dr Rowlands, llywydd Cymmrodorion Caer, a oedd yn gymydog i'r esgob) wedi sicrhau addewid o 'lythyriaeth' Gymraeg yn Eglwys Sant Martin, Caer, hynny yw, swydd i glerig a fedrai gynnig gwasanaethau yn Gymraeg i'r Cymry yno.

Roedd yr Esgob Blomfield, a benodwyd yn ddiweddarach yn esgob Llundain, yn arweinydd gweddol hynaws yn ôl safonau'r dydd ond nid oedd yn hoff o Galfiniaid. Roedd cyd-fyfyriwr â Ieuan yn St Bees, rhyw 'Davies' o Landrillo-yn-Rhos, hefyd yn chwennych y swydd yn Eglwys Sant Martin ac wedi ceisio pardduo Ieuan yng ngolwg yr esgob, ac wedi sôn am ei ymwneud â *Goleuad Gwynedd*, cylchgrawn a fu'n feirniadol o weinidogion yr Eglwys Sefydledig, a hynny er i Davies ei hun fod yn pregethu gyda'r Bedyddwyr, yr Annibynwyr a'r Wesleaid yn ôl Ieuan.

Roedd tad Ieuan yn ddi-waith ar y pryd a'i fam yn wael, felly bu'n dibynnu ar letygarwch nifer o'i noddwyr tra âi'r trafodaethau â'r esgob yn eu blaen. Bu'n hanes hir a throeog, ond yn y pen draw llwyddodd ymdrechion arweinwyr Cymmrodorion Caer, ynghyd â dau gyfweliad go ddwys â Ieuan ei hun, i berswadio'r esgob ei fod yn ddiogel i'w ordeinio wedi'r cyfan, a threfnwyd hynny ar gyfer 17 Tachwedd 1825. Ond ymyrrodd iechyd Ieuan â thaith ei fywyd unwaith eto, a bu mewn twymyn beryglus dros bythefnos, fel ei bod yn amhosibl iddo fynd i'w wasanaeth ordeinio ar y dyddiad a drefnwyd. O'r diwedd, cafodd ei ordeinio'n ddiacon yn nhŷ'r esgob yn Llundain ar 19 Chwefror 1826. Ys dywed Ieuan, gan lynu wrth ddelwedd y môr unwaith eto, 'Wedi mordaith led erwin a chyfarfod â llawer o siomedigaethau a chroeswyntoedd, wele fi o'r diwedd wedi cyrraedd yr *haven* dymunol.' Pregethodd, yn Gymraeg, yng Nghaer am y tro cyntaf ddydd Sul 5 Mawrth 1826.

Ymddengys iddo brofi llwyddiant yng Nghaer, a'r gynulleidfa yn Eglwys Sant Martin yn tyfu, a Ieuan yn gwasanaethu Cymry'r ddinas ac yn ymweld â'r ysbyty bob yn eilddydd. Amwys oedd ei agwedd erbyn hyn at y Methodistiaid ac anogodd ei gyn-athro, Thomas Richards, ar achlysur ei benodi'n rheithor Llangynyw: 'with respect to Methodists, be on good terms with them; out-preach, out-pray and out-live them'.[8]

Ym mis Rhagfyr 1827 urddwyd Ieuan yn offeiriad a derbyniodd guradaeth Christleton, pentref hardd nid nepell o Gaer, ond gan barhau i wasanaethu Cymry'r ddinas. Roedd y rheithordy ar gael iddo pan na fyddai'r rheithor, Gruffydd Lloyd, brawd i'w noddwr Syr Edward Pryce Lloyd, yno, a chan mai ond am oddeutu pythefnos y flwyddyn yr ymwelai'r Parchg Lloyd â'i blwyf, roedd honno'n fargen eithaf da. Dechreuodd Ieuan gynnal Ysgol Sul a gyfarfyddai am naw y bore a phedwar o'r gloch y prynhawn. Cynhelid y Foreol a'r Hwyrol Weddi bob Sul, a gyda'r nos teithiai Ieuan i Gaer i bregethu i'r Cymry yn Eglwys Sant Martin. Yn ystod yr wythnos cynhaliai ddau gyfarfod canu. Daeth Morris Williams 'Nicander' i'w adnabod pan oedd yn ddisgybl yn Ysgol Ramadeg Caer, gan nodi y 'byddai yn arfer dywedyd wrthyf bod holl ddinas Caer yn un plwyf iddo ef o ran y Cymry'.[9]

Priododd yn 1829 ond rhyfedd o dawel yw pob sylwebydd, gan gynnwys Ieuan ei hun, ynghylch yr amgylchiad hwnnw. Meddai wrth Thomas Richards mewn llythyr y diwrnod cyn y briodas: 'Before these lines shall be perused by you I shall have passed that boundary which separates the senile and barren clime of celibacy from the genial and cheering atmosphere of matrimony.' Ond y cwbl a wyddom am y wraig yw mai 'Miss Wilson' oedd hi cyn priodi a 'Mrs Evans' wedyn. Ni welais sôn am unrhyw blant o'r briodas.

Ym mis Ionawr 1833 cyhoeddwyd rhifyn cyntaf *Y Gwladgarwr*, cylchgrawn a fwriedid yn bennaf ar gyfer y Cymry uniaith, dan olygyddiaeth Ieuan. Cyhoeddodd ysgrifau'n hyrwyddo canu cynulleidfaol, ynghyd â thonau o'i waith ei hun, ond ni ddaeth yr un o'r tonau hynny'n boblogaidd. Yn 1843 daeth yn gurad parhaol plwyf Ince (sef 'ynys' yn wreiddiol), i'r gogledd o Gaer. Yno bu farw ei wraig wedi 'hir a dirboenus gystudd'. Dychwelodd Ieuan i Drefriw ym mis Tachwedd 1852 yn dioddef unwaith eto o afiechyd corfforol, er na chofnodwyd union natur yr afiechyd hwnnw. Ym mis Gorffennaf 1854 fe'i penodwyd yn gurad Y Rhyl, pentref pysgota bychan ar y pryd, a'r rheilffordd ond newydd gyrraedd yn 1848, ond bu farw'n ddisymwth ymhen llai na blwyddyn, ar 21 Ionawr 1855. Fel y gwnaeth yn ystod ei gyfnod yng Nghaer, roedd wedi cyhoeddi casgliad o emynau dwyieithog ar gyfer ei gynulleidfa yn Y Rhyl.

O ystyried ei gynnyrch emynyddol, gwelir defnydd helaeth o ddelweddau yn gysylltiedig â'r dŵr a'r môr, a themâu marwolaeth a pherygl, ac efallai fod cyflwr bregus ei iechyd ac ansicrwydd cwrs ei fywyd i gyfrif am hynny:

> Ar lan Iorddonen ddofn,
> > Rwy'n oedi'n nychlyd,
> Mewn blys mynd trwy, ac ofn
> > Ei stormydd enbyd;
> O na bai modd i mi
> > Osgoi ei hymchwydd hi,
> A hedfan uwch ei lli
> > I'r Ganaan hyfryd![10]

Ac, wrth gwrs, ceir delwedd forol estynedig yn yr emyn o'i waith a brofodd, mae'n debyg, y mwyaf poblogaidd hyd heddiw:

> Ar fôr tymhestlog teithio'r wyf
> > I fyd sydd well i fyw,
> Gan wenu ar ei stormydd oll –
> > Fy Nhad sydd wrth y llyw.
>
> Er cael fy nhaflu o don i don,
> > Nes ofni bron cael byw,
> Dihangol ydwyf hyd yn hyn –
> > Fy Nhad sydd wrth y llyw.
>
> Ac os oes stormydd mwy yn ôl,
> > Ynghadw gan fy Nuw,
> Wynebaf arnynt oll yn hy –
> > Fy Nhad sydd wrth y llyw.
>
> A phan fo'u hymchwydd yn cryfhau,
> > Fy angor, sicir yw,
> Dof yn ddiogel drwyddynt oll –
> > Fy Nhad sydd wrth y llyw.
>
> I mewn i'r porthladd tawel, clyd,
> > O sŵn y storm a'i chlyw
> Y caf fynediad llon ryw ddydd –
> > Fy Nhad sydd wrth y llyw.[11]

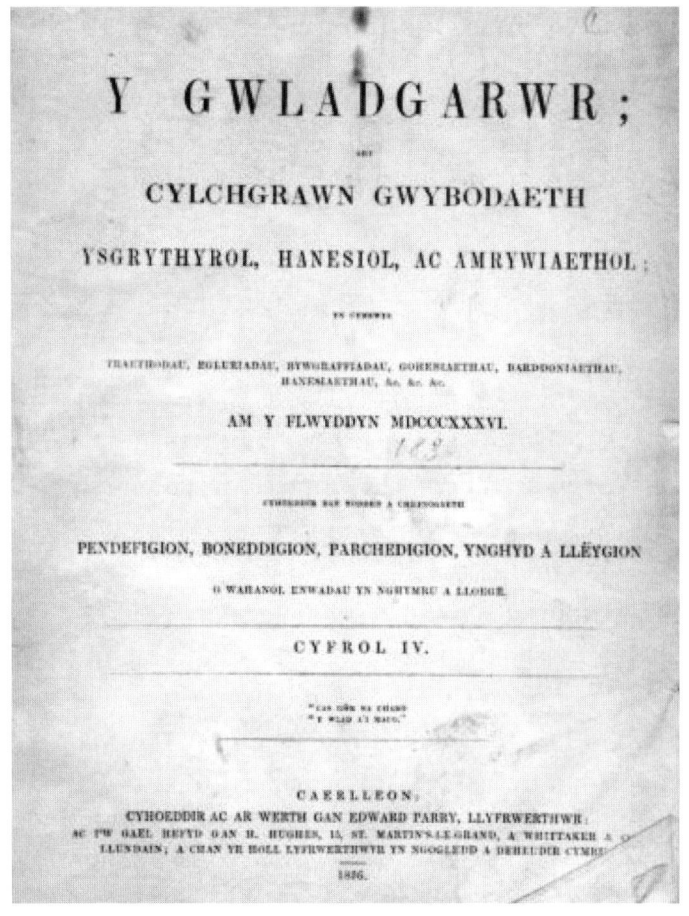

Y Gwladgarwr
(Casgliad Cylchgronau Llyfrgell Genedlaethol Cymru)

Er i'r emyn hwn o'i waith ddiweddu ar nodyn gobeithiol, cyfaddefodd Ieuan ei hun mewn llythyr at Ifor Ceri, un arall o'r personiaid llengar a fu'n gefn iddo, 'My Cerdd Dafod a Thant is always in the minor key, and tho' I made many attempts to change the key I have hitherto failed.'

Yn ôl Thomas Parry, ef oedd emynydd gorau'r cyfnod ac un o oreuon pob cyfnod, ac mae'n anodd anghytuno â hynny.[12] Er bod llawer o'i waith yn wir yn y cywair lleddf, nid yw'r emynau'n drwm eu cynnwys, o safbwynt diwinyddol, nac yn ystrydebol eu cyfeiriadau ysgrythurol, fel sy'n wir am waith Nicander, er enghraifft. Mae Ieuan yn cadw, yn gyffredinol, at ei gyngor ei hun ynghylch priod nodweddion emyn: eglurder iaith, ystwythder ymadrodd a rhwyddineb mydriad. Ac er na chaiff ei gofio fel cyfansoddwr tonau, mae'n sicr fod y ffaith ei fod yn gerddor wedi bod yn gymorth iddo gyfansoddi emynau canadwy a chofiadwy. Gwelsom eisoes enghreifftiau o'i farddoniaeth; yma eto, mae ei egwyddorion parthed emynyddiaeth yn dod i'r amlwg. Er iddo feistroli'r cynganeddion, ac er, fel y gwelsom, iddo amlygu dawn i ganu'n rhwydd ar gynghanedd, daeth i gredu, fel Gwallter Mechain, fod y gynghanedd a chaethder y mesurau traddodiadol yn llyffetheirio'r mynegiant. Yn eironig, o gofio'r cyfle a roddai'r mesur i blymio dyfnderoedd dwyster, daeth i ystyried yr englyn yn fwy fel mesur ar gyfer doniolwch na dim arall, fel yn yr enghraifft hon i un o forynion Darowen am dduo ei esgidiau:

> I Elsbeth gu am dduo—fy esgid
>   Rhof wisgi gerdd gryno;
>   Gwnaeth hwy'n wych, mal drych, am dro
>   Hwy allent wneud i eillio.

Roedd yr emynydd prudd hwn hefyd yn gallu gwenu.

Beth, felly, am y cadeirio deublyg yna? Rhaid mynd yn ôl at yr Evan Evans ifanc am y stori honno. Cystadlodd am y gadair yn eisteddfod Llanelwy yn 1818 ar y pwnc 'Marwnad y Dywysoges Charlotte', Tywysoges Cymru, a fu farw yn dilyn esgor ar blentyn marwanedig pan oedd ond yn un ar hugain oed. Ond anghofiodd y bardd roi ei enw a'i gyfeiriad mewn amlen dan sêl gyda'i ymgais, ac ni welai werth teithio o Gaer lle yr oedd yn gweithio i John Parry, ar y siawns o fod yn fuddugol. Felly pan alwyd ei ffugenw 'Plorator' (un sy'n llefain neu'n galaru), ni chododd neb. Hysbysebwyd yn y papurau newydd, ac ymhen hir a hwyr daeth i glyw Ieuan y Plorator drwy gyfaill ei fod wedi ennill. Bu trafod beth i'w wneud ynglŷn â'i wobrwyo a chytunwyd i'w gadeirio am ei fuddugoliaeth yn Llanelwy ar ddechrau eisteddfod Wrecsam rai misoedd yn ddiweddarach. Roedd dewis o dlws neu arian yn wobr yn Llanelwy, felly rhoddwyd Ieuan i eistedd yng nghadair eisteddfod Wrecsam ar gyfer y seremoni. Ar ôl anrhydeddu prifardd Llanelwy, aeth yr eisteddfod yn ei blaen, a phan gyhoeddodd Gwallter Mechain, y beirniad, ffugenw bardd cadeiriol Wrecsam, pwy godod ond Ieuan. Ac felly Ieuan Glan Geirionydd yw'r unig fardd, hyd y gwn, i'w gadeirio ddwywaith yn yr un eisteddfod, a daeth 'Plorator' yn enw arno gan lawer o'i gyfeillion weddill ei oes. Ac er bod cymaint o nodweddion 'Plorator' yn ei emynau, daethant hefyd yn ysbrydoliaeth ac yn gysur i genedlaethau o'i gyd-Gymry ar ei ôl.

DARLLEN PELLACH

Blodeugerdd o'r Bedwaredd Ganrif ar Bymtheg, gol. Bedwyr Lewis Jones (Aberystwyth: Cymdeithas Lyfrau Ceredigion, 1978).

Bedwyr Lewis Jones, '*Yr Hen Bersoniaid Llengar*' (n.p.: Gwasg yr Eglwys yng Nghymru, [1963]).

Detholion o Waith Ieuan Glan Geirionydd, gol. Saunders Lewis (Caerdydd: Gwasg Prifysgol Cymru, 1931).

---

[1] Fy nyletswydd gyntaf wrth gyfansoddi'r bennod hon yw mynegi fy nyled fawr i waith gofalus Dr Mari Ellis, nas cyhoeddwyd hyd yn hyn, sy'n sail i'r rhan fwyaf o'r testun a geir yma. Cefais y fraint o elwa ar ei hadnabyddiaeth drylwyr o'r gwrthrych a'i gefndir. Rwyf hefyd, wrth gwrs, wedi cynnwys fy nehongliad fy hun o rai agweddau ar fywyd a gwaith y bardd a'r emynydd. Mae fy niolch yn fawr hefyd i Meg Elis, merch Mari Ellis, am ei chaniatâd parod i mi ddefnyddio gwaith ei mam.

[2] *Emynau'r Llan*, gol. J. Griffiths ac eraill (Bangor: Bwrdd Cenhadu Esgobaeth Bangor, 1997), t. 104.

[3] *The Oxford Book of Welsh Verse*, ed. Thomas Parry (Oxford: Clarendon Press, 1962), t. 348.

[4] Papurau Dr Mari Ellis yn Llyfrgell Genedlaethol Cymru.

[5] Ibid.

[6] Ibid.

[7] Ibid.

[8] Ibid.

[9] Ibid.

[10] Parry, *The Oxford Book of Welsh Verse*, t. 350.

[11] *Emynau'r Llan*, tt. 552–3.

[12] Thomas Parry, *Hanes Llenyddiaeth Gymraeg hyd 1900* (Caerdydd: Gwasg Prifysgol Cymru, 1944), t. 271.

14

D. Densil Morgan

ROWLAND WILLIAMS A'R *GWYLIEDYDD*

Wrth sôn am yr hen bersoniaid llengar, fel y bedyddiodd R.T. Jenkins y criw o Eglwyswyr a wnaeth gymaint i hyrwyddo Cymreictod a'r bywyd diwylliannol yn nhraean cyntaf y bedwaredd ganrif ar bymtheg, am Wallter Mechain, Ifor Ceri, W.J. Rees, Cascob, a Charnhuanawc y byddwn yn meddwl gyntaf, yr eisteddfodwyr a'r hynafiaethwyr poblogaidd, ond yr un mor bwysig, os nad yr un mor amlwg, oedd rhai fel John Roberts, Tremeirchion, a Rowland Williams, Ysgeifiog (1779–1854), sef testun y bennod hon. 'Gŵr na chafodd y sylw a haedda gennym hyd yma',[1] meddai Bedwyr Lewis Jones amdano yn 1963, ac er na allaf ychwanegu braidd dim at yr hyn sy'n hysbys amdano eisoes, prin y gellid llunio cyfrol fel hon heb roi lle anrhydeddus iddo. Heb amheuaeth, roedd yn un o Eglwyswyr Cymreig mwyaf sylweddol ei genhedlaeth, ac fel y dywedodd yr Archddiacon A.O. Evans amdano, 'we cannot but express the great surprise that the authorities had not raised [him] ... to the episcopal bench'. Gan gyfeirio at Williams ac at gyfoeswr gwlatgar arall iddo, sef William Bruce Knight, meddai:

> They both were scholarly, earnest, hard-working, pious men, who at the particular juncture of affairs in Wales undoubtedly would have filled the office of a bishop to the great satisfaction of the bulk of their countrymen, and with credit to themselves.[2]

Os na chafodd rheithor Ysgeifiog gyfle i gyfrannu at fywyd ei Eglwys fel esgob, cafodd gyfrannu mewn dau faes arbennig y byddwn yn talu sylw iddynt, sef y wasg gyfnodol ac yna addoliad y ffyddloniaid trwy'r rhan a chwaraeodd yn niwygio'r Llyfr Gweddi Gyffredin.

Ganed Rowland Williams yn Nhy'n-y-pwll, Dinas Mawddwy, ym mis Mawrth 1779, yn fab i Richard a Catherine Williams, a'i fedyddio nid yn Llanymawddwy ond yn Eglwys Sant Tydecho, Mallwyd, ar y 27[ain] o'r mis. Ym Mallwyd y cafodd ei addysg gynharaf o dan gurad y plwyf, cyn ei anfon i Fetws-yn-Rhos, Sir Ddinbych, lle roedd perthynas iddo, y Parchg Peter Williams (nid yr esboniwr), yn ficer ac yn brifathro Ysgol Ramadeg Abergele. Ar ôl peth amser yno symudodd ymlaen i Ysgol Ramadeg Rhuthun. Yn 1798, ac yntau'n 19 oed, enillodd ysgoloriaeth i Goleg Iesu, Rhydychen. Graddiodd yn BA yn 1802 ac yn MA yn 1805. Ordeiniwyd ef yn ddiacon gan John Randolph, esgob Rhydychen, yn 1802 ac yn offeiriad flwyddyn yn ddiweddarach. Dychwelodd i Gymru yn 1803, i esgobaeth Bangor—am ddwy flynedd gwta fel y digwyddodd, rhwng 1807 ac 1809, byddai Randolph, yntau, yn gwasanaethu ym Mangor fel esgob anhrigiannol—ond am Williams, bu'n gurad Llandygái ac yn ysgolfeistr yn Ysgol Friars. 'Here, for four years', meddai'r Archddiacon Evans, 'Rowland Williams spent his time between his school duties and parochial work, and laid down the foundation for his future career.'[3] Buont yn flynyddoedd prysur. Fe'i penodwyd yn 1805 yn ysgrifennydd y 'Bangor Tract Society', mudiad a sefydlwyd flwyddyn ynghynt yn ysbryd yr SPCK er mwyn efengyleiddio'r plwyfi trwy ledaeniad llenyddiaeth fuddiol, a dangosodd gryn sêl dros y gwaith. Ar ben hynny, cafodd gyfle i droi ymhlith Eglwyswyr Cymreigaidd a chydwybodol fel John Jones, ficer Bangor, archddiacon Meirionnydd yn ddiweddarach ac yn fwy diweddar fyth, yn 1821, yn Ddarlithydd Bampton ym Mhrifysgol Rhydychen;[4] Richard Davies, gŵr a glodforwyd gan Ddafydd Ddu Eryri, Gutyn Peris a Richard Llwyd 'The Bard of Snowdon', ac a oedd yn gydathro â Williams yn Ysgol Friars cyn ei benodi yn ficer Llaneilian, Môn; Nicholas Owen, awdur y *British Remains*, ac eraill, 'all of whom belonged', meddai'r Archddiacon Evans eto, 'to a band of ardent Welshmen who expended talent and time in the spread of healthy Welsh literature'.[5]

Ym Mangor gwnaeth Williams argraff hynod ffafriol ar ei esgob, William Cleaver, ac yn fuan ar ôl i'r esgob symud i fod yn bennaeth esgobaeth Llanelwy yn 1806, cynigiodd i'r clerigwr ifanc fywoliaeth Cilcain yn ymyl Yr Wyddgrug yn Sir y Fflint. Bu yno rhwng 1807 ac 1809 cyn ei benodi yn ficer Helygain. Yn ogystal â bod yn ddiwyd gyda'i ddyletswyddau bugeiliol, fe'i penodwyd yn gaplan arholiadol nid yn unig i Cleaver ond i'w olynydd, John Luxmore, a fu'n esgob Llanelwy rhwng 1815 ac 1830; chwedl yr Archddiacon Evans: '[H]is advancement was rapid'![6] Yn 1819 symudodd i Feifod, Sir Drefaldwyn, eto oddi mewn i esgobaeth Llanelwy, ond yn nes at galon gweithgareddau'r hyn y mae Bedwyr Lewis Jones yn ei alw yn 'Ifor Ceri a'i griw', sef Ceri ger Y Drenewydd, cartref John Jenkins 'Ifor Ceri'; Manafon, cartref Walter Davies 'Gwallter Mechain', a Chascob yn Sir Faesyfed, cartref W.J. Rees. 'Cyfarfyddant gan amlaf', meddai Bedwyr, 'yn ficerdy Ceri. Yn un peth, dyna'r lle mwyaf cyfleus ... a ph'un bynnag, yr oedd aelwyd ficer Ceri yn enwog am wres ei chroeso a'i lletygarwch.'[7] O hynny ymlaen, yng nghwmni'r brodyr Richards o Ddarowen ac eraill o gyffelyb anian,

Eglwys Gadeiriol Llanelwy
(Casgliad Tirluniau Llyfrgell Genedlaethol Cymru)

byddai Rowland Williams yn mwynhau'r un cwmni yn yr un man, ac ar yr un pryd aeth ei yrfa eglwysig o nerth i nerth. Er 1809 bu'n ganon Llanelwy, ac yn 1836, ar gymhelliad William Carey, olynydd Luxmore fel esgob Llanelwy, fe'i penodwyd yn rheithor Ysgeifiog, yn ôl yn Sir y Fflint, ac yno y bu tan ei farw yn 1854. Ei wraig er dyddiau Bangor oedd Jane Wynne, merch Hugh Wynne Jones, prebendari yn y gadeirlan a brodor o Dreiorwerth, ger Bodedern, Ynys Môn. Yr enwocaf o'i blant— tri mab a thair merch—oedd Dr Rowland Williams, dirprwy brifathro Coleg Dewi Sant, Llanbedr Pont Steffan, a fu yng nghanol helyntion yn ddiweddarach yn y ganrif yn sgil ei syniadau diwinyddol blaengar.[8] Ond am ei dad y dywedir hyn:

> His strength as a clergyman lay chiefly in the moral influence which a character of sterling uprightness seldom fails to maintain ... For upwards of forty years ... nothing short of necessity prevented him from superintending in person his Sunday school

and … grounding his children in the New Testament, or elsewhere translating the Greek Tragedians and explaining the dark places of theology to the private pupils whom he used to receive into his home; there was always the same wonderful blending of energy with patience and a clearness of explanation … In spite of all distractions he was through all a parish priest, his people were his first consideration … Isaac Foulkes in his *Enwogion Cymru* … describes him as 'un o brif gymwynaswyr yr oes'.[9]

Ac ymhlith ei ddiddordebau, fel y dywedwyd, yr oedd y wasg gyfnodol.

Er iddynt gael eu trwytho yn y clasuron, Saesneg a Seisnig oedd addysg y prif glerigwyr hyn, yn yr ysgolion gramadeg fel Rhuthun a Bangor yn y gogledd, Ystradmeurig yn y gorllewin a'r Bont-faen yn y de, ac ni ddisgwylid i neb astudio'r Gymraeg yn Rhydychen neu yng Nghaer-grawnt. Felly, pan ymwreiddiodd y wasg boblogaidd Gymraeg yn y bedwaredd ganrif ar bymtheg, doedd hi ddim syndod mai ymhlith yr Ymneilltuwyr, na chafodd eu harweinwyr nemor ddim o'r manteision addysgol hyn, y bu'n fwyaf effeithiol. Ond o'r dechrau roedd Williams ac eraill o blith ei gyd-offeiriaid yn gweld yr angen am newyddiadur poblogaidd Cymraeg. Saesneg oedd cyfrwng y cylchgronau cyntaf fel *The Cambrian Magazine* (1773) a'r *Cambrian Register* (1795–6) nad oeddent yn apelio at y werin, a bu rhaid aros tan y *Cylch-grawn Cynmraeg* Morgan John Rhys rhwng 1793 ac 1795 i gael cyhoeddiad daufisol ehangach ei apêl. Roedd Dafydd Ddu Eryri wedi lawnsio *Trysorfa Gwybodaeth, neu Eurgrawn Cymru* yn 1800, a Williams wedi ei wahodd i lunio'r cyflwyniad iddo a chyfrannu erthygl ar Dr John Davies, Mallwyd, y plwyf lle'i ganed wrth gwrs, ond byr fu ei barhad, felly hefyd *Y Greal* hynafiaethol yn 1807. Williams a John Roberts, Tremeirchion, a oedd fwyaf brwd dros y gwaith hwn; yn wir roedd Roberts yn olygydd y cyhoeddiad hanner-blynyddol newydd *Cylchgrawn Cymru* (1814–15), ond pedwar rhifyn yn unig a welodd olau dydd. Cafwyd ymgais i'w atgyfodi yn 1822, gyda help meibion Darowen, sef Richard Richards, Caerwys, a Thomas Richards, Aberriw, a chyn hir tynnwyd Gwallter Mechain, Rees Cascob ac Ifor Ceri i mewn i'r cynllun. Meddai Ifor Ceri wrth W.J. Rees:

> There are at present four magazines published in Wales
> by the four sects of Baptists, Methodists, Independents
> and Wesleyans at 6^d per month. With the exception of
> *Seren Gomer* which has some spirit, they are tame and
> satiate you with experiences and conversions. They are,
> notwithstanding, doing all they can to sap the Church.
> It struck me that a publication on Church principles of
> a more respectable appearance … combining a little of
> Natural History, Antiquities etc, with Theology might
> have the patronage of the clergy and through them the
> sound part of Churchmen.[10]

Y pedwar cylchgrawn sectyddol oedd *Seren Gomer* y Bedyddwyr, a fu'n wythnosolyn i ddechrau cyn troi'n gylchgrawn pythefnosol yn 1818, *Trysorfa*'r Methodistiaid rhwng 1809 ac 1813 cyn troi yn *Y Drysorfa* yn 1819, *Dysgedydd* yr Annibynwyr (1821), a'r *Eurgrawn Wesleaidd* (1809).[11] *Seren Gomer* fel y dywedwyd, o dan olygyddiaeth Joseph Harris 'Gomer', gweinidog Bedyddwyr Abertawe, oedd leiaf sectyddol ei naws ac ehangaf ei apêl.[12] Ym Medi 1822, felly, o wasg Robert Saunderson, Y Bala, ymddangosodd rhifyn cyntaf *Y Gwyliedydd*, 'Cylchgrawn o wybodaeth fuddiol er budd i'r Cymro uniaith tan olygiad gweinidogion yr Eglwys Sefydledig'. Byddai'n para hyd fis Rhagfyr 1837, ac meddai R.T. Jenkins amdano: '*Y Gwyliedydd* oedd cylchgrawn gorau Cymru yn ei ddydd, o safbwynt y llenor',[13] barn a adleisiwyd gan Bedwyr Lewis Jones: '[Roedd Y] *Gwyliedydd* yn fwy llenyddol ei ogwydd na'r bwriad cyntaf ac yn un o gylchgronau gorau'r ganrif.'[14]

Yr un patrwm yn fras oedd i'r *Gwyliedydd* o fis i fis, o leiaf yn y blynyddoedd cyntaf. Roedd yn dechrau gydag ysgrif hanesyddol ei naws o dan y teitl 'Bucheddau enwogion yr Eglwys'; adran â'i phennawd yn amrywio, naill ai 'Duwinyddiaeth' neu 'Ddosparth crefyddol', yn rhoi lle yn bennaf i esboniadaeth feiblaidd; adran hynod ddifyr o dan y teitl 'Y mildraethodydd' yn disgrifio'n fanwl amryw byd o greaduriaid, rhai cyfarwydd ac eraill yn fwy ecsotig; yr adran nesaf o dan 'Amrywiolaethau' a oedd yn rhoi lle i ohebwyr ymateb, ran fynychaf o dan ffugenwau, i erthyglau'r rhifynnau blaenorol; adran helaeth ar farddoniaeth, ac yna i gloi 'Hanesion tramor a chartrefol'. Roedd y cwbl wedi ei lunio'n eglur er mwyn cynnal diddordeb y darllenwyr. Er bod y cymhellion crefyddol yn amlwg ac yn rhoi lle teilwng i feithrin defosiwn a duwioldeb personol, roedd yr elfen addysgol yn flaenllaw, yn arbennig yn y trafodaethau mynych ar adnodau unigol a phenodau o'r Beibl, ac roedd y pwyslais Protestannaidd (fel y cawn weld) yn blaen. Ond roedd lle hefyd i hynafiaethau a hanes llên. Am fisoedd lawer argraffwyd llythyrau Goronwy Owen at Forysiaid Môn, tra rhoddwyd sylw parhaus i'r dadeni diwylliannol cyfoes ym mudiad newydd yr eisteddfodau lleol a thaleithiol, a'r cymdeithasau Cymreigyddol a oedd wedi codi yn ddiweddar mewn amryw rannau o'r wlad. Roedd yr adran farddonol yn hynod gyfoethog. Gan sôn am *Y Gwyliedydd*, dyma a ddywedodd T.M. Jones 'Gwenallt' yn ei astudiaeth o hanes y cylchgronau, *Llenyddiaeth fy Ngwlad* (1893):

> Ceid ynddo lawer o newyddion lleol o wahanol rannau o Gymru. Rhoddwyd lle arbennig ynddo i hanesion Cymreig a chrefyddol, a gellir dywedyd yn ddibetrus mai un o'i neillduolion ydoedd rhagoroldeb ei farddoniaeth.

Gresyn, meddai, 'oedd i gylchgrawn mor dda gael ei roddi i fyny'.[15]

Un rheswm, y rheswm pennaf efallai nad yw enw Rowland Williams yn fwy hysbys fel llenor Cymraeg oedd i drwch ysgrifau'r *Gwyliedydd* ymddangos naill ai yn ddienw neu yn enw awdur a fyddai'n arddel fel ffugenw lythyren foel. Ar wahân i R, neu yn fwy anaml R.W., ef, fe dybir, oedd yr awdur a elwid hefyd yn X, Y a Z. 'Williams', meddai'r Archddiacon A.O. Evans, 'was [the] prime mover, and there is every internal evidence that for several years he wrote most of the articles'.[16] X a Y, gan mwyaf, a luniodd swmp y golofn ar enwogion yr Eglwys, ac er mai Ucheleglwyswr o'r hen stamp oedd Williams, yn mawrygu homilïau Eglwys Loegr, litwrgi'r Llyfr Gweddi Gyffredin ac yn arddel yr olyniaeth apostolaidd a'r sacramentau fel cyfryngau gras, does dim rhithyn o amheuaeth nad Protestant ydoedd, a Phrotestant diedifar ar ben hynny, a dyna naws y cylchgrawn ar ei hyd. Rhagredegwyr y Diwygiad Protestannaidd a gafodd sylw i ddechrau: ar y Cyfandir Ioan Huss o Brag ac yn Lloegr, John Wycliffe, y Lolard Syr John Oldcastle, Arglwydd Cobham ac yna William Tyndale, ac o droi ar y Diwygiad yn Ewrop, pum erthygl ar Martin Luther, un ar Huldrych Zwingli, diwygiwr Zurich, ac un ar y diwygwyr eraill gan gynnwys Calvin yng Ngenefa. Ond prif ddiléit yr awdur oedd manylu ar gyfraniad diwygwyr Lloegr: dwy ysgrif ar Edward VI, a phump ar Hugh Latimer, esgob Caerwrangon a losgwyd wrth y stanc yn nheyrnasiad Mari Tudur 'Mari Waedlyd', a phump eto ar gyd-ferthyr Latimer, sef Thomas Cranmer, archesgob Caer-gaint. Roedd y bobl hyn yn arwyr diamheuol iddo, a rhannodd gyda'i ddarllenwyr ei frwdfrydedd o'u plaid.

Ond nid crefydd a hanes eglwysig yn unig a aeth â'i fryd. Y gyfres fwyaf annisgwyl oedd yr un swolegol, 'Y mildraethodydd', lle yr ysgrifennodd o dan y llythyren Z gan ddisgrifio arferion amrywiaeth eang o greaduriaid, nid yn unig y rhai cyfarwydd fel y blaidd, y llew, y twrch daear, yr hwyaden, y frân, yr hebog, yr eryr a'r crëyr glas, ond hefyd rai mwy dieithr fel y siedydd sef yr *humming bird*, y llewpart, y panther, y diwalgi sef y teigr, y camelion, y morfil, y camel, tair ysgrif ar yr eliffant neu'r hyn a eilw yn 'gawrfil', ceirw Llychlyn sef y *reindeer*, y hyena a'r trwyngorn, sef yw y *rhinocerous*. Ar wahân i ddifyrru ei ddarllenwyr ac ehangu eu gwybodaeth gyffredinol, roedd amcan crefyddol i'r ysgrifau hyn. Yr adnod sy'n rhagflaenu'r golofn yw Genesis 1:23, rhan o stori'r Creu: 'A Duw a wnaeth fwystfil y ddaear a'r anifail wrth eu rhywogaeth.' Mawrygu gwaith Duw yn y greadigaeth oedd y nod, a diddori a diddanu ei ddarllenwyr yr un pryd.

Cafodd gweithgareddau yn ymwneud â llên a diwylliant ofod helaeth yn *Y Gwyliedydd*. Roedd cryn fwrlwm eisteddfodol ar y pryd gydag adroddiadau, rhai ohonynt yn fanwl iawn, am eisteddfodau Powys yn Y Trallwng, Yr Wyddgrug a Chaerwys, ynghyd â rhai deheuol fel yn Aberhonddu a mwy nag un yng Nghaerfyrddin pan oedd Thomas Burgess, esgob Tyddewi, a'r Archddiacon Thomas Beynon yn bresennol. Wedyn roedd sôn am y cymdeithasau Cymreigyddol, fel y'u gelwid, rhai ohonynt newydd eu sefydlu, a'r gweithgareddau a fyddai'n digwydd o dan eu nawdd: Corwen, Dinbych, Machynlleth, Llanfyllin, Aberystwyth a Birmingham hyd yn oed. Sêr y golofn farddonol oedd Ieuan Glan Geirionydd, Daniel Ddu o Geredigion, Ioan Tegid, John Blackwell 'Alun', Gwilym Peris ac yn ddiweddarach Gutyn Peris, ei fab. Ni chyfyngwyd y golofn i Anglicaniaid oherwydd cyhoeddwyd hefyd waith Caledfryn, er bod hyn cyn iddo droi yn Annibynnwr, y Methodist Iago Trichrug, y Bedyddiwr P.A. Môn, ac yna Robert ap Gwilym Ddu a Richard Davies 'Bardd Nantglyn'. Adolygwyd barddoniaeth, yn aml iawn gyfansoddiadau'r prif eisteddfodau; cafwyd adolygiad manwl, dros sawl rhifyn, ar 'Cywydd y Dilyw' gan Ddafydd Ionawr a thrafodaeth ar epig Eben Fardd, 'Dinistr Jerusalem', gan nodi pa mor arbennig ydoedd. Yn ogystal â'r rhain cafwyd trafodaethau achlysurol ar reolau'r gynghanedd a'r mesurau traddodiadol.

Y Gwyliedydd
(Casgliad Cylchgronau Llyfrgell Genedlaethol Cymru)

Ond nid barddoniaeth oedd unig gynnyrch y cylchgrawn. Cafwyd ysgrifau doniol, moeswersol, fel 'Deio Benrhydd' a 'Thomas Edwards yr Herwheliwr'. Meddai Rice Rees (nai W.J. Rees, Cascob, ac Athro Cymraeg cyntaf Coleg Dewi Sant, Llanbedr Pont Steffan), mewn llythyr at Rowland Williams yn 1839:

> I was much in the secret of the *Gwyliedydd* and I transcribed, at Mr Jenkins's [Ifor Ceri] request the first letter which you addressed him on the subject … and you may conceive my surprise when I learnt that the writer of Yr Herw Heliwr and several other communications that gave me great delight had been [yourself].[17]

Trafodwyd, wedyn, nodweddion y Gymraeg, ei hansawdd a'i hynafiaeth, gydag un ysgrif fedrus-ysgolheigaidd, 'Traethawd ar yr iaith Gymraeg', gan y diwinydd o Fedyddiwr J.P. Davies, a anfonwyd trwy law ysgrifennydd Cymreigyddion Tredegyr, y mwyaf deheuol o ohebwyr y cylchgrawn. Ar ben hynny cafwyd cyfres ar y Trioedd gan Peter Bayley Williams, o dan ei enw ei hun, a chyfres ddysgedig arall ar Frut y Tywysogion.

Eglwyswr, wrth gwrs, oedd Rowland Williams a chylchgrawn dan nawdd offeiriaid yr Eglwys Sefydledig oedd *Y Gwyliedydd*. Yn wahanol i'r *Haul* a fyddai'n ei olynu, nid oedd yn filwriaethus Anglicanaidd nac ychwaith yn ymosodol wrth-Ymneilltuol, ond doedd dim amheuaeth nad cyhoeddiad eglwysig ydoedd. Byddai'n cario adroddiadau mynych am goleg newydd yr Esgob Burgess yn Llanbedr Pont Steffan; byddai'n cynnwys newyddion misol am y genhadaeth Anglicanaidd dramor ac am Eglwyswyr nodedig fel Reginald Heber, esgob Calcutta. Byddai'n cymeradwyo yn aml fuddioldeb ffurfwasanaeth y Llyfr Gweddi Gyffredin ac yn addysgu ei ddarllenwyr ynghylch ystyr a phwysigrwydd gwyliau mawr y calendr eglwysig, y Nadolig, y Pentecost a'r Pasg. Yn 1829 caed cyfres fanwl ar esboniad clasurol John Pearson, esgob Caer, ar Gredo'r Apostolion, *Pearson on the Creed*. Doedd dim angen i neb droi dail *Y Gwyliedydd* yn hir cyn sylweddoli ble roedd ymlyniad y cyhoeddiad hwn. Yn y Rhagymadrodd i gyfres 6 (1829–30), meddid:

> Nid ydym byth yn anghofio i ba blaid yn y byd crefyddol y mae ein cyhoeddiad yn benaf yn perthyn. Yr ydym yn caru ein Heglwys, nid am fod y llywodraeth yn ei noddi, nid am ei bod, fel pob sefydliad eglwysig arall yn rhoddi bywoliaeth i'w gweinidogion. Yr ydym yn ei charu am ein bod yn gweled ei herthyglau yn ôl ysbryd Gair Duw, yn rhy gaeth i oddef penrhyddni [sic] ac yn rhy eang i beri gormes. Yr ydym yn ei charu am ein bod yn gweled ei ffurf yn agosach i ffurf y Brif-eglwys (h.y. yr eglwys fore) nag un sefydliad Protestannaidd arall. Pe torrid y cwlwm sydd yn ei rhwymo wrth y llywodraeth yfory, ni chysegrem ein gwasanaeth gwael at weinidogaeth un allor ond ei hallor hi.[18]

Dyna fynegi catholigrwydd Protestannaidd Eglwys Loegr yn eglur, a hynny mewn ffordd hynaws ac eangfrydig:

> Er ein bod yn teimlo ... yn wresog dros ein Heglwys hybarch, anfynych y dygasom ddaliadau neilltuol ein plaid i ddalennau *Y Gwyliedydd*. Yr achos oedd hyn: mewn ysbryd heddychol y sefydlwyd ein cyhoeddiad, ac yn yr un ysbryd y cafodd ei ddwyn ymlaen trwy flynyddoedd ei hanfodiad.[19]

Genhedlaeth ar ôl yr ymwahanu mawr rhwng y Methodistiaid Calfinaidd a'r Hen Fam, ac mewn cyfnod pan oedd Ymneilltuaeth yn mynd o nerth i nerth, roedd rhywbeth gwaraidd yn yr agwedd hon. Ac nid oedd yr Eglwys, hithau, yn amddifad o ysbryd y peth byw: 'Ynghanol y deffroad cyffredin a welir ar grefydd yn y dyddiau hyn, yr ydym yn diolch i'n Duw, ni adewir i'n Heglwys gysgu.'[20]

Dwy flynedd ar bymtheg oedd hyd einioes *Y Gwyliedydd*. Erbyn canol yr 1830au roedd ymdeimlad o flinder i'w deimlo ar ei dudalennau, a'i erthyglau yn amddifad o'r sbonc a fyddai'n eu nodweddu ddegad ynghynt. Ac erbyn hynny roedd y pegynnu rhwng yr Ymneilltuwyr radical a'r Eglwyswyr ceidwadol eu naws wedi dwysáu, fel y dengys y cecru annymunol rhwng David Rees, Capel Als, ym misolyn newydd yr Annibynwyr, *Y Diwygiwr*, a'i wrthwynebydd yr un mor grafog,

David Owen 'Brutus', yn y cyhoeddiad eglwysig newydd *Yr Haul*.[21] 'The *Gwyliedydd*, alas, is no more', meddai Rice Rees ym mis Mawrth 1839. 'It was too Christian-like for the taste of the age – nothing will do now but politics and strife, and when contending sects are to treat each other with charity is more than I can tell.'[22]

Ac yntau'n rhydd o'i ymrwymiadau cylchgronol, yn 1838, a bron yn 59 oed, daeth cais i Williams gyflawni gwaith a fyddai'n herio'i alluoedd llenyddol a gramadegol hyd yr eithaf, sef cynorthwyo yn y dasg o ddiwygio'r Llyfr Gweddi Gyffredin. 1567 oedd dyddiad cyhoeddi fersiwn Cymraeg cyntaf y Llyfr Gweddi, ond fersiwn 1599, o waith William Morgan, a fu'n sail i bob diwygiad wedi hynny. Am yn hir iawn fersiwn Ellis Wynne a gyhoeddwyd yn 1710, ac eiddo Moses Williams a ymddangosodd yn 1718, a fu'n boblogaidd, un yn y gogledd a'r llall yn y de. Yna, dan nawdd yr SPCK, comisiynwyd Richard Morris, yr ail o frodyr y teulu talentog o Fôn, ac yntau'n byw yn Llundain, i oruchwylio argraffiadau yn 1746, 1752, 1768 ac 1770. Cafwyd fersiynau Cymraeg pellach o'r Llyfr, eto dan nawdd yr SPCK, yn 1799 ac 1801, a'r diweddaraf yn 1836. Gydag esgyniad Fictoria i'r orsedd yn 1837 teimlwyd bod yr amser yn aeddfed ar gyfer diwygiad trwyadl o'r gwaith, yn adlewyrchu'r ysgolheictod Cymraeg cyfoes gorau. Yr ofn oedd y byddai diwygiad newydd mewn perygl o gynnwys cwirciau orgraffyddol William Owen Pughe roedd rhai Eglwyswyr dylanwadol fel John Jones 'Tegid' yn ffafriol iddynt. Mynegwyd y pryderon yn hyglyw ar dudalennau'r *Gwyliedydd* fwy nag unwaith:

> Y mae yn hysbys i chwi ac i bawb ... fod dynion doeth a da, ond rhyw fodd yn ddibwyll yn hyn, yn ceisio yn ddiwyd a diflino wanychu, anharddu a gwneuthur yn anealladwy, yr hen iaith Gymraeg ... Pwy ni wêl, os deolir yr holl lythrennau dwyol ... y gwneir y Bibl a'r Llyfr Gweddi Gyffredin yn hollol anealladwy i'r bobl gyffredin.[23]

Erbyn 1838, fodd bynnag, doedd dim rhaid i neb ofni. Y pedwar a ddewiswyd i wneud y gwaith oedd William Bruce Knight, rheithor Margam yn cynrychioli esgobaeth Llandaf; John Jones, brodor o Forgannwg ond erbyn hynny yn rheithor Llanfachraeth, Môn, ar ran esgobaeth Bangor;

Rice Rees, gŵr ifanc o Lanymddyfri ac Athro Cymraeg Coleg Dewi Sant, Llanbedr Pont Steffan, yn cynrychioli esgobaeth Tyddewi, ac ar ran esgobaeth Llanelwy, Rowland Williams. Ef oedd yr hynaf ohonynt ac ysgrifennydd y pwyllgor oedd Morris Williams 'Nicander'. 'Judging them from the localities in which they had spent their early days', meddai'r Archddiacon A.O. Evans, 'the various dialects of Wales were well represented.'[24] Roeddent yn gytûn mai dilyn yr arferion clasurol y byddent, a chynhyrchu fersiwn a oedd yn bersain i'r glust, yn hardd i'r llygad ac yn gweddu at ddibenion addoliad sanctaidd yn y llannau. Dechreuasant ar eu tasg yn Chwefror 1838 ac mae eu dulliau gwaith yn eglur o'r 258 o lythyrau manwl-ysgolheigaidd a maith a basiwyd rhyngddynt hyd ganol 1839 ac sydd wedi eu cofnodi gan A.O. Evans yn nhair cyfrol drwchus *A Chapter in the History of the Welsh Book of Common Prayer* (1922). Mae meistrolaeth Williams ar deithi'r Gymraeg, ynghyd â'i foneddigeiddrwydd diarhebol, i'w gweld ym mhob llythyr o'i eiddo. Ymddangosodd y llyfr yn 1841. Meddai'r Canghellor Henry James yn ei *Nodiadau ar y Llyfr Gweddi Gyffredin*:

> Yr oedd cryn wahaniaeth barn yr amser hwnnw fel yn awr ar y doethineb o ddiwygio iaith y Llyfr Gweddi, rhai yn dal allan dros gadw at yr hen ymadroddion ac eraill yr un mor awyddus am ddiwygiad. Ar y cyfan, fodd bynnag, rhoddodd eu gwaith fodlonrwydd.[25]

Crintachlyd braidd oedd y sylw o gofio mai'r fersiwn caboledig hwnnw a fu'n sail addoli Eglwyswyr Cymraeg hyd ail hanner yr ugeinfed ganrif. Mae'n rheitiach terfynu'r bennod hon trwy ddyfynnu geiriau'r Archddiacon A.O. Evans:

> Margam, Lampeter, Llanfachraeth and Ysgeifiog even today are far asunder, yet these men accomplished their task so wisely and discriminately that the Church in Wales will ever be indebted to them.[26]

DARLLEN PELLACH

Albert Owen Evans, *A Chapter in the History of the Welsh Book of Common Prayer*, 3 volumes (Bangor: Jarvis & Foster, 1922).

R.T. Jenkins, *Hanes Cymru yn y Bedwaredd Ganrif ar Bymtheg* (Caerdydd: Gwasg Prifysgol Cymru, arg. 1972).

Bedwyr Lewis Jones, 'Yr Hen Bersoniaid Llengar' (n.p.: Gwasg yr Eglwys yng Nghymru, [1963]).

Lizzie Mary Jones, 'Hanes llenyddol *Y Gwyliedydd* (1822–37) gyda mynegai i'w gynnwys' (M.A. Prifysgol Cymru [Abertawe], 1936).

D. Densil Morgan, *Theologia Cambrensis [:] Protestant Religion and Theology in Wales, Volume 2: 1760-1900 The Long Nineteenth Century* (Cardiff: University of Wales Press, 2021).

---

[1] Bedwyr Lewis Jones, 'Yr Hen Bersoniaid Llengar' (n.p.: Gwasg yr Eglwys yng Nghymru, [1963]), t. 16.

[2] Albert Owen Evans, *A Chapter in the History of the Welsh Book of Common Prayer*, 3 volumes (Bangor: Jarvis & Foster, 1922), t. 260.

[3] Ibid., t. 252.

[4] Gweler A.O. Evans, 'John Jones (1776–1829), Bampton Lecturer', *Journal of the Welsh Bibliographical Society*, 1 (1910-15), 245–50.

[5] Ibid., 247–8.

[6] Evans, *A Chapter in the History of the Welsh Book of Common Prayer*, Volume 3, t. 253.

[7] Jones, 'Yr Hen Bersoniaid Llengar', t. 13.

[8] Gweler D. Densil Morgan, *Theologia Cambrensis [:] Protestant Religion and Theology in Wales, Volume 2: 1760-1900 The Long Nineteenth Century* (Cardiff: University of Wales Press, 2021), tt. 229–38.

[9] Evans, *A Chapter in the History of the Welsh Book of Common Prayer*, Volume 3, tt. 254–5.

[10] Dyfynnwyd yn Jones, 'Yr Hen Bersoniaid Llengar', tt. 32–3.

[11] Amdanynt gweler y mannau priodol yn Huw Walters, *Llyfryddiaeth Cylchgronau Cymreig, 1735–1850* (Aberystwyth: Llyfrgell Genedlaethol Cymru, 1993).

[12] Gweler Glanmor Williams, 'Gomer: "Sylfaenydd ein llenyddiaeth gyfnodol" ', yn *Grym Tafodau Tân: Ysgrifau Hanesyddol ar Grefydd a Diwylliant* (Llandysul: Gwasg Gomer, 1984), tt. 237–67.

[13] R.T. Jenkins, *Hanes Cymru yn y Bedwaredd Ganrif ar Bymtheg* (Caerdydd: Gwasg Prifysgol Cymru, arg. 1972), tt. 114–15.

14 Jones, 'Yr Hen Bersoniaid Llengar', t. 37; Lizzie Mary Jones, 'Hanes llenyddol Y Gwyliedydd (1822–37) gyda mynegai i'w gynnwys' (M.A. Prifysgol Cymru [Abertawe], 1936).
15 T.M. Jones 'Gwenallt', *Llenyddiaeth fy Ngwlad: sef hanes y newyddiadur a'r cylchgrawn Cymreig yng Nghymru, America ac Awstralia* (Treffynnon, 1893), t. 88.
16 Evans, *A Chapter in the History of the Welsh Book of Common Prayer*, Volume 3, t. 257.
17 Ibid., t. 152.
18 *Y Gwyliedydd*, y rhagymdrodd i Gyfrol 6 (1829–30), iii–iv.
19 Ibid., iv.
20 Ibid., iv.
21 Gweler Iorwerth Jones, *David Rees y Cynhyrfwr* (Abertawe: Gwasg John Penry, 1971), tt. 69–75, a D. Melvin Davies, 'Hynt a helynt Brutus y dychanwr', *Cylchgrawn Cymdeithas Hanes yr Eglwys yng Nghymru,* 12 (1962), 56–68; 13 (1963), 74–84; 14 (1964), 77–87; 15 (1965), 54–63.
22 Evans, *A Chapter in the History of the Welsh Book of Common Prayer*, Volume 3, tt. 153–4.
23 *Y Gwyliedydd*, 6 (Chwefror 1829), 61.
24 Evans, *A Chapter in the History of the Welsh Book of Common Prayer*, Volume 1, t. xxxiv.
25 H.L. James, *Nodiadau ar y Llyfr Gweddi Gyffredin* (Llanbedr Pont Steffan: Y Wasg Eglwysig Gymreig, 1908), t.16.
26 Evans, *A Chapter in the History of the Welsh Book of Common Prayer*, Volume 1, t. xxxiv.

15

Robert Rhys

DAVID OWEN 'BRUTUS'

Ym marn yr awdur a'r cyhoeddwr diwyd Isaac Foulkes 'Llyfrbryf', cyfrol orau David Owen (1795–1866) oedd *Christmasia*, ei gyflwyniad gwerthfawrogol i fywyd a gweinidogaeth y pregethwr mawr Christmas Evans. Fe'i cyhoeddasid gyntaf yn 1845, ond roedd Foulkes, y gŵr busnes, yn gweld gwerth dwyn argraffiad newydd o'r wasg yn 1887. Lluniodd ragymadrodd byr i'r gyfrol gan agor fel hyn:

> Ychydig oedd nifer y darllenwyr Cymreig ddeugain a haner can' mlynedd yn ol na wyddent yn dda am enw BRUTUS. Efe oedd cawr llenyddol Cymru yn y dyddiau hyny. Ysgrifenai lawer iawn ar bynciau oeddynt yn corddi y wlad ar y pryd; ac yr oedd cynhyrchion ei ysgrifbin bob amser yn ddoniol, nerthol, ac ymfflamychol.[1]

Ond gwrandewch wedyn ar sylwadau John Thomas, Lerpwl, am Brutus yn *Cofiant y Parch T. Rees D.D. Abertawy* a gyhoeddwyd flwyddyn yn ddiweddarach:

> Er ei holl fedr a'i athrylith fel ysgrifenydd, pregethwr oerllyd a dieneiniad ydoedd ... Nid oedd dim uwch yn ei olwg na chael ei osod yn yr offeiriadaeth er mwyn tamaid o fara. Bradychodd Ymneillduaeth cyn llwyr ddarfod â golygiaeth yr *Efangylydd*, ac am y chwarter canrif olaf o'i oes, bu yn fath o Balaam Cymreig wedi ei gyflogi i regi yr Ymneillduwyr ar dudalenau yr *Haul*.[2]

Mae'r sylwadau cyferbyniol hyn, a fynegwyd ryw ugain mlynedd ar ôl marw Brutus, yn amlygu'r gwahaniaethau a'r tensiynau a fu yn yr ymateb i'w waith byth ers hynny. Ceir cytundeb fod ganddo ddoniau llenyddol diamheuol, ond yn aml ni allai ei feirniaid wneud hynny ond yng nghyd-destun amau dilysrwydd ei gymhellion llenyddol. Cyfeirio ato fel 'gŵr blin a chanddo asgwrn i'w grafu' a wnes i dro'n ôl mewn arolwg o lenyddiaeth y bedwaredd ganrif ar bymtheg,[3] ac yn ôl cofnod *Cydymaith i Lenyddiaeth Cymru* 'rhaid bod siom ac euogrwydd yn cymell ei ddychan lawn cymaint â safonau crefydd'.[4]

Er na chafodd ei urddo erioed o fewn yr Eglwys, treuliodd y rhan fwyaf ffrwythlon o'i oes yn golygu cylchgrawn *Yr Haul*, cylchgrawn a sefydlwyd at wasanaeth yr Eglwys Sefydledig yn 1835. Gyrfa dymhestlog braidd a gawsai cyn hynny, a thynnodd ambell helynt yn ei ben sy'n mynd dipyn o'r ffordd at esbonio'r amwysedd a fu yn yr ymateb iddo. Yn Llanpumsaint, Sir Gaerfyrddin, y'i ganwyd yn 1795, yn fab i grydd a chlochydd y plwyf, ei fam yn aelod gyda'r Bedyddwyr. Cafodd addysg mewn ysgol dan nawdd yr Eglwys ac yna yn Ysgol Ramadeg Caerfyrddin, gan feithrin bwriad i fynd yn feddyg. Edrychid arno fel bachgen galluog ac addawol ond synhwyrir yn fore duedd i wyro oddi ar y llwybr amlwg; gadawodd brentisiaeth fel meddyg yn Aberduar i ddilyn cwrs yn Athrofa'r Bedyddwyr ym Mryste, ond blwyddyn yn unig y bu yno. Symudodd i ogledd Cymru ac yn y man fe'i cawn yn gofalu am eglwysi gyda'r Bedyddwyr yn Llŷn ac yn ychwanegu at ei gyflog trwy gadw ysgol a chynnig gwasanaeth fel meddyg. Priododd, byw yn Llangïan, a dod i adnabod Christmas Evans gan fynd ar deithiau pregethu yn ei gwmni. Ond yna daeth cwymp. Gwnaeth gais ffôl a thwyllodrus, yn rhannol oherwydd ei dlodi, am gymorth ariannol o gronfa a gynigiai gefnogaeth i gynulleidfaoedd a chanddynt argyhoeddiadau Undodaidd, a phan ddaeth y twyll i'r golwg fe'i diarddelwyd gan y Bedyddwyr. Trwy ei gysylltiad priodasol yn ôl pob tebyg cafodd gyfle i bregethu rywfaint mewn eglwysi Annibynnol ond bu'n rhaid crwydro i Sir Fôn ac i Bontnewydd i geisio ennill ei fara menyn trwy gadw ysgolion.

Roedd y cam cyntaf yn ei yrfa lenyddol yn un hynod, yn arddangos o'r cychwyn y nodweddion 'nerthol ac ymfflamychol' a nodwyd gan Foulkes, ac yn rhagargoel o'r helyntion a fyddai'n troi o'i gwmpas. Yn *Seren Gomer*, Mawrth 1824, cyhoeddwyd llythyr gan 'Brutus' yn ymosod ar ganfyddiad y beirdd yn arbennig o ragoriaeth llenyddiaeth Gymraeg, ac yn galw yn wir am i'r Saesneg ennill tir yng Nghymru. Dyma flas ar daerineb dadleuol y dweud:

> Wrth ystyried ein hamgylchiadau, a'n sefyllfaoedd presenol fel Cymry, y mae yn ymddangos i mi mai gwell o lawer er ein lleshad, fyddai cwrteithio pob cyfeillgarwch â'r Saeson, ac â'u hiaith, a gadael i'r Gymraeg ymdaro drosti ei hun; neu os bernir yn fwy buddiol, gwneuthur anrheg ohoni i'r Beirdd, fel y tewychont ar yr hufen

> a'r brasder sydd arni, canys gwedi hyny cant ganu eu
> mawl, a datganu ei chlod yn ddiwrthwynebiad ... Dwyn
> yr iaith Saesneg i ymarferiad cyffredin, byddai yn fawr
> ychwanegiad at ein gwybodaeth; canys pa ddyn o dan
> y nef mor ddwl, mor anwybodus ac mor gibddall a
> Chymro uniaith ... Pe dysgai y Cymry Saesneg, byddai
> yn foddion i'w dwyn i fwy sylw yng ngolwg y byd ... Ped
> ysgrifenid y llyfr mwyaf gwreiddiol a gorchestol erioed
> yn yr iaith Gymraeg, ni byddai ei daeniad ond o fewn
> cylch cyfyng ... Yn awr yr wyf yn gofyn i bob meddwl
> diduedd ... pa un gwell ganddynt fod yn Saeson enwog,
> neu yn Gymry anenwog?

Cafwyd adwaith chwyrn ar dudalennau *Seren Gomer*, ac o gydio'r llythyr hwn wrth ei warth cyhoeddus, dyna greu maen melin na lwyddai Brutus fyth i'w ddiosg yn llwyr. Anodd, does bosibl, beidio â chydymdeimlo ag ef pan yw'r ymosod arno yn giaidd ddiarbed. Yn 1830 cyhoeddodd y Parchg Benjamin Jones 'Prif Arwyddfardd Môn' lyfr yn ateb llyfryn Brutus (cyn-Fedyddiwr erbyn hynny) *Athrawiaeth Bedydd Babanod, yn cael ei hymddiffyn, a'i phrofi o'r Ysgrythyrau: yn nghyd â gwrthddadleuon y Bedyddwyr* (1828). Cyn iddo ddod at ei destun yn *Athrawiaeth Bedydd yn nghyd a gweithredoedd Brutus yn cael eu hystyried*, cynhwysodd Benjamin Jones bedair tudalen o 'Englynion mewn perthynas i'r llyfr hwn ac i Brutus; Gwaith gwahanol Awdwyr'. Cawn feirdd amlwg ac anamlwg yn unfrydol eu condemniad a didrugaredd eu dyrnu ar Brutus; 'Hen fradwr, noethwr ein iaith' ydoedd yn ôl Gwilym Padarn. 'Gŵr mewn poen yng nghroen anghrist yw Dewi' meddai Robert ap Gwilym Ddu, 'Y dau-waeth na Phabist'. Dim ond dyfalu y medrwn ei wneud ynghylch dyfnder y loes a achosid o'i wneud yn gocyn hitio cenedlaethol, ac ynghylch ei ddull o ddelio gyda hynny yn y tymor hir. Ond os amheuwyd dilysrwydd ei gymhellion dros wadu ei argyhoeddiadau Bedyddiedig, ni fu gwyro oddi ar ei lwybr ar ôl hynny.

Yn 1828 y dechreuodd gyrfa olygyddol Brutus; fe'i penodwyd yn olygydd *Lleuad yr Oes* yn Aberystwyth a hawdd derbyn honiad D. Melvin Davies iddo gael gwaith 'a oedd yn fwy cydnaws â'i natur' ac i hyn fod yn drobwynt yn ei hanes;[5] symudwyd y cylchgrawn i Lanymddyfri a'i ddisodli yn 1831 gan *Yr Efangylydd*, gyda Brutus yn olygydd, a'r berthynas rhyngddo

David Owen 'Brutus'

a'i gyhoeddwr William Rees yn un a fyddai'n gynyddol ganolog i'w fywyd ar ôl hynny. Argyhoeddiadau eglwysig a gwleidyddol ceidwadol a oedd gan William Rees, a symud fwyfwy i'r cyfeiriad hwnnw dan ei ddylanwad a wnaeth Brutus; ond cymhelliad ariannol yn unig a oedd wrth wraidd y newid yn ôl ei feirniaid. Roedd gan Rees ddigon o hyder yng ngallu a sefydlogrwydd Brutus i'w benodi'n olygydd cyntaf *Yr Haul*, cylchgrawn at wasanaeth yr Eglwys, yn 1835, a chyfiawnhawyd ei ymddiriedaeth gan yrfa ymroddedig Brutus yn y gadair olygyddol hyd at ei farw yn 1866. Cydredai gyrfa olygyddol nodedig arall yn gyfochrog ag ef ar hyd y blynyddoedd hyn, sef un y Parchg David Rees, Llanelli, golygydd cylchgrawn yr Annibynwyr, *Y Diwygiwr*. Yn sgil hynny, bu'r ymryson digymrodedd rhwng y ddau olygydd a'u cylchgronau a'u safbwyntiau cyferbyniol yn rhan gyffrous o fywyd cyhoeddus Cymru.

Caed un o'r cofnodion llygad dyst pwysicaf am amodau byw a gweithio Brutus gan gyn-ddisgybl iddo (cadwai ysgol lle bynnag yr oedd), y Parchg T. Lewis, Casnewydd, yn 1898. Mae'n ei gofio yn byw mewn 'ty gwael!—ddim yn well na stabal, ym Mhentref Tŷ Gwyn', ac yna'n symud i dŷ ychydig yn well yn agos i'r Pentre-bach:

> Cofiaf yn dda ei fod ef, ambell dro, yn rhoi gofal yr ysgol i mi, ac un arall, tra fyddai ef wrth y bwrdd yn ysgrifennu erthyglau i'r *Haul*. Ysgrifennai yn gyflym ryfeddol ar lenni pedwar plŷg, ac ni fyddai fawr o amser yn llenwi dalen mewn llaw fân. Weithiau, yng nghanol ei waith, torrai i wylo nes y byddai yn crynu; bryd arall, torrai i chwerthin fel ynfyd. Dan y cynhyrfiadau hyn, elai at yr afon gerllaw i olchi ei ben a'i wyneb, ac ymhen rhyw chwarter awr dychwelai at yr un gwaith. Pan fyddai ef allan, mi a edrychwn ar ei ysgrif, a gwelwn fod yno y *pathetic*, megys *Glan yr Iorddonen*; hyn barodd yr wylo; bryd arall *Bugeiliaid Eppynt*, neu rywbeth digrif. Yr oedd ef yn ymgolli yn ei bwnc, ac yn cael ei drechu gan nerth yr ysbryd oedd ynddo, bydded hwnw *brudd* neu *lawen*.[6]

O symleiddio gellid dweud bod dau drywydd a chywair yn perthyn i ysgrifennu Brutus, y naill yn un a rannai gydag amryw o'i gyfoedion, y llall yn arddangos ei athrylith wahaniaethol ef ei hun. Galwai amodau ac anghenion y wasg Gymraeg ym mlynyddoedd ei chynnydd yn aml am olygyddion i gynnal pen trymaf y baich o lanw'r cylchgrawn, trwy gyfieithu o ffynonellau Saesneg yn ogystal â llunio deunydd gwreiddiol. Gwnaeth Brutus fwy na'i siâr o hyn. Profasai ei ddycnwch a helaethder ei adnoddau cyn dod i'r gadair olygyddol; yn 1834 cyhoeddwyd yn Llanymddyfri ei Allwedd y Cyssegr, cyfrol 636 tudalen; fe'i hailargraffwyd yn 1839 ac 1857. 'Cynorthwyo yr ymofyngar i ddeall y Llyfrau cyssegredig' oedd diben yr awdur, ond nid cyfansoddiad cwbl wreiddiol ydoedd. Y teitl llawn oedd *Allwedd y Cyssegr: neu, eglurhad byr ar yr Ysgrythyrau sanctaidd yn cynnwys casgliad detholedig o sylwadau Thomas Hartwell Horne, M. A., Francis Roberts, D. D., Stackhouse, Burder, Gleig, ac eraill*. Tebyg mai gwaith Horne, *Introduction to the Critical Study and Knowledge of the Holy Scriptures* a gyhoeddwyd yn dair cyfrol yn 1818, oedd ei brif ffynhonnell.

Bydd cael golwg ar un rhifyn o'r *Haul*, a hynny tua hanner ffordd trwy gyfnod ei olygyddiaeth, yn rhoi argraff ddigon nodweddiadol i ni o lafur a chreadigrwydd Brutus. Rhifyn Ionawr 1849 sydd gennym dan sylw; agorir gydag ail ran ysgrif ddiwinyddol Brutus ar 'Y Baradwys Ddaearol' (tt. 5-10; atgynhyrchwyd yn *Brutusiana*, tt. 247-55); yna cawn ysgrif goffa, 'Y Diweddar Barchedig Thomas Price (Carnhuanawc)' (tt. 18-21). Mae hon yn ysgrif drylwyr, graff, gynnes a luniwyd i fesur ar sail adnabyddiaeth bersonol. 'Bugeiliaid Eppynt' wedyn (tt. 21-3), y golofn fisol a'i sylwebaeth gyfoes ar ffurf ymddiddan. Idwal ac Ifor sy'n agor yr ymddiddan, y naill yn Ymneilltuwr sy'n poeni bod yr enwadau 'wedi colli y nodd, yr ireidd-dra, yr arogl, a'r blagur a welid gynt arnom'. Y rheswm am yr adfeiliad ysbrydol hwn, meddai Ifor wrth ei ateb (casglwn mai Eglwyswr ydyw), yw bod 'yspryd y peth byw ar goll', ac yn wir wedi'i ddiffodd gan wleidyddiaeth: 'y mae politics wedi diffodd y tân ar eich allorau ... Yr ydych yn fwy o boliticians nag ydych o grefyddwyr'. Nid bod Ifor, gan siarad ar ran yr awdur, yn gyndyn i werthfawrogi cyfraniad dilys yr enwadau Ymneilltuol i fywyd Cymru, a hynny pan oedd yr Eglwys yn cysgu. Ond 'y mae y peth byw wedi mynd ar goll' a lle y dangosid gynt barch at yr Eglwys Sefydledig a gweddïo drosti, bellach mae 'rhyw ysbryd enllibaidd ac afrywiog yn eistedd ar yr orsedd'. Ymuna 'Llewelyn' â'r sgwrs ond agor drws i Ifor helaethu ar ei feirniadaeth ar yr Anghydffurfwyr yw ei waith, a'u cyhuddo o anghysondeb wrth edliw i'r Eglwys ei chysylltiad agos â'r Llywodraeth. Dygir 'Sierlyn' i'r llwyfan wrth gloi, i gyhoeddi 'bod eisiau addysgiaeth yng Nghymru, yn lle bod y bobl mor ddwl yn y cwbl oll'. Rhoddir cic wrth fynd heibio i olygydd *Y Diwygiwr*, ond neilltuir prif ymwneud y golygydd â David Rees i'r cyfraniad nesaf yn y rhifyn hwn, 'Y Diwygiwr a Becca' (tt. 23–5). Ateb colofn gan David Rees yn ei amddiffyn ei hun yn erbyn honiad William Rees, Llanymddyfri, iddo ochri gyda mudiadau torcyfraith fel Beca, a wna golygydd *Yr Haul*. Dull Brutus o geryddu David Rees, ac o amddiffyn ei gyfaill o argraffydd, yw dyfynnu o waith golygydd *Y Diwygiwr* pan oedd yn ymateb i symudiad Beca. Rhyw chwe blynedd ynghynt, pan oedd ymgyrchoedd Beca yn eu hanterth ac yn tueddu at ddulliau mwy treisgar, roedd Brutus wedi cyhuddo 'sectariaid' o gefnogi'r symudiad. Dyma ddarn o ymddiddan 'Bugeiliaid Eppynt', Tachwedd 1843:

Idwal   Y mae wedi mynd yn rhyfedd yn rhai o siroedd y Deheudir; nid oes ar hyn o bryd unrhyw newyddion, ond y rhai mwyaf galarus a thrychinebus! Ni bu erioed y fath amserau!

Ifor   Ydyw, y mae yn derfysglyd anghyffredin; a gwaeth na therfysglyd, y mae y bobl a'u bryd ar ddrygioni! A sylwa hefyd, Idwal, yn y rhai a ystyrir y siroedd mwyaf crefyddol, yn y rhai y mae sectariaeth gadarnaf, y mae yr aflywodraeth, y terfysgiadau, a'r difrodiadau mwyaf! Y mae crefydd ymneillduedig wedi methu atal y bobl rhag pob math o ddrygau! Y maent yn waeth na'r Gwyddelod eu hunain!

Idwal   Nid ar grefydd y mae y bai.

Ifor   Gwir ddigon; ond y mae bai yn rhyw le, ac y mae yn amlwg bod crefydd sectarol yn analluog i atal drygau; oblegid y mae ugeiniau, ie cannoedd o'r sectariaid yn cyflawni yr ysgelerderau presennol!

Idwal   Ond y mae y bobl yn cael eu gwasgu, o ganlyniad pa ryfedd yw eu bod yn gwingo?

Ifor   ... Ai gwingo ydyw troi allan yn arfog dan lenni duon y nos? Ai gwingo ydyw dinistrio tollbyrth? Ai gwingo ydyw llindagu a churo gatemen? Ai gwingo ydyw dinistrio a llosgi tai a meddiannau?

Roedd dechrau'r 1840au yn gyfnod ffrwythlon i Brutus y dychanwr, a hynny, yn ychwanegol at yr hyn a welid ar dudalennau'r *Haul*, yn y pamffledi chwyrn gorawenus '*Styrau Quick Iscariot* (1842) a *Drych y Frad* (1843). Yn y gweithiau hyn, meddai Huw Walters, 'ymosododd yn gas, er yn glyfar a ffraeth eithriadol, ar ei wrthwynebydd'.[7] Y Parchg John Jones, Llangollen, oedd y gwrthwynebydd hwn, enghraifft o'r crefyddwr Anghydffurfiol ymhonnus y bwriai Brutus ei lach arno ar hyd ei yrfa, ac un y taniwyd cynnen bersonol rhyngddo a Brutus yn y wasg yn 1841, hynny'n arwain at gyhoeddi *Brad y Droch*, ymosodiad ar Brutus gan Jones, ac i roi halen ar y briw yn cael ei gyhoeddi gan wasg David Rees yn Llanelli. Rhyddiaith afieithus gyfoethog, aml ei chyweiriau, yw prif gyfrwng y pamffledi, ond cynhwysir hefyd yn *Drych y Frad* ddwy gân ddychanol.

Roedd golygydd *Yr Haul* yn ysgrifennwr sylweddol, toreithiog, ac mae Thomas Jones yn rhestru 17 o gyfrolau;[8] y fwyaf oedd *Brutusiana*,[9] casgliad o ddeunydd a oedd wedi ymddangos yn *Yr Haul* a mannau eraill, yn ysgrifau diwinyddol a hanesyddol, a cherddi anarbennig hwyrach ond digon cymen. Roedd cyhoeddi *Brutusiana* yn 1855, yn gyfrol o bron 600 tudalen, yn ymddangos fel pe bai'n goron ar lafur yr awdur, yn rhoi sail i sylw Llyfrbryf am ei statws cawraidd yn ei genhedlaeth. Ar wahân i roi argraff i ni o lafur Brutus, mae'n tynnu ein sylw at ddau a fu'n gefn mawr iddo yn ystod ei flynyddoedd yn olygydd *Yr Haul*, yn dygnu arni dan amodau anffafriol ar lannau Afon Gwydderig. Y naill oedd ei argraffydd a'i gyhoeddwr William Rees, Llanymddyfri, a rhan o'r bwriad (llwyddiannus ai peidio) wrth gyhoeddi *Brutusiana* oedd cynhyrchu tysteb i awdur na fu erioed yn rhydd o ofalon ariannol; y llall oedd David Parry, ficer Llywel, 'y Gloch Arian', gŵr nodedig am ei dduwioldeb a'i ddoniau. Iddo ef y cyflwynir y gyfrol, 'am ei nodded drwy ysbaid yr ugain mlynedd sydd gwedi myned heibio'. Mae hwn, does bosibl, yn ddatganiad arwyddocaol iawn, yn arddangos cyfeillach a chefnogaeth gŵr mor uchel ei barch â Parry Llywel fel y'i gelwid. Ficer Llywel, felly, oedd ei noddwr, hwyrach yn benthyg llyfrau iddo ac yn estyn cymorth ymarferol mewn ffyrdd eraill. Cynrychiolai hefyd ddelfryd Brutus o bregethwr eglwysig efengylaidd, un oedd 'wedi cyrhaedd yr orsaf uchaf yn y pwlpud Cymreig, a hynny nid ar sail a thrwy gymorth pwffiaeth, ond ar sail a thrwy gymorth talentau gwir bregethwraidd'.[10]

Cofeb Brutus yn Eglwys Llywel

Ond er mor fagisteraidd fawreddog ar yr wyneb oedd *Brutusiana*, roedd y wedd barchus, gyfrifol a roddwyd iddo gan natur y detholiad yn gwneud llai na chyfiawnder â chryfderau llenyddol yr awdur, ac yn ei wneud yn llai deniadol i ddarpar brynwyr a thanysgrifwyr.[11] Mae *Brutusiana* yn gofeb i ymrwymiad a dyfalbarhad golygydd diwyro *Yr Haul*, ond ar ôl ei farw y byddid yn cyhoeddi'r cyfrolau a olygai na ellid gwarafun iddo ei le fel un o awduron rhyddiaith mwyaf heriol a thrawiadol ei ganrif. Bu'n rhaid aros hyd at ganol yr ugeinfed ganrif cyn cael detholiad o golofnau 'Bugeiliaid Eppynt', wedi eu golygu gan Thomas Jones. Gan yr un ysgolhaig cafwyd golygiad newydd o stori gyfres anorffenedig Brutus, *Wil Brydydd y Coed*. Cyhoeddi'r cyfrolau hyn a sicrhaodd i waith Brutus le o fewn canon rhyddiaith Gymraeg, gan ddarparu testunau y gellid eu mwynhau gan ddarllenwyr a'u hastudio ar feysydd llafur. Noder hefyd i William Spurrell, Caerfyrddin, weld yn dda i gyhoeddi stori 'Wil Brydydd y Coed' ynghyd â'r gweithiau byrion 'Cofiant Siencyn Bach y Llwywr' a 'Cofiant Dai Hunan-dyb' yn gyfrol yn 1876, gan resynu yn y rhagymadrodd na throesai'r awdur at ysgrifennu yn y cywair hwn yn gynharach.

Dyfynnwyd eisoes o ymddiddanion y 'bugeiliaid' ond crybwyllwn ddarn arall, 'Cofiannau, Marwnadau ac Emynau' (Ebrill 1848; tt. 91–7 yn netholiad Thomas Jones.) Yma dewisir yn destunau gwawd dri o brif ffurfiau diwylliant Anghydffurfiol y cyfnod; edrychir yn ôl at gyfnod y marwnadau ('heb fyned heibio yn hollol eto') pan fyddai'n rhaid i rywun lunio marwnad i bregethwr 'cyn y byddai y trengedig wedi oeri yn gwbl'. O ran safon roeddynt yn gyffredinol 'yn gywilyddus mewn prydyddiaeth, ac mor weigion o wir farddoniaeth â chlopanau mwncïod'. Ond fe'u cymeradwywyd gan y werin 'fel rhyw brif orchestion mawrion' a hynny'n dinistrio 'archwaeth y werin at wir farddoniaeth'. Ond mae'r cofiannau, meddir, yn waeth, a llunnir crynodeb o fformiwla ystrydebol y ffurf. Yn y sylwadau dilornus ar emynau y daw ei eglwysyddiaeth geidwadol fwyaf i'r amlwg, wrth resynu bod y Salmau ac emynau Watts a Benjamin Francis yn colli eu lle yn yr addoliad—yn yr eglwysi a'r capeli fel ei gilydd, sylwer, ac yn eu lle cenir 'emynau diystyr, disylwedd, gwaelion a dirmygedig'. Mewn ysgrif ymwybodol bryfoclyd dyfynnir o emynau, gan gynnwys enghreifftiau o waith Williams Pantycelyn, i arddangos 'y fath ffolineb a genir yn bresennol; ac nid y Salmau, y rhai a gynhwysant wir fawl i'r Arglwydd'. Nid yw'r ymddiddanion hyn yn nodedig am eu cynildeb nac am eu saernïaeth gelfydd, ond mae'r llais 'nerthol ac ymfflamychol' yn hyglyw ynddynt.

Gwaith diwedd oes ar dudalennau'r *Haul* oedd y stori am Wil Brydydd y Coed, ond distyllwyd ynddi oes o ysgrifennu dychanol. Mae'r prif gymeriad, pregethwr ymhonnus, twyllodrus, rhagrithiol, glwth, anllad, hurt, yn benllanw blynyddoedd o wawdio ffolinebau y math gwaethaf a mwyaf di-glem o bregethwyr Anghydffurfiol ac o wendidau trefn annibynnol mor hawdd ei llygru a'i chamddefnyddio. Fel y sylwodd Thomas Jones, ceir elfennau yn y gwaith byrrach 'Cofiant Dai Hunan-dyb' (1860) yr helaethwyd arnynt yn *Wil Brydydd y Coed*: 'y Jac rhodresgar, di-ddysg, y lordyn o ddiacon, y capel sblit, y ferch y mae'r Jac â'i lygad arni, a'r cweryla rhwng aelodau'r capeli'.[12] Gwneir hyn ar gynfas helaethach yn *Wil Brydydd y Coed*, ac yng nghanol y cwbl mae creadigaeth gomig gofiadwy, sef William Morgans. Mae parodi a gormodiaith yn arfau y mae'r awdur yn feistr ar eu trin bellach, ac elfen arall greiddiol i'r arddull yw'r eirfa. Defnyddiodd holl adnoddau ei dafodiaith frodorol i roi lliw a blas ac egni rhyfedd i'w draethu. Nid heb achos y lluniodd Thomas Jones eirfâu esboniadol ar gyfer y ddwy gyfrol a olygodd. Ni fu Brutus fyw i orffen hanes Wil, ond nid yw hynny'n amharu ar gryfderau'r gwaith gan nad oedd llunio chwedl gydlynus yn ôl patrwm nofelwyr diweddarach yn rhan o'i fwriad. Gallai Thomas Jones yn 1950 gyfeirio at duedd ei gyfnod ef i feddwl am y gwaith 'fel nofel ddychan amrwd a llac ei gwead' ond ei bod hi'n amheus a oedd yr awdur yn ei gweld 'yn fwy na chyfres o ddigwyddiadau wedi'u cysylltu â chymeriad Wil'.[13] Cawn ddau ddigwyddiad nodweddiadol sy'n cyfleu awch a rhialtwch y dweud ym mhenodau 7 ac 8. Cymerwn yn gyntaf ran o bregeth y 'Wheel':

> ' "O olwyn!"—'O *wheel*!' dyma *emblem* ryfeddol; y mae yn *wonderful*; y mae yn *graceful*; ac y mae hefyd yn *beautiful* i *imaginative powers* dyn, *especially* felly i *imaginative powers* pregethwr a bardd ... yr wyf yn myned i dreto'r *subject* yn 1. Yn *scientifical*. 2. Yn *fystical*. 3. Yn *bractical* ... Nid oes ochrau gan olwyn fel sgwâr a *thriangle*, canys un rownd ydyw: mae fel rhod nyddu, neu *wheel* cert a *wheel* whilber, heb ben draw iddi, heb ddechrau na diwedd iddi; ond rowndio, rowndio, rowndio, a hynny byth a hefyd heb gyrraedd y pen draw! Dyma *idea* ardderchog ... a chofiwch bob amser na ellwch wneuthur dim o *emblems* y Gair heb eu rhoddi yn gyntaf yng *nghrucible scientificalization*, er mwyn eu *reduco* i *liquidity* ... .'

Mae pregeth llawn dwli yn dilyn, ond mwyafrif y gwrandawyr, sylwer, o'r farn iddo bregethu 'yn gall, yn brofiadol, yn eglur, yn fywiog, ac yn felys'. Yn dilyn yr oedfa cawn ddisgrifiad o lythineb amrwd y capelwyr wrth eu cinio yn Nhroed-y-foel yng nghwmni'r pregethwr, enghraifft o'r '*visito*-ar-y-Sul' a wawdir gan Brutus:

> ... a phe dechreuwn adrodd am fochian mawr a llyncu rhyfedd Tomos y diacon, ac fel yr oedd y tameidiau yn

syrthio oddi ar eu cyllyll ac o'u pennau, ac fel yr oedd eu penliniau yn taro yn erbyn ei gilydd; ac fel yr oedd y tatws yn hollti ar flaenau eu ffyrcs wrth eu cyrhaeddyd o draw, ac fel yr oeddynt yn colli'r peth yfed am draws ei gilydd, ac fel y syrthiodd plât un dros ymyl y bwrdd, ac fel y diwelodd dycanteraid o gwrw ar y bwrdd ... ac am yr olwg ryfedd oedd ar farf Wil—pob blewyn a rhywbeth yn hongian wrtho, fel profion o'i syberwyd.

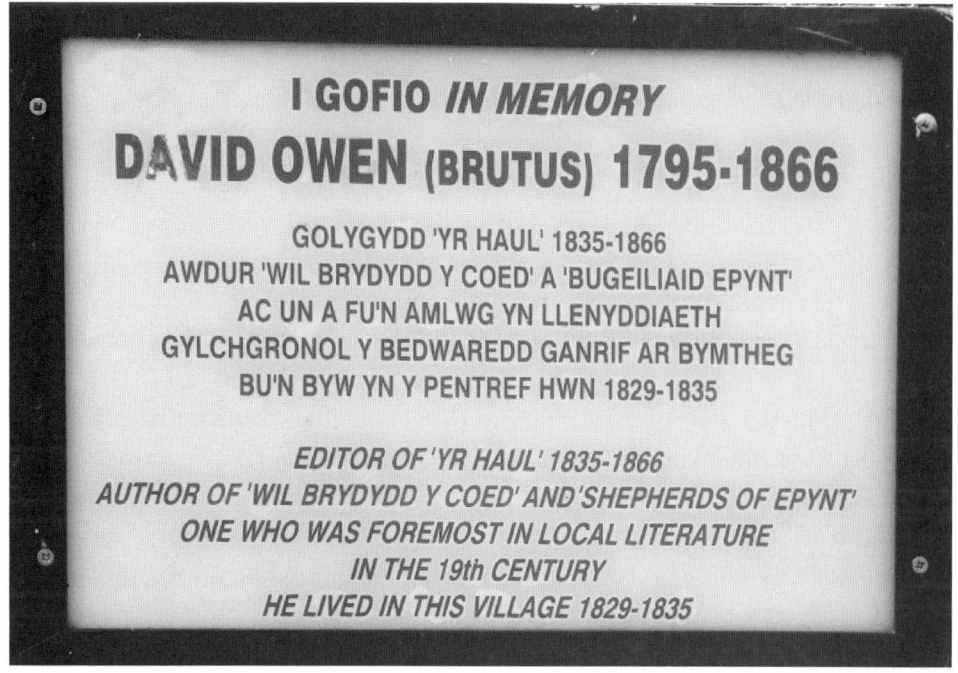

Cofeb Brutus ym Mhentre-tŷ-gwyn

Arferwn ddyfalu tybed a oedd rhywbeth eironig o eiconoclastaidd yn lleoliad y plac er cof am Brutus ym Mhentre-tŷ-gwyn, ar y ffordd i gartref William Williams Pantycelyn, fel pe bai'r llenor delwddrylliol wedi mynnu gadael ei ôl ar eiconograffeg lenyddol y fro, yn dal i dynnu blewyn o drwyn y genedl. Ond ar sail gwerthfawrogiad anghyflawn o arwyddocâd cyfraniad David Owen 'Brutus' yn unig y gellid meddwl felly. Pa gymhlethdodau bynnag a oedd yn rhan o wead ei gymhellion llenyddol a golygyddol, priodol rhoi'r flaenoriaeth i'r hyn a gyflawnodd fel golygydd a sicrhâi amrywiaeth ac annibyniaeth barn gyhyrog o fewn y wasg Gymraeg yn ei genhedlaeth, ac fel llenor yr oedd ei briod-ddull yn ei weithiau dychanol, er yn anghynnil, yn atyniadol o heriol ac arloesol.

DARLLEN PELLACH

D. Melvin Davies, 'Hynt a helynt Brutus y dychanwr', *Cylchgrawn Cymdeithas Hanes yr Eglwys yng Nghymru*, XII (1962), 55-68; XIII (1963), 74-84; XIV (1964), 77-87; XV (1965), 54-63.

J.R. Kilsby Jones, 'Brutus', *Y Traethodydd*, 1867, 221-7, 421-8.

T. Lewis, 'Mr David Owen (Brutus)', *Seren Gomer*, Ionawr 1898, 1-8.

Wil Brydydd y Coed David Owen (Brutus), gol. Thomas Jones (Caerdydd: Gwasg Prifysgol Cymru, 1949).

Bugeiliaid Epynt David Owen (Brutus), gol. Thomas Jones (Caerdydd: Gwasg Prifysgol Cymru, 1950).

Gellir darllen *Yr Haul* yn ystod cyfnod golygyddiaeth Brutus ar wefan cylchgronau.llyfrgell.cymru.

---

[1] *Christmasia (Christmas Evans), gan David Owen (Brutus)* (Liverpool, 1887), t. iii.

[2] John Thomas, *Cofiant y Parch T. Rees D.D.* (Dolgellau, 1888), t. 63.

[3] Robert Rhys, 'Llenyddiaeth Gymraeg y bedwaredd ganrif ar bymtheg', yn *'Gwnewch Bopeth yn Gymraeg' Yr iaith Gymraeg a'i pheuoedd 1801-1911*, gol. Geraint H. Jenkins (Caerdydd: Gwasg Prifysgol Cymru, 1999), tt. 251-74.

[4] *Cydymaith i Lenyddiaeth Cymru*, Argraffiad newydd, gol. Meic Stephens (Caerdydd: Gwasg Prifysgol Cymru, 1997), t. 553.

[5] D. Melvin Davies, 'Hynt a helynt Brutus y dychanwr', *Cylchgrawn Cymdeithas Hanes yr Eglwys yng Nghymru*, XIII (1963), 74-84.

[6] 'Mr David Owen (Brutus)', *Seren Gomer*, Ionawr 1898, 1-8.

[7] Huw Walters, 'John Jones, Llangollen, a'i gyfnod', yn *Cawr i'w Genedl: Cyfrol i gyfarch yr Athro Hywel Teifi Edwards*, gol. Tegwyn Jones a Huw Walters (Llandysul: Gwasg Gomer, 2008), tt. 107-32 (t. 114).

[8] *Wil Brydydd y Coed David Owen (Brutus)*, gol. Thomas Jones (Caerdydd: Gwasg Prifysgol Cymru, 1949), tt. xvii-xx.

[9] *Brutusiana: sef casgliad detholedig o'i gyfansoddiadau. Gan David Owen, Brutus, prif olygydd "Yr Haul"* (Llanymddyfri, 1855).

[10] *Yr Haul*, Medi 1846, 296-7.

[11] D. Melvin Davies, 'Hynt a helynt Brutus y dychanwr', *Cylchgrawn Cymdeithas Hanes yr Eglwys yng Nghymru*, XV (1965), 56.

[12] *Wil Brydydd y Coed David Owen (Brutus)*, t. xxviii.

[13] Ibid., t. xxviii.

16

R. Gwynedd Parry

YR IAITH MEWN LLYS A LLAN: CYFRANIAD ARTHUR JAMES JOHNES

Roedd A.J. Johnes (1808–1871) yn ŵr cyfraith pur anghyffredin. Gyda'i ddiddordebau yn rhychwantu hanes, llenyddiaeth, ieithyddiaeth, diwygio cyfraith a chyflwr yr Eglwys, bu'n lladmerydd brwd dros achos y Gymraeg fel bargyfreithiwr a barnwr, ac fel lleygwr eglwysig. Fe'i ganed ar 4 Chwefror 1808, yr olaf o saith o blant Dr Edward Johnes, Garthmyl-Isaf, Aberriw, Sir Drefaldwyn, a Mary ei wraig. Roedd Edward Johnes (1773–1846) yn feddyg wrth ei alwedigaeth, yn ynad heddwch ac yn grwner Sir Drefaldwyn. Bu'n gwasanaethu fel meddyg yn y llynges cyn dychwelyd i ymarfer yn ei gynefin. Fel crwner byddai'n ymchwilio i farwolaethau anesboniadwy, a'i swydd yn un hynafol a phwysig o fewn y sefydliad sirol.[1] Roedd Edward Johnes hefyd, ar ochr ei fam, yn ŵyr i Owen Johns, Cefnhafodau, Llangurig, a fu'n Uchel Siryf Sir Drefaldwyn yn 1766. Roedd y berthynas honno yn golygu bod Edward Johnes a'i blant yn arddel perthynas â rhai o deuluoedd mwyaf blaenllaw y sir.

Hawliai Oweniaid Cefnhafodau a Glangynwydd y medrent olrhain eu tras i Gadifor ap Dyfnwal o Gastellhywel yn Ystrad Tywi, a fu farw yn 1175, ac a gymerodd un o ferched yr Arglwydd Rhys yn wraig iddo.[2] Mudodd yr Oweniaid o Gefnhafodau yn ucheldiroedd Llangurig i blasty braf Glansevern ym mhlwyf Aberriw yn ail hanner y ddeunawfed ganrif. Roeddent ymysg teuluoedd mwyaf pwysig a goludog y sir, a byddai Glansevern yn cael ei etifeddu gan ddisgynyddion Edward Johnes maes o law. Roedd Mary Johnes, gwraig Edward, a mam Arthur, yn ferch i Edward Davies, Llifior, Aberriw. Roedd ganddi berthynas gwaed â'i gŵr, Edward Johnes, gan ei fod yntau, ar ochr ei dad y tro hwn, yn ŵyr i un o ferched Llifior.

Er y tras bonheddig, roedd Edward Johnes yn ŵr a chanddo ddaliadau gwleidyddol radical, a bu'n gefnogol i fudiad y Siartwyr. Byddai Arthur, y mab, yn ei dro yn etifeddu'r ysbryd radicalaidd a'r ysfa i weld newid a gwella cymdeithas. Mae cefndir achyddol A.J. Johnes wedi ei nodi'n fanwl gan Marian Henry Jones mewn cyfres o erthyglau a gyhoeddwyd ganddi yn *Cylchgrawn Llyfrgell Genedlaethol Cymru* ac yn y *Montgomeryshire Collections*, yn niwedd y 1950au a dechrau'r 1960au.[3] Dangosodd mai un o ferched Edward a Mary Johnes, a chwaer i A.J. Johnes, oedd Eliza, a briododd â bargyfreithiwr o'r enw Erskine Humphreys. O'r briodas hon y ganwyd Arthur Charles Humphreys-Owen (1836–1905) a ddaeth i amlygrwydd fel aelod seneddol Rhyddfrydol dros Sir Drefaldwyn, ac fel ymgyrchydd brwd dros addysg yng Nghymru. Hwn hefyd oedd etifedd Arthur Johnes, ac, yn wir, ystad Glansevern, gan fod cymaint o'r deulu yn ddiepil fel y noda'r o.s.p. (*obiit sine prole* 'bu farw heb epil') ger enwau nifer ohonynt ar y goeden deulu.

Ond gadewch i ni roi achyddiaeth i'r naill ochr am y tro a throi at ein prif ddiddordeb. Cafodd A.J. Johnes ei addysg yn Ysgol Ramadeg Croesoswallt yng nghyfnod prifathrawiaeth y Parchg Ddr James Donne (1764-1844). Bu ef, fel Edward Johnes, yn troi ymysg yr hen bersoniaid llengar a weinidogaethai yn y rhan honno o Bowys. Yn eu plith ceid Gwallter Mechain, Rowland Williams, Ysgeifiog (yn ystod ei gyfnod ym Meifod), Ifor Ceri, Thomas Richards ac eraill. Mawr fu eu dylanwad hefyd ar A.J. Johnes oherwydd roedd Manafon, Ceri a Threfaldwyn bron o fewn taith gerdded i'r cartref yng Ngarthmyl.[4] Diolch i'r ysgogiad gan ei dad a'i athro, a than ddylanwad y personiaid llengar, datblygodd Arthur a'i frodyr a'i chwiorydd chwaeth at lenyddiaeth a diwylliant Cymraeg yn gyffredinol. Wedi ymadael â Chroesoswallt, ac ar ôl treulio cyfnod mewn swyddfa cyfreithwyr yn Llundain, ymrestrodd Johnes yng Ngholeg Prifysgol Llundain yn 1828. Disgleiriodd yn ei waith academaidd yno gan fynychu darlithoedd y cyfreithegwyr enwog John Austin ac Andrew Amos. Ar ddiwedd y flwyddyn academaidd 1828-9 enillodd Johnes y wobr uchaf a'r dystysgrif anrhydedd gyntaf a roddwyd gan y Brifysgol.[5] Rhwng 1830 ac 1835 bu'n ymbaratoi ar gyfer gyrfa fel bargyfreithiwr. Fe'i galwyd i'r Bar o Ysbyty Lincoln yn 1835 a dyna gychwyn ar ei yrfa yn y gyfraith. Ecwiti a throsglwyddo eiddo oedd ei brif feysydd fel ymarferwr ac yn Llundain yr arhosodd i ymarfer ei broffesiwn.[6]

Roedd Johnes yn fargyfreithiwr dysgedig a diwylliedig, ac nid dim ond fel ymarferwr y gwnaeth ei farc. Fel awdur cyfreithiol, cafodd Johnes ei ddylanwadu'n fawr gan ysgrifau'r deddfegwr Jeremy Bentham. Bu'n argymell mewn gwahanol bamffledi, a gyhoeddwyd rhwng 1834 ac 1869, amryfal ddiwygiadau i'r gyfraith. Yn 1834, a than ddylanwad Bentham, cyhoeddodd ei *Suggestions for a Reform of the Court of Chancery*, cyfrol a oedd yn dadlau dros ymasiad y gyfraith ac ecwiti, rhywbeth a fyddai'n cael ei wireddu cyn diwedd y ganrif. Ymysg y pynciau eraill y bu'n traethu arnynt yr oedd diddymu carcharu am ddyled, diwygio'r deddfau methdaliad, a hyd yn oed uno dwy gangen y proffesiwn cyfreithiol fel y byddai'r cleientiaid yn medru cyfarwyddo bargyfreithwyr eu hunain. Nid pethau'r gyfraith yn unig a oedd yn mynd â'i fryd yn Llundain.

Roedd pynciau mor amrywiol â hynafiaethau, anthropoleg ac ieithoedd ymhlith ei ddiddordebau. Enghraifft o hynny oedd ei gyfrol uchelgeisiol *Philological Proofs of the Original Unity and Recent Origin of the Human Race, derived from a comparison of the languages of Europe, Asia, Africa, and America* (1843).[7] Nid un i wrthod her oedd Johnes er nad oedd ganddo yr arbenigrwydd a'r profiad i wneud cyfiawnder â'i bwnc bob tro.

Y Barnwr Arthur James Johnes
(Trwy ganiatâd Llyfrgell Genedlaethol Cymru)

Yn ystod ei gyfnodau fel myfyriwr a bargyfreithiwr yn Llundain ymdaflodd i'r bywyd Cymraeg gan ddod yn aelod blaenllaw o fudiadau megis y Cymmrodorion. Dwysaodd hyn ei ddiddordeb yn niwylliant ei genedl. Roedd yn un o hyrwyddwyr *The Cambrian Quarterly Magazine* yn y blynyddoedd 1830-3, a byddai'n cyhoeddi ysgrifau ynddo o dan y ffugenw 'Maelog'. Dyma pryd y cyfieithodd rai o gerddi Dafydd ap Gwilym i'r Saesneg, a'u cyhoeddi yn y *Cambrian Quarterly Magazine* yn 1834. Bu'n gohebu â Charnhuanawc hefyd a'i berswadio yntau i gyfrannu i'r cylchgrawn. Bu'r cysylltiadau â'r personiaid llengar o fudd mawr iddo ac yn ysbrydoliaeth iddo gynnal ei ddiddordebau llenyddol yn ogystal ag i gryfhau ei afael ar y Gymraeg.[8]

Diolch i ddylanwad yr offeiriaid llengar, lluniodd Johnes ei waith enwocaf os nad pwysicaf, sef ei draethawd, 'The causes which in Wales have produced dissent from the Established Church'. Argraffwyd y traethawd o dan y teitl *An Essay on the Causes which have Produced Dissent from the Established Church in the Principality of Wales* ac yn y rhagymadrodd (1870) cawn yr hanes fel y bu i Johnes lunio'r traethawd, ac yntau ond yn laslanc dwy ar hugain oed. Thomas Richards, rheithor Llangynyw, a ofynnodd iddo ymgymryd â'r dasg, a hynny er mwyn cynnig am wobr o fedal gan Gymmrodorion Llundain yn 1831.[9] Ym mis Mai y flwyddyn honno cafodd wybod bod y beirniad, neb llai na William Owen Pughe, wedi dyfarnu mai ei draethawd ef oedd y gorau ac yn argymell y dylai'r gymdeithas ei gyhoeddi yn ddi-oed. Argraffwyd y gwaith ymhen blwyddyn, yn 1832, ac yna eto yn 1870 gydag ychwanegiadau ac atodiadau.

Ymateb i'r argyfwng a wynebai'r Eglwys oedd byrdwn ei draethawd. Am y tro cyntaf caed Eglwyswr yn datgelu'n blaen yr hyn a welai fel camarferion yr Eglwys Wladol yng Nghymru, gyda lluosogaeth, nepotistiaeth, absenoldebaeth, a dyrchafu clerigwyr Saesneg eu hiaith i blwyfi ac esgobaethau Cymraeg ymysg y pennaf ohonynt. Hyn, ac anfoesoldeb llawer o'r clerigwyr, a oedd yn egluro ffyniant yr Ymneilltuwyr a oedd yn addoli yn Gymraeg, a'u henciliad o'r llannau gwag.

Gadewch i ni oedi ychydig gydag un o'r diffygion hyn, sef Seisnigrwydd yr offeiriadaeth. Roedd beiddgarwch y gŵr ifanc hwn wrth iddo gystwyo'r hyn a ddisgrifiodd fel yr arferiad gwarthus o lenwi esgobaethau Cymru â chlerigwyr a oedd yn anwybodus o iaith eu praidd yn drawiadol.¹⁰ I Johnes, camwedd mwyaf yr Eglwys, ac achos sylfaenol ei holl ddiffygion, oedd yr arfer o benodi Saeson yn esgobion. Ac yn ystod y ganrif cyn 1830 atgoffir y darllenydd na chafwyd yr un esgob a feddai'r wybodaeth leiaf o'r Gymraeg. Roedd Seisnigrwydd yr esgobion, sef arweinwyr yr Eglwys, yn treiddio i lawr i'r personiaid plwyf, meddai. Gan fod agweddau a chymeriad moesol ei llywodraethwyr yn adlewyrchu Eglwys gyfan fel sefydliad, roedd anwybodaeth esgobion Cymru o iaith a theimladau'r bobl wedi esgor ar offeiriadaeth a oedd, yn gyffredinol, yn ddi-hid tuag at iaith a thraddodiadau'r praidd.¹¹ Wrth fynegi ei ddadl, defnyddiodd drosiad mecanyddol trawiadol:

> When the main-spring is not right, the whole machinery must necessarily go wrong. I do not, of course, mean to affirm, that the English spirit of the Welsh Bishops operates as a positive discouragement to preaching and instruction in the Welsh language; but it withdraws from these practices that encouragement which it is the object of their office to afford.¹²

Dyna ganfyddiad trawiadol gan ŵr ifanc. Nid cyhuddo'r esgobion o annog agweddau negyddol at y Gymraeg yn fwriadol yr oedd—na, yn hytrach, bod eu Seisnigrwydd yn golygu nad oedd yna anogaeth a chefnogaeth gadarnhaol i'r Gymraeg. Ei ddadl oedd fod personoliaeth yr esgobion fel arweinwyr yn dylanwadu ar ymddygiad gweddill y sefydliad, a'r clerigwyr oddi tanynt yn benodol yn yr achos hwn. I unrhyw un ohonom sydd wedi gweithio i unrhyw sefydliad erioed, onid oes yma wirionedd sylfaenol?

Wrth ddatblygu ei ddadl, cyfeiria at offeiriad hanner cant oed a gafodd fywoliaeth yng Nghymru heb wybod sillaf o'r iaith er bod ei blwyfolion yn Gymry Cymraeg: cyflawnodd ei ddyletswyddau offeiriadol drwy dderbyn gwers bob nos Sadwrn gan ei glerc ar hanfodion gwasanaeth y Sul. Gofynna Johnes a fyddai actor yn mentro ar lwyfan gyda'r fath baratoad ar gyfer ei orchwyl? Iddo ef, roedd y math hwn o ymddygiad yn gyfystyr ag esgymuno'r plwyfolion.¹³ Nid yn unig yr oedd diffyg gwybodaeth o'r Gymraeg ymhlith arweinwyr yr Eglwys yn andwyol i berthynas y sefydliad â thrwch y boblogaeth, ac yn egluro llwyddiant Ymneilltuaeth, meddai, ond roedd meddylfryd yr arweinwyr hefyd yn peri'r ymbellhau. I Johnes, yr oedd diffyg cydymdeimlad y clerigwyr â'u praidd yn cyfrannu at ddieithrio calonnau'r bobl o'r Eglwys. Ac roedd ymddygiad y clerigwyr Seisnig yn achosi anfodlonrwydd hyd yn oed yn yr ardaloedd hynny lle yr oedd y Gymraeg wedi diflannu. Gwrthgyferbynnai fethiannau'r Eglwys â llwyddiannau'r Anghydffurfwyr—roedd yna deirgwaith mwy o gapeli Anghydffurfiol nag o eglwysi yng Nghymru erbyn 1830. Hyd yn oed yn Llundain, meddai, ceid chwech o addoldai Anghydffurfiol yn cynnal gwasanaethau Cymraeg ond ni cheid yr un sefydliad yno yn cynnig moddion gras yn y Gymraeg yn unol ag arferion Eglwys Loegr.[14]

Roedd Seisnigrwydd yr eglwysi wedi dylanwadu ar y system addysg hefyd, ac yn cael yr un effaith andwyol ar y bobl â'r hyn a barodd iddynt droi cefn ar yr Eglwys a'u gyrru at yr Ymneilltuwyr. I Johnes, er mai peth dymunol iawn oedd i'r Cymro ddysgu Saesneg, ni ddylai ystyried ei heniaith fel peth gwarthus i'w luchio o'r neilltu. Un peth yw i rywun gaffael iaith arall fel modd o wasanaethu ei wlad yn fwy effeithiol neu gael mantais mewn byd masnach; peth arall yw gwneud hynny ar draul ei iaith ei hun, meddai. A dyna'r union beth a wneid yn yr ysgolion a oedd ynghlwm wrth yr Eglwys.[15] Ac i Johnes, strategaeth hollol aneffeithiol ydoedd hon gan na fyddai'n llwyddo. Fel y dywedodd: 'all attempts to destroy the Welsh language by arbitrary means have only tended to perpetuate it'.[16] Ei ddadl oedd y dylid cael gweinidogion parchus ac esgobion Cymreig a Chymraeg eu hiaith a fyddai'n uniad o wŷr bonheddig â duwiol ac a feddai wybodaeth o iaith a theimladau eu gwladwyr.

Rhaid ailadrodd mai myfyriwr dwy ar hugain oed oedd Johnes pan luniodd y traethawd hwn. Un o feiau'r gwaith, ym marn R.T. Jenkins, oedd ei fod yn gorbwysleisio cyfraniad y Methodistiaid ar draul yr Hen Ymneilltuwyr. Tybed, hefyd, a oedd wedi rhoi gormod o bwyslais ar broblemau diwylliannol yr Eglwys ac wedi osgoi materion mwy sylfaenol? A glywodd John Elias o Fôn neu John Jones, Tal-sarn, yn pregethu, tybed? Ond yn ei draethawd dangosodd ddeallusrwydd ac aeddfedrwydd, ac yn anad dim, ddewrder moesol ac unplygrwydd— nodweddion a fyddai'n anhepgor i farnwr maes o law. Gwelodd hefyd yr angen i gymodi â'r Ymneilltuwyr. Dim ond drwy gydnabod bod ganddynt sail dros ymneilltuo yr oedd hynny'n bosibl yn ei farn ef. Rhaid oedd diwygio os am gymodi.[18]

Ond er gwaethaf ei feirniadaeth bu Johnes yn Eglwyswr pybyr gydol ei oes. Yn 1837 cyhoeddodd bamffled a oedd yn cynnwys gohebiaeth ar gyflwr yr Eglwys â'r Arglwydd John Russell, yr ysgrifennydd cartref ar y pryd (a'r prif weinidog wedi hynny). Roedd yr ohebiaeth yn deillio o'r ymateb cryf fu i'w draethawd ar achosion Ymneilltuaeth a bu'r traethawd hwnnw yn destun trafodaeth eang, hyd yn oed yn y Senedd yn San Steffan.[19] Y flwyddyn ganlynol, drwy gyfrwng ei ysgrifau a pherswâd dirprwyaeth y bu'n ysgrifennydd arni, gwrthodwyd cynllun John Russell i uno esgobaethau Bangor a Llanelwy, uniad a fyddai wedi arwain at drosglwyddo incwm un ohonynt i esgobaeth newydd Manceinion.

A journey to a court in Wales, 1792
(Llyfrgell Genedlaethol Cymru: Casgliad Posteri)

Soniwyd eisoes am ddiddordeb Johnes mewn meysydd cyfreithiol y credai y dylid eu diwygio. Un arall ohonynt oedd cyfundrefn y llysoedd. Bu'n dadlau dros sefydlu llysoedd lleol ar gyfer hwyluso adfer dyledion bach, a hynny drwy ymestyn awdurdodaeth a gwella gweithdrefn y llysoedd sirol. Gwireddwyd hynny gyda deddf gwlad a ddaeth i rym ar 15 Mawrth 1847 pan grëwyd y llysoedd sirol yng Nghymru a Lloegr.[20] Swyddogaeth y llysoedd hyn oedd delio â mân faterion sifil a mân ddyledion, ac roedd y partïon yn aml yn ymddangos ynddynt heb gymorth cyfreithiwr.[21] Gan y byddai'n rhaid i'r barnwyr gyfathrebu'n uniongyrchol â'r partïon yn nifer o'r achosion, a'r partïon hynny yn Gymry uniaith mewn sawl rhan o Gymru, oni fyddai'n hanfodol i'r barnwyr yn y rhanbarthau lle y siaredid y Gymraeg fedru'r ddwy iaith er mwyn sicrhau y ceid cyfiawnder? O'r dechrau, felly, caed galwadau am farnwyr a fedrai'r Gymraeg wrth weinyddu cyfiawnder yn y llysoedd hyn. Cymry goludog Llundain a'u mudiadau, megis y Cymreigyddion, a gwleidyddion megis Syr Watkin Williams Wynn a fu'n arwain yr ymgyrch. Yn ogystal, cafwyd cefnogaeth gan rai aelodau Cymreig o'r proffesiwn cyfreithiol, a rhai boneddigion diwylliedig a werthfawrogai lafur yr hen bersoniaid llengar fel Arglwyddes Llanofer. Ac yn eu plith yr oedd A.J. Johnes a welai nid yn unig bwysigrwydd gwell gweinyddiad cyfiawnder i'r bobl gyffredin, a hynny drwy gyfrwng y Gymraeg, ond cyfle iddo ef gaffael swydd saff, sicrwydd ariannol a chael dychwelyd i'w gynefin.[22] Bu hon yn ymgyrch bur lwyddiannus, cymaint fel bod tri o'r pum barnwr a benodwyd i lysoedd sirol Cymru yn 1847 yn medru'r iaith.[23]

Mae'n eironig fel y bu i adroddiadau'r comisiynwyr addysg, y Llyfrau Gleision, ddod i'r golwg ar yr union adeg ag y penodwyd barnwyr a fedrai'r Gymraeg i'r llysoedd sirol. Roedd y Llyfrau Gleision yn beio'r Gymraeg am holl bechodau'r Cymry, ac yn galw ar y bobl gyntefig i ddysgu Saesneg yn ddiymdroi.[24] Ynddynt hefyd yr honnwyd bod y defnydd o'r Gymraeg gan dystion yn y llysoedd barn yn symptom o glefyd cenedlaethol, a'i fod yn hyrwyddo anwiredd, twyll ac anudoniaeth.[25] Y gwrthwyneb oedd dadl Johnes yn ei draethawd dros ddegawd ynghynt wrth gwrs, er, yn ddiddorol, nid oes sail i gredu ei fod wedi dweud dim yn gyhoeddus am adroddiadau'r comisiynwyr addysg.

Ymddengys, ar yr olwg gyntaf, fod dau beth yn tynnu'n groes, sef y Llyfrau Gleision yn dweud y drefn ac yn arthu yn erbyn y Gymraeg yn y llysoedd, a'r penodiadau barnwrol yn caniatáu os nad yn annog y gwrthwyneb. Ond ymateb angenrheidiol, pragmataidd i broblem ieithyddol oedd yr ymgyrch dros farnwyr a fedrai'r Gymraeg: sylweddoliad o'r angen am gyfiawnder i'r Cymry uniaith yn y llysoedd barn a'i gyrrodd yn fwy na dim. Gweledigaeth normadol ar gyfer Cymru'r dyfodol a geid yn y Llyfrau Gleision, un lle y deuai'r Cymry, maes o law, yn ddinasyddion cyflawn, rhugl yn iaith yr ymerodraeth, gan gyfranogi o'r holl fanteision a ddeuai o'r cyflwr hwnnw.

ON THE STATE OF EDUCATION IN WALES—

REPORT.

among them, they "see what you mean before you have said it." I can bear evidence to the extreme sagacity with which my own motives and objects were scrutinised, scanned, and decided in favour of my inquiry in coming into their mountains and villages, often by perfectly illiterate persons.

The Reverend Mr. Harrison, of Builth, an English clergyman, says—

"The Welsh people are much quicker than the English. I have been much concerned in schools in England, and have succeeded well with them; but the Welsh have much better and readier powers of perception: their reasoning powers are much less developed. There are, however, beautiful faculties lost here for want of proper cultivation. They would learn quickly and profit greatly by good schools.

"There is great anxiety for better education among all classes of the people; they would make sacrifices to procure it."

The Reverend Mr. Parry, of Llywell, remarks also—

"They are for the most part quick, shrewd, and clever, in proportion to their advantages, evidently possessing sufficient natural abilities to form as useful members of society as any within Her Majesty's dominions, were they equally blessed with early cultivation; and they are rather warm-hearted and kindly disposed, though their temperament generally requires to be somewhat softened and subdued, which can only be effected by early mental culture and sound moral training."

IX. THE WELSH LANGUAGE.

The Welsh language is a vast drawback to Wales, and a manifold barrier to the moral progress and commercial prosperity of the people. It is not easy to over-estimate its evil effects. It is the language of the Cymri, and anterior to that of the ancient Britons. It dissevers the people from intercourse which would greatly advance their civilisation, and bars the access of improving knowledge to their minds. As a proof of this, there is no Welsh literature worthy of the name.* The only works generally read in the Welsh language are the Welsh monthly magazines, of which a list and description are given in the Appendix lettered H. They are much more talented than any other Welsh works extant, but convey, to a very limited extent, a knowledge of passing events, and are chiefly polemical and full of bitter sectarianism, and indulge a great deal in highly-coloured caricatures and personality. Nevertheless they have partially lifted the people from that perfect ignorance and utter vacuity of thought which otherwise would possess at least two-thirds of them. At the same time, these periodicals have used their monopoly as public instructors in moulding the popular mind, and confirming a natural partiality for polemics, which impedes the cultivation of a higher and more comprehensive taste and desire for general information. This has been conclusively proved by Mr. Rees, the enterprising publisher at Llandovery. He commenced the publication of a periodical similar to the Penny Magazine in the Welsh language, but lost 200l. by it in a year. This was probably too short a trial of the experiment;† but it sufficiently evinces the difficulty of supplanting an established taste, by means however inoffensive.

Perjury in courts of justice.

The evil of the Welsh language, as I have above stated, is obviously and fearfully great in courts of justice. The evidence given by Mr. Hall (No. 37) is borne out by every account I have heard on the subject; it distorts the truth, favours fraud, and abets perjury, which is frequently practised in courts, and escapes detection through the loop-holes of interpretation. This public exhibition of successful falsehood has a disastrous effect on public morals and regard for truth. The mockery of an English trial of a Welsh criminal by a Welsh jury, addressed by counsel and judge in English, is too gross and shocking to need comment. It is nevertheless a mockery which must continue until the people are taught the English language; and that will not be done until there are efficient schools for the purpose.

On the subject of this disastrous barrier to all moral improvement and popular progress in Wales, and the ease with which good schools would remove it, I may cite the following brief extracts from the unanimous evidence on the subject.

* A society called the Cwmreigyddion indeed exists, and holds meetings at Abergavenny, where a band of literati promote Welsh literature by making English speeches once a-year in its defence. Its proceedings are perfectly innocuous. One of its distinguished members has written a History of Wales, but couched in such antique phraseology that its sale it is said has never repaid the expense of printing it.

† The difficulty could not, however, be insuperable, of maintaining an extensive circulation for a well-written and very cheap magazine, at first, in the Welsh language, which should have in view these main objects:—1st, The supply of well digested news without bias, and of useful general information, as well as instructive and interesting articles; 2nd, Leading articles advocating the use and desirability of knowledge and better education for the people in the English language. Such a work, if judiciously written, might perhaps be made a very effective means of improving the people and furthering the English language.

Adroddiad 1847 ar Gyflwr Addysg yng Nghymru
(Llyfrgell Genedlaethol Cymru: Casgliad Deunyddiau Print)

Roedd y tri a benodwyd i fainc y llysoedd sirol ac a fedrai'r Gymraeg o dras bonheddig. Mae'n arwyddocaol mai'r bonedd a arweiniodd yr ymgyrch i benodi barnwr a fedrai'r Gymraeg yn 1847, a bonedd Cymraeg eu hiaith a benodwyd. Dyna i chi Edward Lewis Richards (1804–1863), aelod o deulu Blaenpergwm a Maes Gwyn, Glyn Nedd.[26] Cafodd ei addysg yn Ysgol Ramadeg y Bont-faen ac yna yng Ngholeg Corff Crist, Caergrawnt. Fe'i galwyd i'r Bar o Ysbyty Lincoln yn 1837, a bu'n ymarfer ar gylchdaith y de, yn ogystal â gwasanaethu fel dirprwy raglaw Sir Forgannwg. Yna, cafodd ei benodi yn farnwr i fod yn gyfrifol am lysoedd sirol y gogledd-ddwyrain yn 1847. Yn ddiweddarach, yn 1852, daeth yn gadeirydd Llys Chwarter Sir y Fflint, ac yntau wedi ymgartrefu yn Mordon House, Y Rhyl. Bu farw yn 1863.

Bu Richards yn gefnogol iawn i'r Gymraeg yn ei lysoedd, fel yr adroddwyd yn y *Wrexham and Denbighshire Advertiser* pan gyflwynwyd tysteb iddo yn 1861. Yn y llysoedd lle y llywyddai'r Barnwr Richards, honnwyd: 'the poor Welshman is satisfied that he gets fair play, whilst having the privilege of stating his case before the Judge in his own language without interpretation'.[27] Ie, sylwch at y gair 'braint', ac ar naws nawddoglyd yr adroddiad. Ond y Cymro yn cael dweud ei ddweud heb na cherydd na chyfieithydd, dyna'r newid allweddol a ddaeth gyda phenodiad y Barnwr Richards.

Yr ail o'r drindod farnwrol a benodwyd yn 1847 oedd John Johnes, yswain Dolau Cothi, Sir Gaerfyrddin. Llysoedd sirol Aberteifi, Penfro a Chaerfyrddin oedd ei ofalaeth gyfreithiol ef. Tirfeddiannwr cefnog ac uchel ei barch oedd Johnes ac ymddiddorai mewn hynafiaethau. Y Gymraeg oedd ei famiaith, a hynny'n arwydd o ymlyniad bonedd gwlad at iaith a diwylliant y genedl hyd yn oed yng nghanol y bedwaredd ganrif ar bymtheg.[28] Ar ôl cyfnod yng Ngholeg y Trwyn Pres, Rhydychen, fe'i galwyd i'r Bar o'r Deml Fewnol yn 1831. Gwasanaethodd fel comisiynwr cynorthwyol o dan Ddeddf Cyfnewidiaeth y Degwm, a bu'n gomisiynydd gyda'r 'Admiralty, Copyhold, Enclosure, and Lunacy Commissions'. Bu'n gofiadur Caerfyrddin rhwng 1851 ac 1872, yn gadeirydd Llys Chwarter Sir Gaerfyrddin rhwng 1853 ac 1872, ac roedd hefyd yn dal nifer o swyddi cyhoeddus pwysig yn y sir honno. Ysywaeth, ar ôl iddo ymddeol o'i aml swyddi cyfreithiol, fe'i llofruddiwyd yn ei lyfrgell ar 19 Awst 1876 gan ei fwtler gorffwyll yn dilyn anghydfod rhyngddynt ynghylch tenantiaeth tafarn y Dolaucothi Arms ym Mhumsaint.[29]

A'r olaf o'r drindod, wrth gwrs, oedd A.J. Johnes, y barnwr â chyfrifoldeb dros lysoedd y gogledd-orllewin a rhannau o'r canolbarth. O bori yn adroddiadau papur newydd y cyfnod, ceir yr argraff fod Johnes yn farnwr cymeradwy ac uchel ei barch. Wedi'r cyfan, roedd wedi dadlau o blaid bodolaeth y llysoedd hyn, a gwyddai'n union sut i'w gwasanaethu'n effeithiol. Iddo ef y rhoddwyd y clod gan ohebydd y *Wrexham and Denbighshire Advertiser* ar 8 Awst 1868 am sicrhau bodolaeth y llysoedd sirol.[30] Gan hynny, roedd y llysoedd sirol mewn dwylo cyfrifol, ac meddai gohebydd y *Carnarvon and Denbigh Herald* mewn adroddiad ar 20 Mawrth 1852:

> It must be of immense benefit to the poor people of Wales to have such men as A. J. Johnes, Esq. and E. L. Richards, Esq. to preside in the County Courts, and to hear their causes stated and tried in their native tongue … the judges of the Welsh circuits ought to have some knowledge of the language of the country.[31]

Erbyn canol y bedwaredd ganrif ar bymtheg, ceid gwrthgyferbyniad rhwng y barnwyr hyn a gynhaliai'r gwrandawiadau yn y llysoedd yn y Gymraeg, a'r esgobion na allent gynnig arweiniad i'w clerigwyr yn yr iaith. Ac ar sail y penodiadau barnwrol yn 1847 gellid yn hawdd gredu bod tröedigaeth ddiwylliannol sylfaenol ar waith yn llysoedd barn Cymru. Ond camsyniad fyddai credu bod gwawr newydd wedi torri ar fyd y gyfraith. Simsan oedd y seiliau. Trwy ddifaterwch yn fwy na graslonrwydd yr Arglwydd Ganghellor y penodwyd y barnwyr hynny a fedrai'r Gymraeg yn 1847. Yn ddiweddarach yn y ganrif penodwyd Saeson yn farnwyr yn y llysoedd sirol er mawr loes i wleidyddion radicalaidd y dydd. Yn wir, pan ymddeolodd A.J. Johnes, Sais o'r enw Tyndall Atkinson a benodwyd yn ei le, gan achosi anfodlonrwydd i ohebydd *Y Faner*, a ddywedodd:

> Gwell fuasai gennym ni fel cenedl gael Cymro galluog i eistedd ar y fainc farnol, yr hon a lanwyd mor alluog am 24 o flynyddoedd gan y llenor dysgedig a choeth, y Cymro trwyadl, a'r gwladgarwr twymgalon, Mr. A. J. Johnes, Garthmyl.[32]

Ymateb *Y Goleuad* oedd: 'dyma enghraifft arall o sarhad yn cael ei fwrw arnom fel cenedl yn mhenodiad barnwr i Gymru nad yw yn deall dim Cymraeg'.[33] A'r eironi mwyaf, efallai, yw bod Cymro Cymraeg, Joshua Hughes, wedi ei benodi yn esgob Llanelwy yn 1870. Rhyfedd fel y mae'r rhod yn troi.

Ni pharodd ei benodiad fel barnwr roddi paid ar awydd Johnes i leisio barn ar faterion llosg neu ar bynciau a flinai ei gydwybod. Yn 1850 bu'n annerch cyfarfodydd cyhoeddus a oedd yn galw am gefnogaeth ddyngarol i Kossuth a'r ffoaduriaid Hwngaraidd wedi'r adwaith Hapsbwrgaidd i'r chwyldro aflwyddiannus a fu yno yn 1848-9.[34] Oedd, roedd materion mawr y dydd yn derbyn ei sylw, ond materion lleol hefyd. Bu'n ymgyrchu dros ddatblygu rhwydwaith y rheilffordd yn Sir Drefaldwyn. Cafwyd llwyddiant yn y cyfeiriad hwnnw yn 1855 pan adeiladwyd y lein o Groesoswallt i'r Drenewydd. Y flwyddyn ganlynol cafwyd cledrau o Amwythig i'r Trallwng, a Johnes bellach yn un o gyfarwyddwyr y cwmni rheilffordd. Roedd Johnes yn llwyrymwrthodwr, ac yn hyn o beth roedd yng nghornel yr Anghydffurfwyr. Bu'n gyfaill oes i'r mudiad dirwest ac yn eiriolwr dros gau tafarndai ar y Sul, rhywbeth na chafodd ef fyw i'w weld.[35]

Gydol ei fywyd bu'n gefn i fudiadau diwylliedig Cymreig. Daeth yn gyfaill i Arglwyddes Llanofer a thrwy ei gwahoddiad mynychodd eisteddfod y Fenni yn 1837.[36] Bu hefyd yn gefnogol i'r Eisteddfod Genedlaethol, ac yn noddwr pan y'i cynhaliwyd yng Nghastell Caernarfon yn 1862; cyfrannodd hanner can gini o'i boced tuag at wobr am draethawd ar y pwnc gogleisiol, 'The origin of the English nation, more especially with reference to the question how far they are descended from the Ancient Britons'.[37] Roedd Johnes yn wladgarwr diwylliedig, yn ymgyrchydd radicalaidd ac, i raddau, yn broffwyd. Ac i fabwysiadu ymadrodd academaidd cyfoes, cafodd ei waith effaith ar yr Eglwys ac ar y llysoedd. Ond er ei barodrwydd i ymrysona ac i ymgyrchu, credai Marian Henry Jones mai dyn swil a gwylaidd ydoedd.[38] Fel barnwr roedd ynddo warineb a doethineb, ac fel hyn y'i disgrifiwyd mewn ysgrif goffa yn y *Cambrian News*: 'He was characterized on the judgement seat for the highest rectitude of purpose and considerable acuteness, and was much esteemed throughout his circuit for his urbanity and kindness.'[39]

Oherwydd salwch gorfu iddo ymddeol yn 1870. Bu farw yng Ngarthmyl ar 23 Gorffennaf 1871 a chladdwyd ei gorff ym mynwent

Aberriw. Ni bu'n briod ond credir iddo brofi siomedigaethau carwriaethol a chael ei wrthod gan ambell lodes yr oedd wedi rhoi ei fryd arni yn nyddiau ei ieuenctid.[40] Ynddo roedd Cymru'r un, a cheisiodd bontio'r Gymru Gymraeg a'r Gymru ddi-Gymraeg, y bonedd a'r gwrêng, a chymodi rhwng yr Eglwyswyr a'r Ymneilltuwyr yn enw unoliaeth cenedlaethol.[41] Roedd Arthur James Johnes yn Eglwyswr goleuedig ac yn un o'r hen gyfreithwyr llengar, os nad y mwyaf llengar ohonynt i gyd.

DARLLEN PELLACH

Thomas Iorwerth Ellis, 'Johnes, Arthur James (1809–1871)', *Y Bywgraffiadur Cymreig hyd 1940* (Llundain: Anrhydeddus Gymdeithas y Cymmrodorion, 1953), t. 415.

A.J. Johnes, *An Essay on the Causes which have Produced Dissent from the Established Church in the Principality of Wales* (London, 1870).

Marian Henry Jones, 'Judge A.J. Johnes, 1808–1871: Patriot and reformer', *Montgomeryshire Collections*, 58 (1963–4), 3–20.

Marian Henry Jones, 'The letters of Arthur James Johnes, 1809–71', *Cylchgrawn Llyfrgell Genedlaethol Cymru*, 10 (1957–8), 233–64.

Marian Henry Jones, 'The letters of Arthur James Johnes, 1809–71 (concluded)', *Cylchgrawn Llyfrgell Genedlaethol Cymru*, 10 (1957–8), 329–64.

Daniel Lleufer Thomas, diweddarwyd gan Hugh Mooney, 'Arthur James Johnes (1809–1871)', *Oxford Dictionary of National Biography*, 30 (Oxford: Oxford University Press, 2004).

Richard Williams, *Montgomeryshire Worthies*, Ail argraffiad (Newtown, 1894).

1. https://www.historyofparliamentonline.org/volume/1820-1832/constituencies/montgomeryshire.
2. Philip Yorke, *The royal tribes of Wales* (Liverpool, 1887), t. 37.
3. Marian Henry Jones, 'Judge A.J. Johnes, 1808–1871: Patriot and reformer', *Montgomeryshire Collections*, 58 (1963), 3-20; Marian Henry Jones, 'The letters of Arthur James Johnes 1809–71', *Cylchgrawn Llyfrgell Genedlaethol Cymru*, 10 (1957-8), 233-64; hefyd, 'The letters of Arthur James Johnes 1809-71 (concluded)', *Cylchgrawn Llyfrgell Genedlaethol Cymru*, 10 (1957-8), 329-64.
4. Richard Williams, *Montgomeryshire Worthies*, Ail argraffiad (Newtown, 1894), t. 140.
5. Calendr Prifysgol Llundain ar gyfer 1831, t. 203.
6. Williams, *Montgomeryshire Worthies*, t. 140.
7. A.J. Johnes, *Philological proofs of the original unity and recent origin of the human race, derived from a comparison of the languages of Europe, Asia, Africa, and America* (London, 1843).
8. Williams, *Montgomeryshire Worthies*, t. 141.
9. *The Cambrian Quarterly Magazine and Celtic Repertory*, Cyfrol III (London, 1831), tt. 254, 333.
10. A.J. Johnes, *An essay on the causes which have produced dissent from the Established Church in the Principality of Wales* (London, 1870), t. 2.
11. Ibid., t. 56.
12. Ibid., t. 60.
13. Ibid., t. 68.
14. Ibid., t. 8.
15. Ibid., t. 62.
16. Ibid., t. 63.
17. R.T. Jenkins, *Hanes Cymru yn y Ddeunawfed Ganrif* (Caerdydd: Gwasg Prifysgol Cymru, 1931), t. 45.
18. Jones, 'Judge A.J. Johnes, 1808–1871: Patriot and reformer', 11.
19. Williams, *Montgomeryshire Worthies*, t. 142.
20. Gweler J. Thomas, 'Legal Wales: Its modern origins and its role after devolution: national identity, the Welsh language and parochialism', yn *Legal Wales: Its Past, Its Future*, ed. T.G. Watkin (Cardiff: Welsh Legal History Society, 2001), tt. 110-65 (tt. 112-13).
21. Gweler Henry Udall, *The new County Court's Act 9&10 Vict. c. 95, for debts, damages, replevin, etc., with notes, including decisions in the Courts of England and Ireland or Statutes having similar enactments* (London, 1847), tt. 204-5.
22. Jones, 'Judge A.J. Johnes, 1808–1871: Patriot and reformer', t. 14.

23 Mark Ellis Jones, 'Wales for the Welsh? The Welsh County Court Judgeships, 1868–1900', *Cylchgrawn Hanes Cymru*, 19 (1999), 643–78.
24 Gwyneth Tyson Roberts, *The Language of the Blue Books: The perfect instrument of Empire* (Cardiff: University of Wales Press, 1998).
25 Gweler Mark Ellis Jones, ' "Dryswch Babel"?: Yr iaith Gymraeg, llysoedd barn a deddfwriaeth yn y bedwaredd ganrif ar bymtheg', yn *Gwnewch Bopeth yn Gymraeg: Yr iaith Gymraeg a'i pheuoedd 1801–1911*, gol. Geraint H. Jenkins (Caerdydd: Gwasg Prifysgol Cymru, 1999), tt. 553–80 (t. 563).
26 Gweler E. Walford, *The County Families of the United Kingdom* (London, 1864), t. 844.
27 *Wrexham and Denbighshire Advertiser and Cheshire Shropshire and North Wales Register*, 16 Tachwedd 1861.
28 Gweler Francis Jones, *Treasury of Historic Carmarthenshire* (Newport: Brawdy Books, 2002), t. 57.
29 Gweler David T.R. Lewis, *Dolaucothi and Brunant: A Tale of Two Families in Wales* (Cyhoeddwyd yn breifat, 2016), tt. 185–197.
30 *Wrexham and Denbighshire Advertiser and Cheshire Shropshire and North Wales Register*, 8 Awst 1868: 'Other changes might be adverted to, such as the placing of the administration of justice in the hands of the highest judges of the land, and the establishment of county courts, for which they were mainly indebted to their learned and patriotic countryman, Mr A. J. Johnes.'
31 *Carnarvon and Denbigh Herald and North and South Wales Independent*, 20 Mawrth 1852.
32 *Baner ac Amserau Cymru*, 24 Rhagfyr 1870.
33 *Y Goleuad*, 17 Rhagfyr 1870.
34 *The Welshman*, 1 Chwefror 1850; *Yr Amserau*, 29 Mai 1850. Gweler hefyd Kenneth O. Morgan, *Rebirth of a Nation: A history of Modern Wales* (Oxford: Oxford University Press, 1981), t. 91.
35 Williams, *Montgomeryshire Worthies*, t. 143.
36 Jones, 'Judge A.J. Johnes, 1808–1871: Patriot and reformer', t. 13.
37 *North Wales Chronicle*, 11 Mawrth 1865.
38 Jones, 'Judge A.J. Johnes, 1808–1871: Patriot and reformer', t. 3.
39 The *Cambrian News and Merionethshire Standard*, 18 Awst 1871.
40 Jones, 'Judge A.J. Johnes, 1808–1871: Patriot and reformer', t. 12.
41 Ibid., tt. 3, 18.

Rhestr o Ddelweddau a Hawlfraint

Clawr	John Ingleby (1749–1808): Eglwys Llangynyw, 1794
	Casgliad Tirluniau Llyfrgell Genedlaethol Cymru
	Yr alaw 'Ffarwel Prydain' yng nghasgliad
	Ifor Ceri 'Melus-seiniau Cymru' (Llawysgrif LlGC 1940i A)
	Trwy ganiatâd Llyfrgell Genedlaethol Cymru
t.6	John Thomas: David Jones, Llan-gan, tua 1875
	Casgliad Portreadau Llyfrgell Genedlaethol Cymru
t.15	Anhysbys: Thomas Jones, Creaton
	Casgliad Portreadau Llyfrgell Genedlaethol Cymru
t.18	Anhysbys: Thomas Charles o'r Bala
	Casgliad Portreadau Llyfrgell Genedlaethol Cymru
t.21	Thomas Jones, *The Welsh Looking-glass* (1812)
	Trwy ganiatâd Llyfrgell Genedlaethol Cymru
t.29	Anhysbys: Edward Morgan, Syston
	Trwy ganiatâd Llyfrgell Genedlaethol Cymru
t.35	John Owen, *Coffhad am y Parch. Daniel Rowlands* (1839)
	Trwy ganiatâd Llyfrgell Genedlaethol Cymru
t.44	Eglwys Tudecho yn Llanymawddwy
	Hawlfraint Philip Halling
t.49	Llythyr yn llaw Dewi Silyn yn dilyn ei benodi'n ficer Llansilin
	(Llythyron at Thomas Richards, Darowen Ffeil X1/23)
	Trwy ganiatâd Llyfrgell Genedlaethol Cymru
t.54	Peter Mazell (1733–1808): Y Parchg John Lloyd, curad Caerwys, tua 1790
	Casgliad Portreadau Llyfrgell Genedlaethol Cymru
t.56	Anhysbys: Angharad Llwyd, tua 1860
	Casgliad Portreadau Llyfrgell Genedlaethol Cymru
t.59	Casgliad o arfbeisiau yn llaw Angharad Llwyd
	(Llawysgrif LlGC 1552C)
	Trwy ganiatâd Llyfrgell Genedlaethol Cymru
t.63	Anhysbys: Mair Richards, tua 1857
	Casgliad Portreadau Llyfrgell Genedlaethol Cymru
t.70	Hunanbortread: Augusta Hall 'Gwenynen Gwent', 1837
	Casgliad Portreadau Llyfrgell Genedlaethol Cymru

t.74	Augusta Hall, *Dull-wisgoedd Cymru* (1836)
	Cymraes ieuanc mewn Dull-wisgad Bro Gŵyr
	Trwy ganiatâd Llyfrgell Genedlaethol Cymru
t.79	Cerflun o'r Brenin Tewdrig ger Eglwys Merthyr Tewdrig
	Llun gan A. Cynfael Lake
t.81	Coleg Llanymddyfri
	Casgliad Tirluniau Llyfrgell Genedlaethol Cymru
t.90	Cofeb Carnhuanawc ym mynwent Eglwys Llanfihangel Cwm Du
	Llun gan A. Cynfael Lake
t.94	Eglwys Llanfihangel Cwm Du
	Llun gan A. Cynfael Lake
t.97	'Emmanuel Giaconia' [naill ai William Jones neu Hugh Hughes]: Thomas Price 'Carnhuanawc', tua 1826
	Casgliad Prifysgol y Drindod Dewi Sant Llanbedr Pont Steffan
t.109	John Warwick Smith (1749-1831): Hafod
	Casgliad Tirluniau Llyfrgell Genedlaethol Cymru
t.111	Anhysbys: Edward Williams 'Iolo Morganwg', Bardd Braint a Defod, tua 1800
	Casgliad Portreadau Llyfrgell Genedlaethol Cymru
t.112	Yr alaw 'Ffarwel Prydain' yng nghasgliad Ifor Ceri 'Melus-seiniau Cymru' (Llawysgrif LlGC 1940i A)
	Trwy ganiatâd Llyfrgell Genedlaethol Cymru
t.119	Hugh Hughes: W.J. Rees, Casgob, 1826
	Casgliad Portreadau Llyfrgell Genedlaethol Cymru
t.121	Frederick Calvert (1785-1845): Wynnstay yn 1821
	Casgliad Tirluniau Llyfrgell Genedlaethol Cymru
t.126	W.J. Rees, *The Liber Landavensis, Llyfr Teilo* (1840)
	Trwy ganiatâd Llyfrgell Genedlaethol Cymru
t.134	Samuel William Reynolds: Yr Esgob Thomas Burgess, 1820
	Casgliad Portreadau Llyfrgell Genedlaethol Cymru
t.136	Anhysbys: Eglwys Gadeiriol Tyddewi, tua 1835
	Casgliad Tirluniau Llyfrgell Genedlaethol Cymru
t.139	G. Henry Gastineau: Coleg Dewi Sant Llanbedr Pont Steffan, tua 1830
	Casgliad Tirluniau Llyfrgell Genedlaethol Cymru
t.142	Daniel Evans 'Daniel Ddu o Geredigion': *Gwinllan y Bardd* (1906)
	Y cyflwyniad i Thomas Beynon

t.149	*Y Cylchgrawn Cynmraeg* (1794)
	Casgliad Cylchgronau Llyfrgell Genedlaethol Cymru
t.153	Charles Picart (c. 1780–c. 1837) ac Eliza Jones: William Owen Pughe, 1826
	Casgliad Portreadau Llyfrgell Genedlaethol Cymru
t.161	Henry Cousins (1809–1864): William Bruce Knight, deon Llandaf, tua 1843
	Casgliad Portreadau Llyfrgell Genedlaethol Cymru
t.168	Bedd Tegid ym mynwent Eglwys Nanhyfer
	Llun gan A. Cynfael Lake
t.171	Anhysbys: Daniel Ddu o Geredigion
	Casgliad Portreadau Llyfrgell Genedlaethol Cymru
t.174	John Blackwell 'Alun'
	Ceinion Alun (Rhuthyn, 1851)
t.182	R. Owen: Ieuan Glan Geirionydd, tua 1830
	Casgliad Portreadau Llyfrgell Genedlaethol Cymru
t.187	*Y Gwladgarwr*
	Casgliad Cylchgronau Llyfrgell Genedlaethol Cymru
t.194	J. Newman & Co: Eglwys Gadeiriol Llanelwy, 1850au
	Casgliad Tirluniau Llyfrgell Genedlaethol Cymru
t.199	*Y Gwyliedydd*
	Casgliad Cylchgronau Llyfrgell Genedlaethol Cymru
t.211	David Owen 'Brutus'
	Seren Gomer
t.216	Cofeb Brutus yn Eglwys Llywel
	Llun gan Ann Gruffydd Rhys
t.219	Cofeb Brutus ym Mhentre-tŷ-gwyn
	Llun gan Ann Gruffydd Rhys
t.224	Mrs Richard Baxter: Y Barnwr Arthur James Johnes (*Cylchgrawn Llyfrgell Genedlaethol Cymru*, 10 (1957-8)
	Trwy ganiatâd Llyfrgell Genedlaethol Cymru
t.228	Anhysbys: A journey to a court in Wales, 1792
	Casgliad Posteri o'r 19eg Ganrif yn Llyfrgell Genedlaethol Cymru
t.230	Adroddiad 1847 ar Gyflwr Addysg yng Nghymru
	Casgliad Deunyddiau Print yn Llyfrgell Genedlaethol Cymru

Y Cyfranwyr

SIÔN ALED
Ganwyd Siôn Aled ym Mangor a graddiodd mewn Cymraeg, Diwinyddiaeth a Dwyieithrwydd, gyda Doethuriaethau mewn Diwinyddiaeth ac mewn Addysg Ddwyieithog. Bu'n byw ac yn gweithio yng Nghymru, Lloegr, Yr Alban ac Awstralia. Ar hyn o bryd mae'n Diwtor mewn Diwinyddiaeth Gymreig yn Athrofa Padarn Sant, Llandaf. Mae Siôn yn barddoni ac yn perfformio cerddi mewn Cymraeg a Saesneg (a thipyn bach o Ladin!) ac wedi ennill Coron yr Eisteddfod Genedlaethol. Bu'n cyfrannu cerddi ar bynciau'r dydd i'r Gweplyfr, a chyhoeddodd ei gyfrol ddiweddaraf *Rhwng Pla a Phla / Between the Plagues* ar y cyd â'r arlunydd Iwan Bala, yn 2021.

JOHN AARON
Yn wreiddiol o Aberystwyth ond wedi byw yn Abertawe ers dros hanner canrif. Athro Ffiseg yn Ysgol Ystalyfera, Cwm Tawe, ac yna Maesyryrfa, Cwm Gwendraeth. Wedi ymddeol ers dros ddeng mlynedd. Diddordeb cynnar yn hanes Cristnogaeth yng Nghymru ac awdur erthyglau a llyfrau yn y maes. Mae'r rhain yn cynnwys teithiau Cristnogol trwy Gymru, cyfieithiadau i'r Saesneg o waith Owen Thomas a John Morgan Jones, cofiant i Thomas Charles o'r Bala, i'r cenhadwr Griffith John, Tsiena, ac i Thomas Coke, Aberhonddu.

SIONED DAVIES
Bu'r Athro Emerita Sioned Davies yn darlithio yn Ysgol y Gymraeg, Prifysgol Caerdydd am ddeugain mlynedd, ugain ohonynt fel Pennaeth ac Athro'r Gymraeg. Mae'n arbenigo ar lenyddiaeth Gymraeg ganoloesol a'i chyhoeddiadau yn cynnwys cyfrolau megis *Crefft y Cyfarwydd* a *Pedeir Keinc y Mabinogi*. Yn 2007 cyhoeddodd gyfieithiad newydd sbon (i'r Saesneg) o holl chwedlau'r Mabinogion gyda Gwasg Prifysgol Rhydychen. Yn fwy diweddar bu'n ymchwilio i'r modd y trosglwyddwyd chwedlau'r Mabinogion i gynulleidfaoedd Cymraeg a Saesneg o ganol y bedwaredd ganrif ar bymtheg hyd heddiw, a chyfraniad merched at y maes hwnnw. Mae hyn wedi arwain at ddiddordeb cynyddol yn y berthynas rhwng testun, darlun ac ideoleg mewn llyfrau printiedig. Mae Sioned Davies yn un o Gymrodyr Cymdeithas Ddysgedig Cymru.

MEG ELIS

Mae'r Dr Meg Elis yn awdur, adolygydd a chyfieithydd. Yn fam i dri, nain i dri. Eglwyswraig, yn enedigol o Aberystwyth, ac wedi treulio'r rhan fwyaf o'i hoes yng Ngwynedd. Awdur nofelau a storïau byrion, enillydd Medal Ryddiaith yr Eisteddfod Genedlaethol, a chyfrannwr i brosiect i goffáu Deiseb Heddwch Menywod Cymru 1923/24. Ar hyn o bryd mae hi'n gweithio ar gyfrol o waith ei mam ar yr hen bersoniaid llengar, y clerigwyr fu'n ymwneud â'r Eisteddfodau Taleithiol a chyhoeddi llawysgrifau Cymraeg yn y ddeunawfed ganrif a'r bedwaredd ganrif ar bymtheg.

J. WYN EVANS

Ar ôl ymddeol fel esgob, a chyn hynny yn ddeon Tyddewi, mae Wyn Evans wedi dychwelyd at ei ddiddordeb mewn hanes ac archaeoleg Cristnogaeth yng Nghymru. Mae wedi darlithio, ysgrifennu a chyhoeddi ar Eglwys Gadeiriol Tyddewi yn benodol. Mae newydd gwblhau erthygl ar Llewelyn Lewellin (1798–1878), deon cyntaf Tyddewi ac y mae wrthi ar hyn o bryd yn golygu dogfen sy'n disgrifio agweddau ar hanes a threfniant yr Eglwys Gadeiriol o ddiwedd yr ail ganrif ar bymtheg hyd ganol y ddeunawfed ganrif.

RHIDIAN GRIFFITHS

Yn gyn-aelod o staff y Llyfrgell Genedlaethol, mae Rhidian Griffiths yn ymddiddori mewn sawl agwedd ar hanes cerddoriaeth yng Nghymru. Cyhoeddodd erthyglau a phenodau ar gyhoeddi a chyhoeddwyr ac ar gerddoriaeth gynulleidfaol a cherddoriaeth werin. Mae ganddo ddiddordeb arbennig yn nylanwad cerddoriaeth draddodiadol ar fathau eraill o gerddoriaeth, yn enwedig y berthynas rhwng canu gwerin a chanu cynulleidfaol.

E. WYN JAMES

Cyn ymddeol roedd E. Wyn James yn Athro yn Ysgol y Gymraeg, Prifysgol Caerdydd, lle y bu'n darlithio ar lenyddiaeth Gymraeg o'r Dadeni Dysg ymlaen. Roedd hefyd yn gyd-Gyfarwyddwr Canolfan Uwchefrydiau Cymry America Prifysgol Caerdydd. Mae ei ddiddordebau ymchwil yn cynnwys yr emyn, y faled a chanu gwerin, y mudiad yn erbyn caethwasiaeth, a hanes y Wladfa Gymreig ym Mhatagonia. Mae'n un o

Gymrodyr Cymdeithas Ddysgedig Cymru, Cymdeithas Emynau Cymru a'r Comisiwn Baledi Rhyngwladol, ac yn 2012 bu'n Ysgolor Fulbright ac yn Gymrawd ar Ymweliad ym Mhrifysgol Harvard.

FFION MAIR JONES
Mae Ffion Mair Jones yn gymrawd ymchwil yng Nghanolfan Uwchefrydiau Cymreig a Cheltaidd Prifysgol Cymru. Roedd yn un o olygwyr *The Correspondence of Iolo Morganwg* (2007), ac mae ei diddordeb mewn gohebiaeth o'r cyfnod hwn wedi parhau mewn astudiaethau pellach o lythyrau'n cyfleu ymateb Cymreig i'r Chwyldro Ffrengig, *Welsh Correspondence of the French Revolution 1789-1802* (2018), ac mewn golygiadau digidol o ohebiaeth Thomas Pennant fel rhan o'r prosiect 'Teithwyr Chwilfrydig: Thomas Pennant a Theithiau yng Nghymru a'r Alban (1760–1820)'. Cyhoeddodd yn ogystal olygiadau ac ysgrifau ym maes llenyddiaeth boblogaidd Cymru'r ddeunawfed ganrif, yr anterliwt a'r faled. Yn ddiweddar bu'n llunio cofnodion ar fenywod ar gyfer *Y Bywgraffiadur Cymreig* ac yn gweithio fel rhan o brosiect i gynyddu amrywedd a chywiro diffygion sy'n camliwio'r amgyffred o fawrion y genedl yn y gwaith hwnnw.

A. CYNFAEL LAKE
Cafodd A. Cynfael Lake ei fagu yn Nhreorci, yn Nhanygrisiau, ac yn Fforest-fach, Abertawe. Cyn iddo ymddeol yr oedd yn Ddarllenydd yn Adran y Gymraeg ym Mhrifysgol Abertawe. Golygodd weithiau nifer o Gywyddwyr yr Oesoedd Canol diweddar, yn eu plith Hywel Dafi a Lewys Morgannwg, ac y mae'n awdur sawl ysgrif a chyfrol ar lenyddiaeth y ddeunawfed ganrif. Gwelir casgliad o rai o'i ysgrifau ar y cyfnod hwnnw yn *Beirdd, Prydyddion a Baledwyr y Ddeunawfed Ganrif* (2022). Mae'n un o Gymrodyr Cymdeithas Ddysgedig Cymru.

D. DENSIL MORGAN
Brodor o Dreforus yng Ngwm Tawe yw D. Densil Morgan. Bu'n Athro Diwinyddiaeth ym Mhrifysgol Bangor o 2005 hyd 2010, ac yn Athro Diwinyddiaeth ym Mhrifysgol Cymru Y Drindod Dewi Sant, Llanbedr Pont Steffan, o 2010 ymlaen. Bellach mae'n Athro Emeritws yno ac yn weinidog ar Gylch Eglwysi Bedyddiedig Gogledd Teifi. Cyhoeddodd yn helaeth ar grefydd a diwinyddiaeth yng Nghymru ac ar fywyd a gwaith

Karl Barth, y diwinydd o'r Swistir. Enillodd ei ddwy gyfrol *Theologia Cambrensis: Protestant Religion and Theology in Wales, From Reformation to Revival 1588-1760* (2018) a *The Long Nineteenth Century: 1760-1900* (2021) Wobr Francis Jones, Coleg Iesu Rhydychen, am y gwaith gorau ar hanes Cymru i'w gyhoeddi yn 2021. Mae D. Densil Morgan yn un o Gymrodyr Cymdeithas Ddysgedig Cymru.

GWENDRAETH MORGAN

Magwyd Gwendraeth Morgan yn Ficerdy Llandudoch. Graddiodd yn y Gymraeg ym Mhrifysgol Cymru, Aberystwyth, ac ennill gradd Meistr yn ddiweddarach. Bu'n dilyn cwrs i lyfrgellwyr Prifysgol yn Aberystwyth cyn mynd i ddysgu yn Ysgol y Preseli a thiwtora mewn dosbarthiadau nos. Dychwelodd i Brifysgol Aberystwyth ac ennill Diploma mewn Dwyieithrwydd cyn priodi'r diweddar Barchedig Tim Morgan. Bu'n diwtor iaith yng Ngholeg Prifysgol Llanbedr Pont Steffan ac enillodd radd Doethur am astudiaeth ar ieithwedd cylchgronau enwadol hanner cyntaf y bedwaredd ganrif ar bymtheg. Cyfrannodd erthyglau i *Studia Celtica* a *Taliesin*.

PRYS MORGAN

Brodor o Gaerdydd yw'r Athro Emeritus Prys Morgan, ond yn Abertawe y bu'n byw ers y 1960au, yn dysgu hanes yn y Brifysgol. Mae hanes y cyfnod Rhamantaidd yng Nghymru yn un o'i ddiddordebau. Bu'n olygydd rhai o gyfrolau hanes sirol Gwent a Morgannwg, yn olygydd *Trafodion Anrhydeddus Gymdeithas y Cymmrodorion* rhwng 1977 ac 1987 ac yn llywydd y Cymmrodorion rhwng 2006 a 2022. Ef yw llywydd Cymdeithas Hanes Morgannwg. Ei gyfrol ddiweddaraf yw *A Gower Gentleman: The diaries of Charles Morgan 1834-59* (South Wales Record Society, 2002). Mae Prys Morgan yn un o Gymrodyr Cymdeithas Ddysgedig Cymru.

GWYNEDD PARRY

Ysgolhaig cyfreithiol yw'r Athro Richard Gwynedd Parry ac mae ei waith ysgolheigaidd yn cysylltu'r gyfraith â hanes, hunaniaeth a diwylliant Cymru, ac yn enwedig yr iaith Gymraeg. Ef yw cofiannydd y cyfreithiwr Syr David Hughes Parry, a'i gyhoeddiadau pwysicaf yn y Gymraeg yw'r cyfrolau *Cymru'r Gyfraith: Sylwadau ar Hunaniaeth Gyfreithiol* (2012) a *Y Gyfraith yn ein Llên* (2019). Er 2020 bu'n Bennaeth ar Adran y Gymraeg ym Mhrifysgol Abertawe. Etholwyd ef yn Gymrawd o'r Gymdeithas Hanesyddol Frenhinol yn 2010 ac yn Gymrawd o Gymdeithas Ddysgedig Cymru yn 2018. Yn 2020 dyfarnwyd iddo Wobr Hywel Dda gan Ganolfan Uwchefrydiau Cymreig a Cheltaidd Prifysgol Cymru.

ROBERT G. RHYS
O 1978 hyd 2018 roedd Robert Rhys yn ddarlithydd yn Adran y Gymraeg, Prifysgol Abertawe. Llenyddiaeth Gymraeg ddiweddar yw ei brif faes. Cyhoeddodd lyfrau ar waith Waldo Williams, Daniel Owen a James Hughes; ef a olygodd ddwy gyfrol *Y Patrwm Amryliw*, ysgrifau am feirdd Cymraeg yr ugeinfed ganrif ac ar y cyd ag Alan Llwyd golygodd gasgliad o gerddi Waldo Williams. Ymhlith ei gyhoeddiadau diweddar y mae erthyglau ar fywyd a gwaith D.J. Williams, Abergwaun, ac ar gerddi'r bardd-offeiriad D. Emlyn Lewis. Yn ystod ei yrfa bu'n olygydd *Barn* a'r *Cylchgrawn Efengylaidd*. Mae'n byw ym Mhorth-y-rhyd, Cwm Gwendraeth Fach, ac adroddodd hanes brwydr trigolion y cwm yn erbyn cynlluniau i'w foddi yn y gyfrol *Cloi'r Clwydi*.

ERYN M. WHITE
Mae Eryn White yn ddarllenydd yn Hanes Cymru yn yr Adran Hanes a Hanes Cymru, Prifysgol Aberystwyth. Ei phrif faes ymchwil yw crefydd, diwylliant a chymdeithas Cymru'r cyfnod modern cynnar. Cyhoeddodd yn helaeth ar Gymru'r ddeunawfed ganrif yn enwedig, ond mae hefyd wedi bwrw golwg yn fwy eang ar agweddau o'r diwylliant print yng Nghymru ac ar Anghydffurfiaeth gynnar. Ymhlith ei chyhoeddiadau diweddar y mae *The Welsh Methodist Society* (2020). Mae wedi ei hethol yn un o Gymrodyr Cymdeithas Ddysgedig Cymru.